李德裕传

徐校雄　著

海峡出版发行集团
海峡文艺出版社

图书在版编目(CIP)数据

李德裕传/徐校雄著. —福州:海峡文艺出版社,
2022.3
ISBN 978-7-5550-2841-3

Ⅰ.①李… Ⅱ.①徐… Ⅲ.①李德裕(787—
850)—传记 Ⅳ.①K827＝42

中国版本图书馆 CIP 数据核字(2022)第 000438 号

李德裕传

徐校雄　著

责任编辑　莫茜
出版发行　海峡文艺出版社
经　　销　福建新华发行(集团)有限责任公司
社　　址　福州市东水路 76 号 14 层
发 行 部　0591－87536797
印　　刷　三河市三佳印刷装订有限公司
厂　　址　三河市杨庄镇杨庄村
开　　本　720 毫米×1010 毫米　1/16
字　　数　260 千字
印　　张　14.75
版　　次　2022 年 3 月第 1 版
印　　次　2022 年 3 月第 1 次印刷
书　　号　ISBN 978-7-5550-2841-3
定　　价　78.00 元

如发现印装质量问题,请寄承印厂调换

目录

引子

公元 803 年初夏，在长安的朱雀大街上，一位英气逼人的青年骑着白马，向皇城飞奔而去。

快到街口的时候，里面突然驶出一辆马车，挡住了去路。青年赶紧勒住马缰，由于速度过快，马还是带着极大的惯性，向前蹿去，几乎快贴近马车时，才起了个云梯纵，前蹄重重地落在马车边。

拉车的马匹被惊得几乎失控，不得不向路边斜切而去，差一点倾翻在地。

马车后面两位看起来像家丁模样的人立即飞奔过去，一个勒住失控的马匹，一个抓住青年的马缰。

"你瞎了还是疯了？不知道皇城飞马是要受处罚的吗？"一个家丁气势汹汹地喝道。

"对不起！我有点急事，不知惊了哪位大人的驾了！"少年没有理会那个家丁模样的人，朝几乎横在路边的马车内拱了拱手。

"哎呀呀,车子差点掀翻了！原来是文饶(李德裕字文饶)老弟,许久没见,老弟越发英姿勃发了啊！"只见马车内缓步走下一个二十来岁的青年。

"坤舆（武翊黄字坤舆）大哥，原来是你！"白马青年纵身下马，快步走向被称为翊黄大哥的人，两人紧紧地握住双手。

"跑这么快有啥急事？"

"父亲要我送一封信给武大伯，没想到在这撞上了大哥。大伯在家吗？"白马青年急切地问道。

"家父在家呢，你不用去了。武山，这位是李刺史家的李少爷，你替他将信送给老爷吧。"

"好的。李少爷，刚才得罪了！"家丁见冲撞自家少爷的人是他的好友，便一改之前气势汹汹的架势，走过来将白马的缰绳递给李德裕。

"正好我在东市请客，有不少青年才俊参加，你不能老是特立独行，要接点长安的地气啊。来来来，你坐我的马车，你的马交给武山就行了。"

"大哥，这信我得亲手送到大伯的手上。"

"老弟办事还是那么认真！也好，不过等下你一定要赏脸啊！地点就在东市的醉仙坊。"

"大哥有吩咐，小弟一定从命！"说罢李德裕翻身上马，向皇城驰去……

长安东市的醉仙坊内，热闹非凡。左司郎中武元衡之子武翊黄做东，宴请各州会集长安的科考精英。

醉仙坊是长安一流的娱乐宴饮场所。每间餐厅大的足有两三百平米，小的也有几十个平米。为了便于观赏歌舞，餐桌一般都摆在四周，中间留出歌舞场地。坊内蓄有歌舞、杂技表演人员，消费者可随意挑选，价目不等。

"各位，各位，大家是通过州考的举人，是各地的精英，今天鄙人聊备薄酒，邀请各位兄弟一聚，大家能赏光参加，就是给小弟天大的面子，小弟在此谢过了！"武翊黄举起酒杯，一饮而尽。

"谢谢武公子！预祝武公子金榜题名！"众人一起举杯。

"下面，请大家观赏剑器舞。"武翊黄将酒杯交给服务人员，双手连拍三下。

只见餐厅入口处，一位妙龄少女领着一群身着西域风情服饰的女子，以轻快的凌波舞步，绕个半场，向宴会中央的主座微微点头致意之后，一阵由舒缓而转向急促的音乐响起，雄浑而充满节奏感的剑器舞开始。

> 昔有佳人公孙氏，一舞剑器动四方。
>
> 观者如山色沮丧，天地为之久低昂。
>
> 㸌如羿射九日落，矫如群帝骖龙翔。
>
> 来如雷霆收震怒，罢如江海凝清光。

众人一边观赏充满西域风情的歌舞，一边轻轻地用手打着拍子，高潮之处，情不自禁地一起唱和起来……

不一会儿，音乐骤然急促起来，似千军万马，以雷霆之势，万钧之力，排山倒海而来。舞者剑锋疾转，寒光闪闪，如无数银龙将柔曼而劲健之姿笼罩，然后如银瓶乍破，水浆迸射，铁骑突出，刀枪齐鸣。正当人们沉浸其中之时，一名舞者突然将剑抛向空中，音乐戛然而止，全场的人无不担心脱手之剑何从何往，只见领舞的人飞快地拔出剑鞘，伴随"唰"的一声，宝剑落入剑鞘。

这时，全场鸦雀无声，时间似乎静止。十几秒钟之后，掌声才雷鸣般地响起……

"李公子李德裕到！"正在这时，武山低声向武翊黄禀报。

舞者鱼贯退场。

李德裕健步如飞，进入醉仙坊聚仙厅。

武翊黄起身相迎，他拉着李德裕的手，站在大厅中央。"各位兄弟，大唐的文治武功，世所罕有。我们躬逢其时，何其之幸！大家都是当今出类拔萃的才俊，明天必为国家的栋梁。损之（李宗闵字损之）兄、思黯（牛僧儒字思黯）兄、待价（李珏字待价）兄、公垂（李绅字公垂）兄、微之（元稹字微之）兄，今天我要为大家隆重介绍文饶兄。文饶兄父亲官居郴州刺史，道德文章为一时之宗，文饶兄承袭家风，胸怀大志，苦攻经传，不尚浮华，协助父亲，治国安邦，既有理论知识，又有实践经验，将来必成大器。今天文饶兄能光临我们的聚会，是我的荣幸！也应该是大家的荣幸！"

"坤舆兄、损之兄、思黯兄、待价兄、公垂兄、微之兄，德裕何德何能，受大家错爱，在此请受在下一拜！文饶躬逢盛会，不胜荣幸！"李德裕拱手鞠躬之后，由武翊黄推坐在上首。

"坤舆兄，这就是语惭武大人的文饶兄吧？"这桌人中，只有牛僧孺是初相识，因此，一上来便问是否确有其事。

"语惭武相"讲的是这么一回事：武元衡与李吉甫同朝为官，武元衡常听人说李吉甫的儿子李德裕是个神童，连皇上（唐宪宗）都十分喜爱，常把他抱在膝上。一次，武元衡来到李吉甫办公的地方，正好李吉甫出去办事，年仅 5 岁的小德裕坐在那里看书。武元衡想考考李德裕到底有多聪明，便问了一句："孩子呀，你在读什么书呀？"谁知李德裕竟一言不发，端坐不动。武元衡讨了个没趣，只好怏怏地离开了。

武元衡与李吉甫商谈工作之后，武元衡讲起昨天在办公室的情形，对李吉甫说："人家都说你的孩子聪明，我看有点呆头呆脑。"

李吉甫下班回家之后，立即质问李德裕为什么这样应对。李德裕说："父亲，武大人身为朝中大臣，不问治国之事，却问我读什么书，读什么书是礼部管的事，他不在礼部，所问不当。他是个长辈，我又不好说他，所以，只能沉默以对。"

武元衡后来得知李德裕避而不答的原因，感到十分惭愧。这就是"语惭武相"的来由。其实，从时间上来看，武元衡当时并不是宰相，"语惭武相"

应该是后人修史时下的定义。

"思黯兄，愚弟少不更事，折损了武伯伯的学名，真悔不当初。"李德裕谦虚地回答。

"哪里，哪里，家父曾对我说，文饶兄这一着，说不定让家父青史留名呢！"牛僧孺这一问本来有些唐突，看着武翊黄饶有兴致地举起杯子，大家便放下了提着的心，气氛一下子变得轻松起来。

"文饶兄才学盖世，为何不上科场，一显身手？"李德裕名气很大，却没见参加科考，李宗闵感到很奇怪。

"愚弟的祖考认为读书人参加科考，如不考进士便没有什么意思，而进士科又偏重诗赋，于治国理政无益，只能将士子引向华而不实的诗词歌赋。因此，愚弟便遵从祖训，治些经学，跟着父亲学习一些济世安民的方法。"李德裕此言一出，满座的人都流露出不自然的神态。

"国家开科取士，取的是人才，进士科开设于隋，完善于当朝，所取治国安邦的人不计其数，足以证明能写出锦绣文章的进士不是些浮躁轻薄之徒。"牛僧孺认为，李德裕是不敢参加科举，用祖父的遗训来搪塞。

"哎，哎，哎——不必争论，不必争论，文饶兄的祖考也是进士出身，他的话也不无道理，科考内容确实也有改进的必要。"看到牛僧孺话语过激，作为东道主的武翊黄只好挺身而出，站在中间立场，缓和气氛。

"是啊，现在谁也改革不了科考，不要争一些无谓的事，大家都希望能济世报国，我看有门荫的凭门荫，能科考的凭科考，只要能为国家做事便行。"李珏与牛僧孺关系甚好，又是李德裕的同乡，所以他也不希望发生冲突。

"文献公说得没错，进士科偏重诗赋，只能体现文学水平，对治国裨益不大，所以，科考获得功名的人只能算得到一种入仕的预选资格，真正入仕还须参加吏部的铨选或皇帝设立的制科考试。"既参加过进士科考试，又通过了制举的王起的回答，让争论迅速平息。

"哎呀，该读书时读书，该喝酒时喝酒，来来来，公垂兄，为了文饶兄的到来，咱们来舞剑一曲怎么样？"元稹带着满满的诗人豪气，不待李绅回答，唰地抽出随身的长剑，走到舞池中央，开始舞动起来。李绅接着也抽出长剑，两人开始对舞起来……

李德裕本来不想参加聚会，但禁不住武翊黄的盛情。在他看来，参加科考的人，功名利禄心都很重，他们首先想到的是位子。不像爷爷和父亲，首先想的是国家和百姓。再者，安史之乱后，国家百孔千疮，这些人还未入仕，却歌舞升平，声色犬马，他打心眼里有些瞧不起。

牛僧孺和李宗闵认为，诗词歌赋需要创造性思维，诗词歌赋出色的人，智商肯定不低，一旦走上领导岗位，治国理政的能力也差不到哪里去。倒是靠门荫出身的士族，绝大多数是庸碌之辈。门荫入仕盛于魏晋，魏晋士族之中，虽有谢安、王导等治国的良臣，但从魏晋南北朝的历史看来，士族垄断官场，把持朝政，腐败无能的事实，证明门荫入仕的制度早已被历史淘汰。因此，他断定李德裕是一个因循守旧、抱残守缺的人。

他们各怀心思，再看场上时，剑花已将元稹和李绅包裹，寒光闪闪。李德裕禁不住为他们喝彩……

虽与牛僧孺、李宗闵话不投机，但元稹、李绅的豪爽，王起的持重，深深地印在李德裕的脑海之中。

言传身教

谁也没有想到，参加武翊黄这次聚会的人，后来大多成为左右唐代政局的人物，影响了晚唐政治几十年的走向。

李德裕，字文饶，赵郡赞皇县人，唐德宗贞元三年（787年）出生。

李德裕的家庭属于河北赵郡李氏，赵郡李氏自魏晋到隋唐几百年间都是一等士族，高官辈出。他的祖父李栖筠，体态魁梧，儒雅大方，而且知识渊博，才思敏捷，曾参加天宝七年（748年）科举考试，高中进士。李栖筠入仕后，曾担任工部侍郎、苏州刺史、御史大夫等职。在任期间，他刚正不阿，不畏强权，做了很多造福百姓的事，深受代宗的器重。李栖筠是进士出身，但他认为进士科偏重诗词歌赋，误导天下读书人将精力浪费在华而不实的文辞之上，对治国安邦毫无益处。因此，他告诫子孙，要多从经学中求得济世安民的经验，提升解决实际问题的能力，这才是真才实学。在他的影响下，儿孙都不以科考为荣。

李德裕的父亲叫李吉甫，他从小博览群书，写得一手好文章。受父亲李栖筠的影响，李吉甫十分注重对国家政治、经济、社会和民生的研究，曾担任过屯田员外郎、太常博士、忠州刺史等地方官职。在任地方官职期间，李吉甫每到一地，总要对当地的建置沿革、山川险易、河流水文、气候物产和风土人情进行研究，为安邦治民提供决策依据。

在唐朝的政坛上，李栖筠算是别具一格，他身在官场，却不喜攀附；他参加进士科考试，中了进士，却认为进士科浅薄；当时的婚姻讲究门当户对，他选的儿媳却没考虑门第，让儿子迎娶了普通人家的女儿。李吉甫19岁时奉父母之命成婚，结婚几年后，便有了儿子，起名李德修。

李吉甫在任太常博士时，有一次到万年县办差，在旅途中曾救济过一对落难的刘姓父女，女孩的父亲看到李吉甫不仅相貌堂堂，一表人才，而且勤政亲民，乐善好施，有心将女儿许给李吉甫。不久，父亲病死，临死前硬将女儿托付给李吉甫，李吉甫便纳刘氏做了二房。

李吉甫的妻子是个贤德的家庭妇女，在家相夫教子，无可挑剔。为了避免家庭矛盾，李吉甫便将刘氏安置在万年县（现西安市长安区），李吉甫有空便到万年与刘氏相聚。

李吉甫与刘氏两情相悦，不久便暗结珠胎。公元787年（贞元三年），刘氏为李吉甫生了个男孩，这孩子就是李德裕。

李德裕自幼天资聪颖，才智出众。受父辈的影响，他饱读经史，心中充满传统知识分子的家国情怀。

李德裕虽是庶出，但深受李吉甫疼爱。不管到哪里任职，李吉甫都要把他带在身边。

李吉甫受父亲的影响，在工作中很注重调查研究，善于总结经验，探索解决问题的方法。无论在什么岗位，都能用心地把工作搞好，属于不可多得的实干型人才，深受当朝宰相李沁、窦参的器重。

贞元五年（789年），李德裕3岁时，李吉甫被窦参推荐擢拔为屯田员外郎兼太常博士。贞元七年（791年），李吉甫转任驾部（兵部）员外郎。

贞元八年（792年），陆贽担任宰相。窦参因贪赃枉法，交结藩镇，被唐德宗贬出长安。李吉甫受窦参器重，窦参倒台后，陆贽认为李吉甫是窦参同党，将他贬为明州（治今浙江鄞州）长史。

"父亲，藩镇是什么东西，为什么不能交结？"在李吉甫接完诏书后，李德裕好奇地问。

"藩镇是国家的一级地方军政机构，属中央管辖。大臣不得与藩镇交结，这是国家的规定，防止大臣与藩镇内外勾结，发动叛乱。"对小德裕的教育，李吉甫十分耐心。

"藩镇为什么要叛乱？"

"孩子，藩镇的首领被贪欲蒙蔽，想要得到不该拥有的东西，就可能发动叛乱，成为乱臣贼子。"

"难怪大家都诅咒乱臣贼子不得好死。"李德裕从小就提出一些与普通孩子不同的问题。

唐代州刺下面都设置了长史的职位，实际是刺史的幕僚。李吉甫属于贬官，实际上是安排到那里领点俸禄，工作安不安排、怎么安排全在于刺史。

明州在现在的浙江宁波一带，当时没有海运，受大海阻塞，十分落后。李吉甫到达明州后，两眼一抹黑，什么情况都不了解。他素来过不惯闲人的生活，既然是闲职，他就有闲职的做法。他很想尽快了解本地的山川地理、风土人情等情况，但是找遍了整个忠州学馆，都没发现这方面的书籍。"明州如此，全国都一样，如果能有一本囊括全国各地历史沿革、地形地貌、气候河流、土地物产、民情风俗、人口赋税等内容的书籍该多好啊！皇上和各级官员们一册在手，即使足不出户，也能了解全国各州县的情况。"李吉甫越想越觉得国家太需要这类实用性强的书籍了，"何不利用这空暇时间，着手写一本这样的书来供皇上决策呢？对，这个有意义，太有意义了！"临渊羡鱼，不如归家结网，就从明州开始。李吉甫说干就干，一面研究明州的风土人情，收集相关资料；一面教李德裕断文识字，吟诗诵经。

陆贽担任宰相期间，户部侍郎裴延龄好大喜功，不惜搜括百姓，虚报国库收入，倾全国财力贿赂唐德宗。唐德宗贪财好利多疑，对群臣不信任，裴延龄投其所好，以邀德宗宠信。德宗为裴延龄蒙蔽，任命他为宰相。

裴延龄所作所为，天下人侧目，由于官场黑暗，竟没有人出来参劾他。为人刚贞的陆贽看不下去了，他仗义执言，多次上书参奏裴延龄。他指出：中央和地方"常赋不充，乃令促限，促限才毕，复命加征，加征既殚，又使别配，别配不足，于是榷算之科设，率贷之法兴"。老百姓"蚕事方兴已输缣税，农功未艾据敛谷租"，农民已经到了不可承受的地步了。为了缓和日益激化的社会矛盾，解决国家的经济危机，陆贽建议唐德宗纳言改过，轻徭薄赋，选贤任能，储粮备边，消弭战争。

"难道朕是暴虐之君？"唐德宗读罢奏折，雷霆大怒，将奏折摔到陆贽跟前。

"臣有罪，没能像魏征一样匡正陛下的疏漏。"陆贽诚惶诚恐。

"陛下，赋税是国家的根本，根本若失，朝廷又怎能生存，陆大人没有管过户部，不当家就不知柴米贵。陛下一向礼贤下士，勤政爱民，如果不是这样，陆大人怎么会被皇上擢拔为相呢？陛下圣明，陆大人却要陛下改过，这不是在天下人面前打陛下的耳光吗？"裴延龄趁机进谗，唯恐德宗不怒。

"裴大人，千秋功过，不是你说了算的，是由历史评说的。"陆贽忍无可忍。

"沽名钓誉！你还想成为魏征呢？我成全你，拉下去，给我斩了！"唐德宗大怒，失去理智。

"皇上，使不得啊，陆大人一向忠心耿耿，皇上若因一时之气而杀大臣，会让百官寒心，天下寒心啊！"谏官阳城等人一齐跪在含元殿前。

在裴延龄的操弄下，贞元十一年（795年），陆贽被贬为忠州别驾。

三年前，李吉甫被看成窦参的同党，被陆贽贬为明州长史。为了借刀杀人，贞元十一年，裴延龄特意将李吉甫提升为忠州（重庆忠县）刺史，想让李吉甫替他收拾陆贽。

"大人，您到明州，是为陆贽所害，没想到现在陆贽却落到您的手里……"幕僚刘谨言已跟随李吉甫六年，两人无话不谈。

"刘兄，陆大人刚毅忠贞，疾恶如仇，是朝廷不可多得的良臣，先前窦参被陆大人所参，问题出在窦大人身上，我虽不是窦大人的同党，却是窦大人所引荐的，遭陆大人贬斥，情有可原。现在裴延龄裴大人升我为刺史，将陆大人置于我的属下，其用心非常明显。我若趁陆大人遭贬时落井下石，即使我不是窦党，也被看成是窦党了。况且，明州之行，给了我了解基层、教育孩子的机会，这不也是很好的事吗？'塞翁失马，焉知非福'啊！"李吉甫光明磊落，不想做君子不耻之事。

士可杀不可辱。陆贽深知裴延龄的险恶，在通往忠州的路上，他不知李吉甫会怎样羞辱他，连自杀的心思都有。但父母尚在，孩子还未成年，他不能丢下他们，再艰难的路也得走下去。

当宰相时的门庭若市，到现在被贬的门庭冷落，让他倍感世态炎凉。

然而，令陆贽没想到的是，他一到忠州，李吉甫即以当朝宰相的礼仪接待了他，并将他的生活安排得妥妥帖帖，致使他那颗失望冷却的心重新得到温暖。

"李君是真君子，过去是我识人不慧啊！"陆贽感叹！

李吉甫以德报怨的行为传到朝中，裴延龄十分不满，骂他是个"不知好歹的东西"！虽说李吉甫政绩突出，但裴延龄故意找碴，让他六年没有升职。

"父亲，难道朝臣就得争个你死我活？难道皇上总是闭目塞听？"李德裕有时在旁边听到父亲与刘谨言讨论时事，不禁发问。

"孩子，皇上处在最高位置，如果做臣子的欺上瞒下，皇上就难以了解到真实的情况，因此，做大臣的要忠于职守，勇于直谏，让皇上掌握最真实的情况，以便做出正确的决策。"李吉甫不因个人得失而影响工作的品质，对李德裕产生了深刻的影响。

贞元十九年（803年）春，李吉甫调任郴州刺史，因须回长安谢恩，李德裕随父回到久别的长安，受邀参加了武翊黄的宴请。在那次宴请上，遇到了李宗闵、牛僧孺等人，从此，李德裕的命运便与这些人紧紧地联系在一起。

由于"旧疾未愈"，直到这年夏天，李吉甫才赴郴州刺史任。早在三年前，宰相郑余庆被贬为郴州司马。郑余庆担任宰相的时候就听说李吉甫对陆贽以德报怨的事，得知李吉甫担任州刺史，他内心十分高兴，觉得能与这样有胸怀的人在一起，也是贬谪中的幸事。

李吉甫本不是势利之徒，又与郑余庆没什么过节，到郴州后，与郑余庆相处十分融洽。李吉甫的品德与才干在郑余庆心中留下了深刻的印象。

不久，李吉甫又改任饶州刺史。在李吉甫到饶州之前，饶州城连续死了四位刺史，人们都认为州府官署风水有问题，不敢居住，城中鬼怪之说盛行。

"大人，您本来身体就不太好，俗话说'宁可信其有，不可信其无'，最好别去冲撞那凶煞，还是另择办公场地吧。"刘谨言劝李吉甫。

"谢谢大家的好意！天下哪有什么鬼神，如果有，叫他们冲着我来吧！"李吉甫天生不信邪，到达饶州后，他不顾属下的劝阻，打开官署大锁，铲除里面的荆棘荒草便住了下来。一段时间过去，凶死鬼怪之事并未发生，鬼怪之说便自然破解，城里的人心也渐渐安定下来。

从贞元八年（792年）到永贞元年（805年），李吉甫一直在地方任职，李德裕也一直跟随在父亲身边。按现在的说法，李吉甫是一个学者型的干部。在明州决定写一本地理志后，他一方面研究前代地理志方面的成果，另一方面按照详今略古的原则，广泛收集资料，研究当代的地理事物和现象，以便将其更准确地录入书中。

在前代的地理志研究方面，他对《尚书》中的《禹贡》、各类史书中的《地理志》《郡国志》《州郡志》《地形志》以及如《水经注》等专门的志书加以研究，总结前人的成果。由于前代没有专门的地理总志，一些史书的地理志又过于简单，重要的地理事物和现象遗漏甚多，需要查漏补缺，工程相当浩大。

在研究当代的地理事物和现象时，遇到重要的问题，他必亲自考察，反复研究，直到没有任何疑问时，才载入书中。一旦有什么存疑，必在书中予以注明，好让后人在条件成熟时进行验证。

地理事物和现象都有地域性。邻近的州县之间，山川相连，河流相接，因此，他在研究山川、河流、地形、气候等地理要素时，必将相邻州县进行比对研究，得出它们在地理方面表现出的异同以及对生产和生活带来的影响。

在明州的时候，他就已经将该地及周边的情况进行过研究，写出了几州地理图志的草稿。工作之余，他不是查找古籍古图，收集资料，分析研究，便是调查考证、记录方位，画出轮廓，标出重要地理事物。凡涉及各地历史沿革、地形地貌、气候河流、土地物产、民情风俗、人口赋税的内容，他都一一记录在册。

先从工作过的地方着手，因为自己可以亲自考察那里的地理事物和地理现象，明辨正误。明州及周边各州完成后，随着他任职地方的变化，忠州、柳州、饶州及周边地区相继完成。

经过十多年的努力，他收集的资料已达几个木箱之多。他边收集，边思考，决定将书的名字初步定为《郡县图志》，为皇上进行重大决策提供依据。

李吉甫非常重视地图，每到一处，他必先搜集当地原有的地图，若是没有，便动手制作。他先将重要的地理事物依照比例标注进去，然后再根据实地考察不断完善。"孩子，这条最长的河流是什么河？"李吉甫在标注地图时，不时问问在一旁玩耍的李德裕。

"长江！'君住长江头，我住长江尾。''朝辞白帝彩云间，千里江陵一日还……'"李德裕不仅能正确作答，而且他的发散性思维逗人发笑。

"孩子，忠州如果发生旱灾怎么办？"

"用彩虹将江水吸上来呀？"

"你怎么知道彩虹能将水吸上来？"

"父亲以前不是讲过彩虹是龙吸水吗？"

"可是龙不一定听我们的话啊！"

"那把周处请来，将龙驯服不就得了。"

"哈哈哈哈……"小德裕的回答惹来一片笑声。

受父亲的熏陶，李德裕不仅对全国各地的山川地理、风土人情都有所了解，对朝廷的典章制度、地方的治乱兴衰也都有涉猎，更重要的是李吉甫不信鬼神，以怨报德，宽以待人的君子之风，深深地影响了李德裕，不知不觉之中，李德裕已成长为一个知识渊博、持心正直的翩翩才子。

永贞元年(805年)四月，春暖花开，莺歌燕舞，唐顺宗开科取士。经过殿试，李宗闵、牛僧孺等32位考生高中进士。

七月，顺宗因身体原因传位皇太子李纯，是为唐宪宗。宪宗久闻李吉甫的能名，即位后，将李吉甫调回长安，担任考功郎中、知制诰。经历十三年的地方工作，李吉甫再回中央任职。18岁的李德裕随父亲从郴州回到长安。不久，李吉甫转任中书舍人，从此进入了唐宪宗的决策圈。

李德裕随父亲回长安，正好赶上了李宗闵、牛僧孺与武翊黄等人的聚会。

武翊黄出身官宦之家，又天赋异禀，熟读诗书，在科举考试中，连中解元、会元、状元，被称为"武三元"，在长安的青年文化圈中有一定的影响。与李德裕不同，武翊黄是个实用主义者，社会重视进士科，他就准备考进士科。并且，他认为同年参加进士科考试的人是重要的政治资源和力量，可加以利用。因此，他既与长安的官二代联系密切，又与文化圈中的"考粉"交往频繁。

为了庆祝李宗闵、牛僧孺高中进士，武翊黄又举行了一次聚会。刚回长安的李德裕再次受邀。

"德裕老弟，你虽不喜欢科考，但科考受到社会的重视是不争的事实。能通过科考的人也是读书人中的精英，这些精英一二十年后，将会成为左右大唐政治的重要力量。你如果希望有所作为，这些人是不可不交的啊！"武翊黄恳切地说。

"翊黄兄的话确实在理，那我明天准时赶到。"李德裕还是没能推脱这次聚会。

第二天，李德裕赶到醉仙坊。醉仙坊内人声鼎沸，李宗闵、牛僧孺春风得意，正接受来人的祝贺。

"德裕兄能屈驾光临，小弟感到万分荣幸！"牛僧孺拱着手大声说道。

"祝贺，祝贺！宗闵兄、僧孺兄高中进士，是士人的荣幸！"经过两年的历练，无论是心胸还是见识，与上次见面相比，李德裕都有巨大的飞跃，说起来话来显得更加包容。

"德裕兄，说真的，我们没有你的命好，若是能出生在你那样的家庭，或许我们也不会参加科举考试。若今后能有机会为国家效力，希望咱们能戮力同心，同舟共济。"李宗闵诚恳地说。

"德裕兄、宗闵兄、僧孺兄都是人中之龙，很快就会成为国家栋梁的，只要大家能一心一意匡扶朝廷，大唐的中兴必定指日可待！"李珏是个热情很高的小伙子，跟任何人都合得来。

"今后，我们一定向德裕兄学习，多研究些治国用兵的有用之学。"牛僧孺似乎也变得谦虚起来。

李德裕觉得所有人都在变化，整个世界充满着朝气。如果不努力学习，可能赶不上形势，他顿时感到有一点压力。

正在这个时候，武翊黄进来，将他一把拉到上首的座位上……

元和元年（806年），西川节度使韦皋病逝，朝廷任命中书侍郎袁滋接任。节度副使刘辟拥兵自重，欲立为留后（代理节度使），谋求割据四川，袁滋没能就任。

唐朝前期，国家的地方行政区划分为州和县两级，全国有 300 多个州，1550 多个县。因疆域辽阔，中央政府管理起来有点力不从心。当时，有大臣建议在州以上再设置一级行政机构，唐玄宗担心地方行政机构权力过大，便没有同意。最后，唐玄宗采取了折中的办法，在州以上设置 15 个道，派中央大员去那里担任仅有监察权而没有行政权的采访使。

唐代的军事机构，中央有兵部，地方有节度使。

唐初沿用北周及隋朝旧制，设立的地方军政长官叫总兵。总兵掌握一定的常备兵。遇到战事发生时，另派都督率兵征战。都督受职的时候，朝廷赐以旌节，所以称持节都督。

唐太宗时期到唐高宗末年，唐朝的边境军事形势发生了战略性的变化。唐太宗时期，刚刚经过隋末的战争，唐朝兵多将广，拥有一支比北方游牧民族更有战斗力的精锐骑兵，能长途奔袭，远距离地打击敌军，唐军在战略上居于攻势地位。

到了唐高宗时期，国家经历了几十年和平时期，农耕民族的弱点开始显现，唐军的战斗力不断退化，而突厥、契丹、奚等少数民族开始强盛起来，他们的骑兵不断袭扰边境。高宗只好变战略进攻为战略防御——在边境重要地区派固定的军队驻守。

游牧或半游牧民族拥有强大的骑兵部队。在战争中，他们往往投入数以万计的骑兵，急风暴雨而来，风驰电掣而去，飘忽不定。要想在这种快速打击的战争中占据主动，就需要有庞大且指挥灵活、反应敏捷的边防常备军队。于是，唐政府开始改革原来那种受地方政府控制的、以几百人为单位的小镇军事体制，设置集中指挥庞大集团军的屯兵重镇。起初，这种集团军是由原隶属于各卫的府兵、临时征集起来的新兵组成，统帅也是出征时从正式官员或京师禁军将领中临时任命。由于军队的动员、训练、向前线开拔，及粮草的供应、装备的配备等都需要花费时间，要组织如此规模庞大的集团军短期内难以做到。而等这些工作安排就绪后，来犯的敌人早已将边境抢掠一空，跑得无影无踪。所以，仅有指挥灵活、反应快捷、规模庞大的集团军并不能完全满足战争的需要，还必须在边境军镇驻守常备军，时刻防范入侵之敌。

唐高宗、武周时期，为了加强防御力量，改变临时征调军队的困难，开始设置固定的屯戍军，并逐渐制度化，形成有固定驻地和较大兵力的军、镇、守捉，临时性的行军大总管也逐渐演变成统率诸军、镇、守捉的大军区军事长官，于是长驻专任的节度使便应时出现。

唐睿宗景云年间，为与突厥等游牧民族作战，唐政府再次对西北、东北边境的军事行政体制进行改革，将节度使任职长期化、职权辖区化、镇所固定化、官衔正式化，即把那里的数州并为一个军事战略防区，组建边防重镇，命大总管或大都督长期镇守。因为古代调兵必须持皇帝兵符，将帅出征常被授予象征权力的节钺，因此，这些长期驻守的大总管或大都督被称为持节都督，后来被正式命名为节度使。

开元、天宝年间，节度使的数目进一步增多，唐置安西、北庭、河西三节度使防御西北边境；置朔方、河东、范阳三节度使防御北部边境；置平卢节度使防御东部边境；置陇右、剑南二节度使防御西部边境。

唐代边防驻军的后勤供应主要依靠政府，但如此众多边防驻军的后勤供应，仅靠政府是远远不够的。若要保障供应，后勤供应体制就必须进行改革。军队屯田是解决军粮供应的办法之一。仪凤二年（677年），唐政府在今甘肃和四川西北部边境建立了屯田组织。随着常备军数量的不断增加，屯田制度在各军驻地全面展开。据《通典》记载，凡天下诸军州营屯总计九百九十二。以"每五十顷为一屯"折合田亩则为四万九千六百顷。天宝八年，天下屯田收谷一百九十一万三千九百六十石，而"关内五十六万三千八百一十石"，居各道首位。以朔方节度使十万官兵计算，每人平均5.6石，军粮供应通过屯田大部分得以解决。起初，屯田生产的粮食由中央政府的度支部门支配，如屈敬德兼管的"营田事宜"，就隶属于中央户部。这种制度使常备军将领不能及时解决自己防区内军队的后勤供应，影响了他们调动、指挥军队的效率，削弱了唐军的战斗力。如安西经略安抚使郭虔瓘曾带领关中一万官兵远征西域，军需由沿途州县补给。由于甘陇以西人口稀少，补给不足，结果郭虔瓘无法深入更远的地方寻找歼敌的机会，无功而返。在这种情况下，唐政府不得不把防区的财政权力转交给各防区的常备军将领。

后来，唐政府又把食盐资源的管理权交给节度使。开元十五年，朔方节度使兼关内盐池使。据《新唐书》五四《食货志》载，朔方节度使管区内的盐州、灵州、会州共有十三处盐池。这些盐池所产之盐，除一部分上贡朝廷、满足当地驻军的需求外，还有部分可满足当地民众的需要。如胡洛池除"供振武、天德两军及营田水运官健"外，剩余部分则销售给远近百姓。开元时，政府下令开征盐税，盐税也就成了节度使的一项重要财政收入。天宝年间，玄宗将盐税的征管交给节度使，这样，藩镇节度使拥有了更多的财政权。

藩镇节度使虽然有了其辖区的兵权和财权，由于还没有行政权，对他们完成军事任务也会产生一定程度的影响。

为避免地方官对节度使军事行动的影响，从天宝中期开始，唐政府将节度使与采访使分设的体制，改为由藩镇节度使"一人兼领"的体制，州刺使尽为节度使所属。这是唐玄宗根据北部边防军事需要对节度使权力的又一次扩大。

至玄宗开元、天宝间，北方逐渐形成平卢、范阳、河东、朔方、陇右、河西、安西四镇、北庭碛西8个节度使区，加上剑南、岭南共为10镇。

这样，藩镇节度使便拥有了其辖区内数州的行政权。不但如此，有的还兼数道的节度使。

节度使受命时由皇帝授旌旗节钺，全权负责军事指挥，威仪极盛。加上节度使集军、民、财三政于一身，又常以一人兼统两至三镇，多者达四镇。746年，王忠嗣为河西、陇右节度使，兼朔方、河东节度使；安禄山除任范阳节度使外，还兼任河北采访使、河北道采访处置使等，他们掌握天下最精锐的部队，其声威和权力都超过魏晋时期的持节都督，于是，外重内轻的局面形成，最后酿成安史之乱。

安史之乱平定后，黄河下游地区各节度使拥兵自重，割据一方，后来更世袭相传，如魏博节度使田承嗣死后，其侄田悦继承魏博节度使一职，唐中央也无法过问。唐德宗继位后，决心削藩，结果造成成德节度使李惟岳、魏博节度使田悦、淄青节度使李正己及山南东道节度使梁崇义一同举兵谋反。最后，参加叛乱的节度使越来越多，规模越来越大，参加平叛的泾原镇士卒因赏赐问题，攻陷长安。唐德宗仓皇出逃至奉天（今陕西乾县），并被叛军包围一月有余，史称奉天之难。

后来，在右神策军都将李晟的奋力拼杀之下，德宗才收回长安，结束流亡生活。

刘辟谋求割据后，宪宗召集朝臣商议对策。绝大多数人认为，四川地势险要，易守难攻，出兵若战而不胜，反让朝廷进退两难，丧失威信，不如正式承认刘辟为西川节度使，以求得平安。

宰相杜黄裳却认为，只有通过对离心离德的藩镇进行打击，才能加强中央集权。刘辟是个心气狂傲而又浅薄无能的书生，如果让这样的人割据称雄，其他藩镇就会纷纷效仿，到时，朝廷就无法对藩镇进行有效的控制了。朝廷只需派一得力干将前往征讨，打败刘辟易如反掌。

"皇上啊，现在的和平环境来之不易，德宗时的奉天蒙难就是教训啊！"宰相与皇上议事，一个小小的中书省主书滑涣竟然在这个时候站起来发言。

宪宗没有理会滑涣，点名征求李吉甫的意见，李吉甫也支持杜黄裳的观点。

"派谁出征合适呢？"宪宗又问。

"神策军使高崇文有勇有谋，忠贞体国，适合挂帅。鉴于四川路途遥远，地形崎岖，往来费时，需要根据前线实际情况做出决策，为了避免内部意见不一，互相掣肘的现象，微臣建议取消监军。"为了让前线将领有更大的自主权，杜黄裳大胆建议。

"李爱卿以为如何？"宪宗再一次将目光转向李吉甫。

"陛下，杜相说得极是。人马未动，粮草先行。为了保障西川的胜利，微臣建议户部派专人负责粮草供应。"李吉甫回答。

"爱卿认为哪位负责合适呢？"

滑涣正准备发声，只见杜黄裳以凌厉的目光盯着自己，他只好极不情愿地将话打住。

"户部侍郎武元衡到户部不久，便将户部的账目审理得一清二楚，微臣建议由武元衡担任这一职务。"李吉甫力荐能力出众的武元衡。

"杜爱卿认为怎么样？"

"让武元衡担任此职是最合适不过的。"杜黄裳也清楚武元衡的能力，他与李吉甫不谋而合。

唐宪宗得到这两位干将的支持，信心倍增。于是，下诏削去刘辟的爵位，命神策军使高崇文与山南西道节度使严砺入川平叛。

高崇文入川后，久攻鹿头关（今四川德阳附近）不下。这时候，朝议又起，主张罢兵的言论又多了起来。

李吉甫白天在办公室收集各方信息，晚上回家还要进行整理和研究。他是地理学家，在家中陈设出作战形势图，将每日报来的情况标在图上。为了让儿子得到锻炼，他叫李德裕当他的助手，一起研究讨论。

"父亲，如果高崇文一时拿不下怎么办？"李德裕问李吉甫。

"你对此有什么看法？"李吉甫想测试一下儿子的能力，便将这个问题又抛给了李德裕。

"我认为得向四川增派兵力。"

"那些常与朝廷唱对头戏的地方节度使又不肯出兵，去了以后又想扩大地盘，你说怎么办？"李吉甫觉得李德裕有悟性，所以不停地启发他。

"南方比较稳定，从南方调兵，走长江水路入川。"李德裕用手指着图上的长江。李吉甫暗暗称奇，儿子这招，没有战略眼光是想不到的。

方案敲定之后，李吉甫立即向宪宗建议，调江淮地区宣州（治今安徽宣城）、洪州（治今江西南昌）、蕲州（治今湖北蕲春）、鄂州（治今湖北鄂州）等地的精兵溯江而上，直捣三峡，与高崇文军形成夹攻之势，迫使刘辟分兵救援。这样，一方面能减轻高崇文的压力；另一方面，高崇文担心江淮军率先建功，也会增强斗志。

唐宪宗采纳了李吉甫的意见。江淮的军队到达四川后，平叛部队两路夹攻，果然，刘辟的叛乱很快被平定。

西川平定后，李吉甫又推举高崇文、严砺分别担任西川（治今四川成都）和东川（治今四川三台）节度使，让两川相互制衡。

事实证明，李吉甫一系列的建议都是十分正确的，也是符合宪宗加强中央集权思想的，唐宪宗对李吉甫越来越赏识倚重。

"老爷，这次军事行动的胜利，是皇上的福气，也是您的福气。万一天不遂人愿，那你和杜大人还不知是祸是福呢。"对四川军事行动的胜利，让刘谨言放下了悬着的心。

"杜大人的意见十分正确，对不服从朝廷管理的藩镇就应该惩罚，不然朝廷何以立威？政令何以畅通？"高崇文入川后，19岁的李德裕一直关注西川的战局，生怕战事不利，宪宗反过来追究主战派的责任。西川平定后，李德裕打心眼里佩服父亲的眼光和决策。

"老爷，少爷不知不觉长大了啊！"看着李德裕一天天地成熟，刘谨言禁不住发出感慨，李吉甫捋着胡须，赞许地点了点头。

李德裕在父亲李吉甫的言传身教中不断成长。这种耳濡目染的成长环境和经历，使他从小就开始积累从政经验，为日后走向更大的政治舞台打下了良好的基础。

李吉甫刚到中书省，情况还不太了解。在朝议处理刘辟叛乱的时候，他对主书滑涣的行为感到十分不解。"滑涣仅仅是一个从七品的主书，却敢在皇上与大臣议事的时候插话，连朝议的规矩都不懂，是谁给他的权力与胆量呢？"李吉甫心生疑惑。"这个问题一定要搞清楚，不然，中书省的正常工作秩序会受到严重干扰。"

李吉甫立即对滑涣展开调查。

不查不知道，一查吓一跳。原来，滑涣与知枢密刘光琦早就相互勾结，他们联络宦官，企图把控朝政。刘光琦与宰相意见发生分歧时，常借助宦官的名义向宰相施压，再通过滑涣来传话，以达成自己的意愿。前宰相杜佑、郑絪等人性格柔弱，被滑涣等人玩弄于股掌之中。

郑余庆任宰相时，看不惯滑涣的行为，曾当面斥责滑涣，滑涣竟伙同刘光琦，勾结宦官，罢去郑余庆的宰相之职。

因此，天下人都知道滑涣神通广大。各地官员为了升迁调动，竟然对滑涣、刘光琦争相贿赂。

"一个小小的中书主事竟敢干预朝政？难怪朝中乌烟瘴气！此人不除，朝廷难静！"弄清事情的真相之后，李吉甫立即将情况向杜黄裳通报，杜黄裳坚决支持打击勾结宦官、贪渎奸佞的行为。

"老爷，你不知道郑余庆郑大人的故事吗？"刘谨言劝李吉甫谨慎行事。

"不除掉这些肖小，朝廷就不会有清静的日子。"李吉甫态度坚决。

"滑涣等人与中人勾结，已形成了一股左右朝政的力量，如果没有充分的证据让皇上认清他们的真面目，是难以扳倒他们的。"见李吉甫态度如此坚决，刘谨言提醒他抓住关键环节。

"他们这么嚣张，贪赃枉法的证据应该容易抓到。"李德裕也支持父亲的行动。

"对，得从证据下手！"李吉甫心里已经有了主意。当时，郑余庆已调任太子宾客。李吉甫将扳倒滑涣，斩断宦官干政的想法告诉郑余庆。"滑涣是个小丑，他后面是宦官势力，不过，只要证据确凿，是一定能办到的。我向你推荐一个人，他可能熟悉滑涣的贪腐情况。"

"我正需要这样的人，不过，郑相，这个人要绝对信得过啊！"

"他叫王起，进士出身，现任陕西蓝田尉，是个十分可靠的人。"郑余庆将王起引荐给李吉甫。

李吉甫找到王起。根据王起报告，各州县经常有人来中书省密会滑涣，中书省内肯定有滑涣隐藏赃物的地方。刘光琦在老家建有豪宅，万一在中书省的办公地点没有查到赃物，可从刘光琦老家的豪宅入手。

李吉甫立马将情况向宪宗汇报："陛下，如果朝臣与中人（宦官）勾结，那么整个朝廷都将被他们玩弄于股掌之中，皇上还有什么安全可言！"李吉甫的一番话终于打动了唐宪宗，唐宪宗同意对中书省进行突击检查。

果然，在中书省主书的办公室内，搜到了滑涣、刘光琦勾结宦官与地方官员，把持朝政，贪赃枉法的证据。

宪宗大怒，下令将滑涣、刘光琦处死，抄没家产。从滑、刘两家抄出的家财竟达百万之巨。

李吉甫入朝任职不到三个月，做出的事却震惊了整个官场，宪宗不由得对他高看一等。

元和二年（807年）正月，宪宗将杜黄裳调出长安，同时任命武元衡、李吉甫为中书侍郎，同平章事（即宰相）。

接到任命书时，李吉甫感动得热泪盈眶。他对中书舍人裴垍说："我在地方辗转任职十五年，不刻意结交权贵，穷困失意，蒙陛下看重，将我调回长安，擢拔为宰相，我感激不尽！现在，我能报答朝廷的，只有引进贤明人士，让更多的人为朝廷效力。因为久居地方，与朝廷中的贤能之士接触不多，您在朝中工作多年，对朝中的状况特别了解，希望您能向我推荐一些有能力的人来肩负起管理国家的重任。"裴垍也觉得李吉甫是个有魄力的宰相，当即开列了三十多人的名单。李吉甫经过考察之后，根据这些人的特点，在很短的时间内将这些人安排到不同的职位上，当时官场内外都认为他持心公允，用人得当。

李吉甫在地方工作十多年，能更多地深入基层，深知民间疾苦，拜相之后，肃清了朝廷中一些不正常的现象，还与武元衡联手采取了一系列加强中央集权的措施。

鉴于藩镇节度使贪婪跋扈，李吉甫奏请皇帝下诏，禁止节度使插手州郡行政事务，让州郡刺史独立自主处理政务；禁止州刺史擅自谒见本道节度使；禁止节度使以年度巡查检察为名向管辖州县征收苛捐杂税；定期调换藩镇节度使。在他担任宰相一年多的时间内，共调换了三十六位藩镇的节度使，避免节度使长期控制某个藩镇，培植个人势力。

李吉甫的措施，符合宪宗加强皇权的要求，宪宗对他更加倚重。

元和二年（807年），镇海节度使李锜出现了谋反的迹象。李锜为李渊祖父李虎的八世孙。父亲李国贞曾任长安令、剑南西川节度使、绛州刺史等职。凭着父亲的荫庇，李锜20岁便入仕，最先担任凤翔府参军，后来又使用贿赂勾结等手段，当上了润州刺史兼浙西观察使。德宗好财，李锜投其所好，搜刮了不少奇珍异宝，献给德宗，以取得皇上的宠信。在德宗的支持下，他又兼任盐铁转运使，并兼管榷酒（酒的专卖）漕运，攫取了天下最有钱的肥缺。

权力和财富使李锜野心膨胀，他希望有朝一日能取代唐王朝的统治。在润州刺史任上，他就开始暗中招兵买马，拣选精于骑射的勇士及亡命之徒建立亲信卫队，称为"挽硬随身""蕃落健儿"，并收买其中的骨干分子为养子，扩充亲兵势力。

李锜搜括民财以充军资，引起了镇海人民的反抗。贞元十七年（801年），浙西平民崔善贞上书朝廷，揭露李锜谋反的罪行，被李锜杀害。

为了防止李锜叛乱，永贞元年（805年）三月，顺宗将他调离润州，升为镇海节度使，同时，解除盐铁转运使一职，剥夺他的财权。

元和二年（807年）十月，唐朝平定了西川节度使刘辟、夏绥兵马使杨惠琳的叛乱，李锜深为恐惧，于是假装自请入朝以试探唐宪宗的态度。

李吉甫认定李锜必会反叛，劝宪宗召他回朝，采用明升暗降的办法免去他节度使的职务。宪宗采纳了李吉甫等人的建议，派使者将李锜召回朝廷，并任命王澹暂代他的职务。自请入朝并非李锜的真实意愿，面对朝廷的三次征召，他都称病不应。十月底，朝廷正式下令调李锜为尚书左仆射，任命御史大夫李元素为镇海节度使。至此，李锜无法再虚与周旋，他杀掉王澹、正式背叛朝廷，攻掠附近州县。

李锜的反叛，再一次引发了朝局的不安，唐宪宗十分担忧。

"陛下，朝廷对李锜已是仁至义尽了，他要反叛，失道寡助；李锜不过是庸才，手下又多是亡命之徒，看似嚣张，但组织纪律性不强，不会有多大的战斗力；镇海节度使的周边都是支持朝廷的藩镇，如果朝廷下决心平叛，打败李锜不是难事。"李吉甫分析说。

"我觉得李大人分析得十分有道理，我坚决支持朝廷平叛！"武元衡也十分认同李吉甫的主张。

"既然两位爱卿都支持平叛，那朕也有信心了。"于是，唐宪宗下令削夺李锜所有官爵，任命淮南节度使王锷为招讨处置使，征召宣武、义宁、武昌、宣歙、江西、浙东等地兵马，从宣州、杭州、信州出发，分三路讨伐。

由于李锜反叛不得人心，他的部将张子良、李奉仙、田少卿在前线倒戈，回师镇海，将李锜活捉，送往长安，叛乱很快被平定。

正当李吉甫大展身手的时候，接二连三的明枪暗箭朝他袭来。

元和三年（808年）四月，朝廷又掀起了一场纷争，将李吉甫卷入其中。

唐代，科举士子进士及第后，只是获得入仕的预选身份，如要正式入仕，还必须参加吏部的考试。吏部的考试有铨选、制举、科目选等三种形式。

进士如按部就班参加吏部的铨选，得守选三年，才能获得选官资格。若想快速入官或提升，制举是最好的途径。制举是由皇帝亲自颁布诏令进行的举选任官合一的考试，一经考取，便可直接授官。制举打破了守选时间的限制，因而获得了广大士子及六品以下低级官员的青睐。

四月，朝廷举行了贤良方正、直言极谏科的制举考试。已获得进士身份的皇甫湜、牛僧孺、李宗闵参加了这次考试。考试策论中，三人都直言不讳地陈述当时宦官专权，政令不畅，正气不伸的问题。如皇甫湜就在《对贤良方正直言极谏策》中写道："夫裔夷亏残之微，褊险之徒，皂隶之职，岂可使之掌王命、握兵柄，内膺腹心之寄，外当耳目之任乎？此壮夫义士所以寒心销志泣愤而不能已也！"吏部侍郎杨于陵、吏部员外郎韦贯之担任主考策对官员。他们认为，既然是直言极谏，就应言者无罪。便将牛僧孺等纳入成绩优秀的上第中。

然而，牛僧孺等人的行为严重刺激了专权的宦官。当时，右仆射裴均交结宦官，希望谋取宰相之职。为了讨好宦官，他将三人指斥宦官的内容密报权阉吐突承璀、梁守谦、王守澄等人，吐突承璀等一齐向宪宗诉苦："陛下，牛僧孺等人借直言极谏策论，肆意非议朝政，试问朝中大事哪一件不是皇上点头下旨让下面贯彻执行的？非议朝政，不是在指责圣上吗？其险恶的居心作为考官的杨于陵、韦贯之难道不明白？况且，万事有一利必有一弊，此风一开，朝中不干事的老是指责踏实干事的，今后谁来为陛下尽忠做事？更为可恨的是，皇甫湜是翰林学士王涯的外甥，王涯参与了组考工作，事先并没有申请回避，这不明显是作弊吗？这样的录取结果，怎能使天下士子心服口服呢？恳请陛下取消牛僧孺等人的资格，将杨于陵、韦贯之予以处分。"

"这个，朕已在录取诏书上签字了。怎么办呢？"宪宗不知到底该如何处理，征求李吉甫的意见。

"微臣也有这样的想法。考生不是言官，朝廷施政即使有什么问题，也不应由他们说三道四。此风一开，今后朝臣们总觉得动辄得咎，还敢有什么作为？"在这个问题上，李吉甫觉得牛僧孺他们确实有点过分。

吐突承璀和李吉甫的一番话，使宪宗对牛僧孺等人的态度迅速反转。他很快下旨，罢去参与复试的裴垍、王涯的翰林学士，将裴垍降为户部侍郎，王涯降职为都官员外郎，韦贯之贬为果州刺史、杨于陵为岭南节度使。

这时，李吉甫也因滑涣一事得罪了宦官。裴垍等人被贬后，裴均又通过宦官向牛僧孺透露，他们被取消录取资格是李吉甫告的状，故意嫁祸于李吉甫；另一方面，又向宪宗密陈牛僧孺等人的过激行为是宰相指使，离间宪宗与李吉甫的关系，达到孤立李吉甫取而代之的目的。岑仲勉在《唐史余沈》中指出："夫唐代宦官，为祸诚烈，然历朝君相，均应负责。何为专罪吉甫？……牛党之恶李氏父子，儿女之私为远因之一。宦官不能仇，于是转而仇吉甫。牛党多文人进士，晚唐史料，常取给于此辈之撰著或传述，忽而谓指斥中人，事由指使；忽而谓（吉甫）向上泣诉，遂罢裴王；覆雨翻云，宵邪长技，史官采择弗慎，夫是以说出两岐，公道长湮也。"同时，对"为何皇甫湜之卷传世，牛、李二人对策不传？"作出了很好的解释："湜不过郎中，比较无所畏忌，故其对策得与刘蒉同传。牛、李（宗闵）则后来身居宰辅，投鼠忌器，唯恐内官旧事重提，不安于位；又以早年对策喧腾一事，遂计为接木移花，以转人视听，吉甫泣诉之谰说，夫于是应时产生。"

得力助手

"有事奏事，无事退朝。"大明宫兴庆殿上，唐宪宗正准备结束早朝。司礼监宣布退朝的声音响彻整个朝堂。

"陛下，臣有本要奏。"御史中丞窦群突然出列，立于丹墀之前。

"爱卿所奏何事？"

"臣要奏李吉甫李大人密谋反叛，请陛下批准臣将其抓捕。"

窦群言方出口，百官惊愕，都把目光转向李吉甫。李吉甫也不明所以。

"信口胡言！御史台乃国家宪台，讲究以事实为依据，以法律为准绳，窦中丞说话不可空口无凭！"短暂的惊愕之后，李吉甫出列，对窦群进行驳斥。

"陛下，李吉甫勾结方士，密谋反叛，微臣已于今天早晨将昨夜留宿于李府的术士陈登捕获，请陛下让臣处理此案。"窦群似乎把握十足。

屋漏偏遭连夜雨，刚卷入科场风波的李吉甫，此时又被御史台参告。

听窦群这么一说，李吉甫才知道陈登被捕。

原来，昨夜李吉甫感到身体不适，叫人请来擅长医术星象的术士陈登为他治疗。因天色已晚，李吉甫便将陈登留在家中过夜。今天一早，陈登刚从李府出来，便遭到窦群的秘密逮捕，窦群以此为据，上书诬告李吉甫密谋反叛。

宪宗听到奏报后，感到十分惊讶："李吉甫会谋反吗？"

"李吉甫勾结方士，行魇镇之术，证据确凿。"窦群好不容易抓到扳倒李吉甫的机会。

提到"魇镇"，朝臣们更加惊悚，不禁想起汉武帝时诛杀戾太子及本朝玄宗一天之内杀三位皇子的惨祸。皇宫及朝臣谁要沾上它，几乎不可能免遭杀戮。"李吉甫完了！"朝中大多数人心里这么认为。

"术士陈登在什么地方？朕要亲自审问。"事关重大，宪宗决心查它个究竟，窦群只好将陈登带上来。

宪宗亲自审问陈登后，知道事情的真相并非窦群所言。"大胆窦群，竟敢颠倒黑白，诬陷忠良。来人，将窦群拖出去斩首，立即执行。"宪宗大发雷霆，要杀窦群。

"陛下，万万使不得，万万使不得，窦中丞平时忠于职守，并没有做什么出格的事，今天这个事一定是受了别人蒙蔽；再者，即使有罪，也罪不至死。"李吉甫替窦群解释，皇帝才免去了窦群的死罪，调他出任湖南观察使。

窦群陷害李吉甫，李吉甫为什么还要出手相救呢？

原来，窦群的前半生可以说是个才智过人、刚直不阿之人。德宗建中四年（783年），经京兆尹韦夏卿推荐，唐德宗让窦群担任左拾遗。贞元十九年（803年），张荐被派出使吐蕃，德宗提升窦群为侍御史，任张荐的判官。窦群不想出使吐蕃，进宫去见皇帝时说："皇上，您登基二十年了，才把我从民间提拔出来当拾遗官，是多么艰难哪！用二十年难以提拔的臣子当出使吐蕃的判官，陛下信得过臣吗？"德宗认为他说得有道理，便没派他去。

王叔文集团得势时，不喜欢自命清高的窦群。窦群也愤愤不平，不肯依附他们。王叔文想把他赶出朝廷，但宰相韦执宜不同意，于是作罢。

有一次，窦群在路上碰见王叔文，他对王叔文说："世事难料啊！"

"你这话是什么意思？"王叔文问。

"过去李实夸耀自己的恩宠，倚仗着权势，威震朝廷内外，您那时在路边徘徊，只是江南一名小官罢了。如今您也处于李实这样的权势，难道不想想路边还有像您这样的人吗？"窦群对他解释。王叔文虽感到震惊，但基于党同伐异，最终没任用他。

因为武元衡、李吉甫都遭受过王叔文等人的排挤，武元衡、李吉甫担任宰相后，向宪宗推荐窦群担任御史中丞，因此，窦群、羊士谔、吕温算是自己政治派别的人。

既然政治观点相同，为何窦群、羊士谔、吕温又合起伙来诬陷李吉甫呢？

这又不得不说窦群等人的心胸问题了。窦群担任御史中丞后推荐吕温、羊士谔任御史，李吉甫认为这两个人性格急躁，作风不正派，再加上窦群事先未禀报，便没有批准。窦群认为，自己是御史台堂堂的一把手，任命一个御史还要受李吉甫的气，于是对李吉甫产生了怨愤，全然忘记李吉甫过去对他们的提携，以德报怨，寻机诬陷李吉甫。

而李吉甫却在宪宗要杀窦群时挺身相救，两相比较，不得不说李吉甫确实有宰相气量。

李吉甫虽然救下了窦群，但这一事件对他的心理打击是相当大的。他自知得罪的人太多，便主动请辞相位，并推荐裴垍接任。宪宗知道李吉甫忠心护主，但也奈何不了各方特别是来自宦官的压力，只得同意李吉甫离开长安。

元和三年（808 年）九月，宪宗授李吉甫检校兵部尚书、中书侍郎、同平章事、淮南节度使，出镇淮南（治今江苏扬州）。唐宪宗依依不舍，在通化门为他饯行。

"刘先生，国家国家，先有国然后才有家，这个道理说起来人人都懂，但做起来怎么那么难呢？你说为什么有的人总把自己的私利摆在第一位呢？"在去淮南的路上，骑在马上的李吉甫不禁发问。

"老爷，当今国家，譬如一个久漏之堤，药如护堤之泥石。泥石能有足够的力量堵住漏水，则土可克水，堤可修，漏可堵；若泥石之力不能堵住漏水，则土不能克水，反为水所乘，这就是我们常说的五行相生相克的道理啊！"刘谨言毕竟年纪大些，经验要老到得多。

"治国得有道，但行道得有术，术而不济，道难行焉。"李吉甫若有所悟。

一行人向着远处的地平线走去……

"请问，这是不是李相爷的尊驾？"车行到山口，一个仙风道骨的老者站在路边。

"先生与李相爷相识？"刘谨言上前问。

"原来是三清道长，好久不见！"正当刘谨言上前问话的时候，李吉甫从车里走了出来。

"刘先生，这是三清道长，是陈登陈先生的师尊，家父的故交。"李吉甫向刘谨言介绍。"道长为何知道我从这里路过？"李吉甫转过身来问三清道长。

"相爷名动京华，贫道昨天正好云游峰回观，得知李相爷今天会经这里去淮南任职，特此相候。"

"谢谢道长记挂！在下宦海沉浮，不知所依，道长世事洞明，望能指点迷津。"

"相爷不必担忧，不出三年，必将重回长安，到时可一展平生之志。"

"伴君如伴虎，不知在下是否能上顺天意，下体民情，终得善始善终。"李吉甫很巧妙地向三清道长表达了自己的隐忧。

"相爷放心，您不仅能成为一代贤相，而且还是个长寿之人，能活到九十三这个数。"

"我家很少有人达到 70 岁寿命的，我怎么可能有这么高的寿数？再说我得罪了那么多人，现在不得已辞别长安，更别说再次成为宰相了。"

"命里有时终须有。相爷当今遭遇，如剑之淬炼，如水之洄流。三年后，请相爷静观我的预言啊！"三清道长还是微笑以对。

李吉甫拱了拱手，突然又若有所思，"不知犬子的前程如何？"

"相爷，少爷的相品不在相爷之下，也是贵不可言。"

"多谢道长！"

"天道自有公心，请相爷放心前行！"道长将拂尘一指，一队人马向南方急驰而去……

李德裕一直没有发言。父亲被贬，这是第二次了。朝堂上的明枪暗箭，人世间的人情冷暖，他已有所感知。父亲体质一直不怎么好，经不起劳累。因此，父亲一接到淮南任职的通知，他便辞掉校书郎的职位，陪伴在父亲左右。

一路上，李吉甫在反思担任宰相期间的成败得失，李德裕则担心父亲的身体。

到淮南后，李吉甫没有表现出被贬谪的忧愤，上任伊始，便开始调查研究，着手解决老百姓迫切需要解决的问题。

民以食为天。农业社会里，老百姓的吃饭问题是国家最大的问题。在调查过程中，李吉甫发现，影响淮南地区农业生产最大的问题是水旱灾害，而防止水旱灾害最好的办法是兴修水利。然而，兴修水利不是件容易的事。因为兴修水利，必定要牺牲一定的良田。如果没有一个让田地出让人与受益人都能接受的补偿机制，老百姓宁可遭受灾害，也不愿兴修水利。因此，历届州县负责人都想造福百姓，但最后能够实现愿望的却少之又少。

为了让李德裕能有更多锻炼的机会，李吉甫任命基层工作经验丰富的王起为掌书记，让他具体牵头负责落实兴修水利的工作，命李德裕担任王起的助手。因为王起工作繁忙，兴修水利的工作基本落到了李德裕的头上。

"刘叔，父亲是让我去打先锋啊！不知刘叔有什么好的建议没有？"李德裕问刘谨言。

"少爷，要解决问题必先抓关键要素，你认为兴修水利要解决的关键要素是什么？"

"一是兴修水利占的田地从哪里来；二是如何建立受益者反哺机制，让水利工程能长久发挥效益。"

"既然你已看到了问题的关键，那离解决问题就不会太远了。少爷，恭喜你！"刘谨言带着欣赏的目光，边点头边回话。

李德裕很快制订了切实可行的方案。在李吉甫、李德裕父子的努力下，富人塘、固本塘、平津堰（在今江苏高邮）等水利工程一个接一个地建成，为近万顷农田的丰收提供了保障。

为了减轻老百姓的负担，李吉甫还奏请朝廷，免去淮南百姓数百万石欠租。

李吉甫不仅认真研究解决辖区内的问题，还十分关注国家大事，他经常上书宪宗，指陈朝政得失，阐述军国利害。

除了处理日常政务之外，李吉甫还投入大量的时间从事郡县志的撰写工作。为了让儿子得到更多的锻炼，他将很多具体工作交由李德裕办理。

封建社会是人治，人治的关键在于皇帝。皇帝不圣明，政治便如乌云蔽日；皇帝圣明，犹如日明风清。唐宪宗还算是有作为的皇帝，裴垍、李吉甫便是给朝政带来日明风清的人。李吉甫出镇淮南后，遇到重要的问题宪宗都要和裴垍商量，而裴垍也小心谨慎，认真按照唐宪宗的旨意办事。君臣相知，为一时佳话。元和五年（810年）十一月，裴垍突然中风，难以坚持正常工作。第二年七月，病情日益加重，不幸于任上去世。裴垍的去世，使宪宗失去了一位很好的助手。

裴垍发病后，面对繁杂的政务，宪宗不胜其烦。裴垍是李吉甫推荐的，国乱思良将，在这个时候，宪宗越加思念起李吉甫来。元和六年（811年）正月，唐宪宗再次任命李吉甫为中书侍郎、同平章事，加授金紫光禄大夫、集贤殿大学士、监修国史、上柱国，晋爵赵国公。于是，李吉甫再次入朝拜相。

"刘先生，国家内忧外患，处于多事之秋，皇上这次重新命我为相，你说我该从何处着手，为皇上排忧解难？"刘谨言是李吉甫得力的助手，每每遇到重大问题，李吉甫都要先与刘先生商议。

"相爷，汉代政治家晁错说过：'仓廪实而知礼节。'经济是国家机器正常运转的基本保障。国家若能轻徭薄赋，量入为出，百官的薪俸能按时给付，受灾民众能得到及时救济，戍边官兵的军饷能及时发放，朝廷赏罚能言必有信，那么，只要不出桀纣之君，国家便没有不治的道理。"

"看样子必须从减轻老百姓负担，增加国家收入着手！"李吉甫似乎有了答案。

"相爷一心为公，这是大家有目共睹的，但凡事不能过于认真，千万要注意处理好人际关系啊，三年前的教训难道还不深刻吗？"老管家知道李吉甫一做起事来便不管三七二十一，百头牛都拉不回，特意叮嘱。

"大丈夫顶天立地，即使前面是刀山火海，也要取义成仁！"面对晚唐复杂的政治局面，李吉甫毅然决然，一心为国尽忠，为民尽力。

在中国历史上，大凡有作为的宰相总能发现国家机器运转中存在的问题，并能很好地解决这些问题，李吉甫便是这样的人。在唐宪宗的支持下，李吉甫上任不久便采取一系列的措施来巩固中央集权：

第一，省官减俸，提高行政效率，节省国家财政开支。他上书唐宪宗："方今置吏不精，流品庞杂，存无事之官，食至重之税，故生人相困，冗食日滋……天下常以劳苦之人三奉坐待衣食之人七。而内外官仰奉禀者，无虑万员，有职局重出，名异事离者甚众，故财日寡而受禄多，官有限而调无数。九流安得不杂？万方安得不烦？"建议裁汰冗杂官吏，降低百官俸禄，节省国家财政开支。唐宪宗采纳了他的建议，最终裁减内外冗官八百余人、冗吏一千七百余人。

第二，取消寺院部分经济特权，抑制寺院与国家和百姓争利。《旧唐书·李吉甫传》："京城诸僧有以庄碾免税者，吉甫奏曰：'钱米所征，素有定额，宽缁徒有余之力，配贫下无告之民，必不可许。'宪宗乃止。"《新唐书·李吉甫传》："又奏收都京畿佛祠田、碾硙人，以宽贫民。"

第三，抑制宦官。当时，宗室之女的婚配由宦官管理，由于宦官故意刁难，有很多满十六岁的女子没安排婚配。他们的父母为了让女儿能适时出嫁，不得不备厚礼以贿赂宦官。为此，李吉甫上书宪宗，取消宦官这一特权，由中书、门下两省会同宗正等部门，选定合适的人使宗族之女能及时婚配。

元和七年（812年）十二月，杨归厚面奏宪宗，弹劾宦官许遂振收受贿赂，惑乱军政等问题。其实，宦官专权，责任在于皇帝。皇帝认为宦官是家奴，比文臣武将更可信，才导致宦官专权。杨归厚弹劾许遂振，触及宪宗的忌讳，宪宗大怒，准备将杨归厚贬到边远的地方。

"陛下，杨归厚过于鲁莽，但他本意是好的。如果仅仅因为说了些过头的话就将其贬斥，会让天下正直之士寒心，将来恐怕无人敢站出来说话了。"在李吉甫的拼力相救下，杨归厚仅降职为国子主簿分司，没有远贬。

加强西北边境的防御。元和八年（813年），回鹘越过大漠，南攻吐蕃。朝廷得报，很多朝臣认为回鹘表面声称讨伐吐蕃，真实意图是要入侵唐境。

"回鹘并未与朝廷断绝和好关系，南下目的不大可能是侵扰边境，我们只要加强戒备，则不足为虑。"李吉甫的见解独到。

"那我们应该怎么应对呢？"

"微臣以为应尽快恢复自夏州至天德军之间的十一所驿站，以便传递边境军情；征调夏州精骑五百人驻屯经略故城，以接应驿使，护卫党项部落；在夏州西北部复置宥州，以加强防御，安抚边境各族。这样，即使回鹘犯境，我们也有备无患。"

"爱卿说得极是！"唐宪宗便在经略故城重新设置宥州，隶属于绥银道，并征调鄜城九千神策军前往驻守。李吉甫又征调江淮地区的三十万件兵器与千余匹战马，补充给太原、泽潞两军，以加强北部边防。

坚决主张以武力制裁藩镇的背叛。元和九年（814年），淮西节度使（治今河南汝南）吴少阳去世，吴少阳的儿子封锁消息，勾结河北诸镇，假借吴少阳的名义向皇帝上表，声称自己久病不能坚持工作，请求朝廷让儿子吴元济继任。当时成德（今河北正定）节度使王承宗、淄青（今山东益都）节度使李师道支持吴元济，上书宪宗，为吴元济继承节度使职位营造声势。

接到吴元济的上表后，宪宗召集群臣，商议对策。"李爱卿以为如何？"宪宗先征求刚被任命为宰相的李藩的意见。

"皇上英明，我们一切听从圣断。"李藩为人很正直，可惜缺宰相之才。他这个回答，让宪宗感到问也是白问。宪宗便将目光投向李吉甫。

"陛下，微臣认为淮西镇深处内陆，四周又无党援，且淮西割据，势必影响淮南。淮南如割据，运河这条南北通道就会被切断，东南财赋便无法直达长安，中央政府便成了涸辙之鲋，因此，淮西万万不能效仿河朔三镇父死子继的惯例。"李吉甫提出了自己的看法。

李吉甫的意见十分中肯，得到宪宗的赞同。宪宗便让他主管征伐淮西之事。

李藩为人正直，但能力却不足以胜任宰相之职，为了让李吉甫不受掣肘，不久，宪宗便将李藩改任太子詹事。

为了打击割据势力，李吉甫对淮西采取了一系列斗争策略：首先，他启用魏州人田进为唐州刺史，既笼络了魏博，又加强了唐州的防御，对蔡州起了牵制作用；第二，任命乌重胤为汝州刺史，撤销河阳重兵，减轻田弘正的压力，使他感到朝廷对他的信任，又借乌重胤的军力加强了洛阳东面的防守力量；第三，利用杨元卿等淮西旧臣，了解淮西的虚实，并断绝蔡州交通，加强对吴元济的威慑；第四，李吉甫准备亲赴蔡州劝说吴元济归朝，如果吴元济不接受，则策反吴元济的部将，将吴元济俘缚。虽说这一计策带有很大的冒险性，并不足取，但由此也可以看出李吉甫削平叛乱的决心。

两度入幕

李吉甫担任宰相后，李德裕为了避嫌，离开长安，到易定节度使任迪简幕府中任职。

唐代幕府的形成有一个发展过程。唐代中期，因为疆域辽阔，州县二级地方行政机构远远不能实施对地方有效的管辖。睿宗景云年间，国家根据国防需要，在州县之上，设置道一级的机构，在道一级设置节度使，节度使的职能是主管军区内的军队，防御外敌入侵。开元二十一年，唐玄宗又根据张九龄的奏请，设置十五道采访使，主要职能是对州县官员进行督察。安史之乱后，撤销采访使，设置观察使处置，简称观察使。名称变化了，其职能也发生了相应的变化——由采访使的监察地方官员的职能转变为观察使的管理地方的行政职能。起初，观察使与节度使的区域并不完全一致。后来，节度使基本上都兼观察使了，军权和政权实现了统一，藩镇实力大增，逐渐形成尾大不掉之势。

唐代宗时，中央对藩镇又做了两方面的让步：一是两税收入一部分归于藩镇；二是幕府的僚属制度逐步完善，并得到中央的认可。

唐代中后期的文官有两个系统：一个是从中央到地方的文官，相当于现在的公务员，都由中央任命；一个是由节度使、观察使私人招募的幕僚系统。使府的幕僚系统一般有行军司马、判官、掌书记、参谋、从事等。这些人员，虽说由节度使、观察使私人招募，但又不是完全独立于国家文官系统之外的纯私人的僚佐，他们进入幕府后，授予职位要表奏朝廷，请求备案和敕书任命。他们到幕府工作后，可以和州县官吏一样接受吏部的考课升迁。唐代后期，节度使已经掌握了地方的军政大权，许多州县的别驾、司马已经演变为名存实亡的虚职了。使府的幕僚基本上替代了州县官僚体系。

由于节度使、观察使的地位日高，进士、低级官员入幕府工作的人数越来越多，由使府幕僚进入国家官员体系的人数更是不可胜数。特别是到了晚唐，位列公卿的高级官员甚至宰相十有八九曾在幕府工作过。

到易定节度使任迪简那里去锻炼，李德裕是经过一番思量的。如果去与朝廷离心离德的藩镇工作，弄不好会留下勾结边镇的污名，连累父亲，还容易被藩镇作为交易筹码，向父亲施压。

任迪简人品极好，对朝廷也很忠诚。他在任天德军判官时有一次赴宴迟到，按规矩该罚饮一大盅酒。倒酒的卫侍一时马虎，把醋壶误作酒壶，给任迪简斟了一大盅醋。任迪简一喝，酸不可耐，但他知道节度使李景略将军治军极严，部下稍有过失便遭重笞，此事若声张出去，那个卫侍将被杀头，便咬牙饮尽，结果"吐血而归"。这件宽厚仁恕的事情传出后，"军中闻者皆感泣"。任迪简日益受到官兵的拥戴，官职从卫佐累迁至节度使，官兵誉之为"呷醋节帅"。因此，到官声这么好的节度使手下工作，李吉甫表示十分支持。

李德裕从小跟随父亲，在父亲的指导下研习经史和历代典章制度，熟悉朝廷各种礼仪，帮助父亲做点力所能及的工作，这些经历为李德裕从政打下了良好的基础。

到了任迪简幕府后，李德裕担任掌书记的助手。掌书记是节度使的秘书长，掌书记的助手即是秘书。因唐代的进士是不直接授官的，进入仕途要么参加吏部的铨选，要么参加由皇帝亲自主考的制科考试。进士若要参加吏部铨选，必须待选三年才有资格。当时，有很多待选或制科没有通过的进士在地方节度使的幕府任职，幕府中可谓人才济济。许多人眼里，宰相公子肯定是个锦衣玉食的绣花枕头。然而，令人没有想到的是，李德裕不仅文字功夫不比那些进士逊色，而且办事能力极强，工作十分勤勉，生活也很简朴，丝毫没有公子哥儿的习气，深受同僚的敬重。

元和八年（813年），入任迪简幕府不足一年的李德裕，在唐宪宗的关怀下，以门荫入仕，担任秘书省校书郎——一个朝廷正式任命的正九品官员。

唐代的秘书省掌管国家的图书典籍档案，负责国史的编修，相当于现在的国家档案局、国家图书馆及党史地方志办公室的职能。不过，在唐代，国家十分重视图书典籍及国史的编修，许多编修图书典籍国史的人员，一般都是皇帝的顾问，很容易接近皇帝而受到重用。《隋唐佳话》中说："薛中书元超谓所亲曰：'吾不才，富贵过分，然平生有三恨，始不以进士擢第，娶五姓女，不得修国史。'"由此可见，秘书省的地位十分尊崇。校书郎一般由刚入仕途且才学出众的人员担任，负责校雠典籍，订正讹误。

秘书省的馆藏图书，为李德裕阅读经史、查考典籍提供了便利条件。当时，李吉甫撰写的州县地理志正式定名为《元和郡县图志》，已到了整理成书的阶段，李德裕是父亲重要的助手。在父亲的带领下，李德裕对全国各地历史沿革、风土人情都有研究，这为李德裕后来从地方到中央的工作，打下了坚实的理论基础。

然而，秘书省并不是具有行政职能的机关，这对于志存高远决心治国安邦的李德裕来说，则有英雄无用武之地的感觉。

王起入淮西幕后，深受李吉甫的影响，成为一位充满正能量的干吏。由于理想和志趣相同，李德裕与王起成为无话不说的密友。李吉甫再次担任宰相后，举荐王起为殿中侍御史。王起不但基层工作经验丰富，而且学识渊博，不久，兼任集贤殿直学士。

李德裕这个时候除了编书之处，别无他事。一有空闲，他便和王起等人交流心得，切磋诗句，畅谈理想。在任校书郎期间，李德裕留下了《雨中自秘书省访王三侍御，知早入朝，便人集》一诗：

共怜独鹤青霞姿，瀛洲故山归已迟。仁者焉能效鸳鹥，飞舞自合追长离。梧桐迥齐鸢鹊观，烟雨屡拂蛟龙旗。鸿雁冲飙去不尽，寒声晚下天泉池。顾我蓬莱静无事，玉版宝书藏众瑞。青编尽以汲冢来，科斗皆从鲁室至。金门待诏何逍遥，名儒早问张子侨。王褒轶材晚始入，宫女已能传洞箫。应令柏台长对户，别来相望独寥寥。

诗中李德裕以"鸿雁冲飙"等词自喻，很明显地表达了自己的冲天大志，而"金门待诏"却流露出热切渴望从政的豪情满怀的心情。

元和八年（813年），李吉甫将所撰地理志完成。因成书于元和年间，他将书名定为《元和郡县图志》。这年二月，他将十多年的心血《元和郡县图志》呈献给唐宪宗。

"俗话说'秀才不出门，能知天下事'，读爱卿的书，才能真正叫知天下事啊！你这是集大唐之所有，朕得认真读，同时所有官员都得认真读！"宪宗对这部著作十分赞赏。

"能得到陛下这样高的评价，微臣十多年的心血算是没有白费！"

《元和郡县图志》是当时最完备的地理总志，它对唐代政区（州县）的沿革，山川、河流、湖泊的分布，地方的物产贡赋、人口的分布和迁移等内容作了较详尽的记述，保存了大量珍贵的史料，开启了我国总地志的先河。

李吉甫希望统治者利用郡县图志，周览全国形势，加强中央政权对全国的控制，达到"扼天下之吭，制群生之命"的目的。

历史唯物主义观点认为，历史是人民创造的，仅凭一本地理志书是无法为加强中央集权提供多大帮助的，但李吉甫能从加强中央对地方的控制来解决当时社会问题的想法，无疑是切中时弊之举。李吉甫的眼光，代表了当时士大夫的认识高度。

在担任宰相的短短几年内，李吉甫整顿吏治，裁撤冗员；抑制宦官，整肃宫廷；加强边备，防止边患；打击藩镇，强干弱枝，取得了不小的成就，为唐宪宗的"元和中兴"作出了重要的贡献。

然而，长期超负荷的工作使李吉甫的身体受到损害。自元和八年（813年）起，他就多次上书唐宪宗，请求辞去宰相的职位。而当时朝廷的工作确实离不开李吉甫，再加上谁也没有想到他的病是如此严重，因此，宪宗没有同意他的请辞。正当他在筹划征伐吴元济战事的时候，病情突然恶化，李吉甫倒在工作岗位上，年仅57岁。

儒家士大夫的最高理想是为天地立心，为生民立命，为往圣继绝学，为万世开太平。李吉甫就是这样做的，虽然他"出师未捷身先死"，但在历史长河之中，我们依然能看到他的思想所闪耀的光芒。

这个时候，李德裕才刚刚入仕，就像一只刚出巢的雏鹰，正需要父亲的呵护。李吉甫的去世对李德裕不啻晴天霹雳，令他痛不欲生。

"什么三清道长，你不是说父亲能活到93岁吗？你有哪门子道，放的哪门子屁啊！……"想到和父亲一起去淮南时的情景，李德裕禁不住放声大哭。

"少爷，死者不可复生，你不能伤坏身子，老爷是个内心强大的人，你记得我们随他去明州时的情景吗？在人生最黑暗无助的时期，他却能脚踏实地，坚定前行，如果不具备这种品质，怎能担任宰相这样的重任呢？老爷走了，李家这个门还须你撑着啊……"刘老管家的一席话，把李德裕从悲痛的情绪中拉了回来。

"少爷，三清道长求见。"管家来报。

"不见。"

"少爷，他让我带了个字条给你。"

李德裕漠然地伸出手，接过字条，打开一看："元和九年，十月，初三，九十三数也。"

"少爷，老相爷去世，他的老朋友前来吊唁，孝家不见恐不妥吧！"刘管家劝李德裕。

"请他进来吧。"李德裕的情绪似乎平复了些。

"少爷节哀！"待李德裕行孝礼后，三清道长拱了拱手。"少爷，万物有道，有生便有死，有聚必有散，这便是生命之道。老爷在世，忧国忧民，心系万物苍生，这便是他的追求，为了达成理想，伴君于朝堂，流离于贬所，心情好的日子并不多，如今驾鹤西去，也是一种解脱。人生喜怒哀乐，皆从本心而发。而圣明的人则可以本心而推众生之心，如父母去世，子女失父母，常哭'娘啊''爹啊''孩儿该咋办？'这都是从自身的私求出发，即本心也。而从另一角度看，父母辛劳一世，未享片刻之福也。未生子女时，恐绝香火，既生子女，则尽力为子女遮风挡雨，死犹不悔。父母子女多时，子女常有'父母非一人之父母'的想法，而从父母角度，无论子孙是多是少，都是至爱。子女有难，父母常怀割肉之痛。而父母有难，子女也常痛，但总不及父母。'岂无远道思亲泪，不及高堂念子心。'可以说切中人心。若人都有几百年寿命，垂垂老矣又不死，一家十几二十个老人，若无职无位，无田无业，谁供得起？孔圣人说'寿者多辱'，也十分透彻。因此，从众心来看自己，看父母，看他人，就会超然物外，超然情外，融入天地新陈代谢之大道……"

"如果举世超然，又有什么人来担当责任呢？"

"'道生一，一生二，二生三，三生万物。'超脱与担当并不矛盾，万物皆在道中，担当也在道中。少爷是有担当之人，功当在老相爷之上。"

"谢谢道长教诲，道长这么一说，不孝子茅塞顿开。还望道长能为家父设坛超度。"三清道长的一番话，让李德裕彻底改变了看法。

"贫道既然来了，就会为老相爷超度的。不知少爷是否为老相爷择地？"

"因家父遽尔而去，尚未择地。"

"贫道已为老相爷择了一块吉地，不知少爷以为然否？"

"地在何处？"

"城东门外三里。"

"道长择的地肯定不俗，不孝子当谨遵道长教诲……"

李吉甫下葬之日，在其龙穴的后面，人们发现一盘大的蛇蜕。"吉兆，好吉兆，虎踞龙盘，少爷，你命中带贵，将来必定和老相爷一样，贵不可言。"

"谢谢道长！世事明如镜，前程暗自漆，不知不孝子日后当如何，还望道长指点迷津。"

"少爷命中带贵，将走遍天涯海角。若能行善政，积大德，福运会更加长久。"李吉甫下葬之后，三清道长给李德裕留下这么一句话。

李吉甫的去世，使唐宪宗失去了一位可信赖的助手，他罢朝三日，以示哀悼，并派宦官前去吊唁，在按惯例馈赠之外，又从皇家内府中拿出绢帛五百匹以抚恤李家。

李吉甫是在宰相任上去世的，又受皇上重视，因此，丧事办得热热闹闹。宰相武元衡、李绛、御使大夫裴度等朝中大臣都亲临吊唁，王起为李吉甫起草了行状（生平），武元衡撰写了《祭李吉甫文》，对李吉甫的一生作了高度的评价。

宪宗追赠李吉甫为司空，并令太常博士为李吉甫拟谥号。太常博士初定谥号为"敬宪"，度支郎中张仲方借议谥一事，对李吉甫打击地方割据势力的政策进行攻击："师徒在野，戎马生郊……农人不得在亩，纺妇不得在桑。耗赋敛之常资，散帑廪之中积；征边徼之备，竭运挽之劳。僵尸流血，骴骼成岳，酷毒之痛，号呼无辜。剿绝群生，逮今四载，祸乱之兆，实始其谋。"认为李吉甫不配这一谥号。

张仲方为何提出这样的意见呢？原来，他和窦群、吕温、羊士谔曾攀附宦官，结党营私，被李吉甫打压。李吉甫第一次罢相，就缘于他们的诬告。吕温等人因诬告不实，也被贬斥。张仲方被贬为金州刺史。因此，他们对李吉甫怀有一肚子怨气。吕温、窦群去世后，张仲方又与严公衡、韦弘景结党，他们一方面密结梁守谦、王守澄等宦官，极尽讨好之能事，另一方面又收受地方节度使的贿赂，甘在朝中做地方藩镇的应声虫。唐代中晚期藩镇割据不断加剧，与当时节度使与宦官、朝臣的利益输送很有关系。宪宗坚决主张打击地方分裂势力，维护中央集权，因此，对张仲方等人的居心看得一清二楚。元和六年（811年）宪宗罢免李藩的宰相职位，元和十一年（816年）罢去张弘靖的相位，都是因为他们对待藩镇态度的不坚定。张仲方在这个时候借机报复李吉甫，惹得宪宗雷霆大发，将张仲方贬为遂州司马，韦弘景为绵州刺史。可以看出，宪宗还算是一个立场坚定的皇帝。宪宗拿出了这一态度，大臣便吃上了定心丸，最后，给了李吉甫"忠懿"的谥号。由此可见，李吉甫功在社稷，在宪宗心里的地位是一般人难以撼动的。

李吉甫的议谥过程，证明李吉甫是对淮西用兵主战最力的人。对淮西等地的用兵，沉重地打击了地方的割据势力，加强了大唐的中央集权，对大唐的中兴，有着十分重要的意义。《新唐书》评价唐宪宗时指出："刚明果断，自初即位，慨然发愤，志平僭叛，能用忠谋，不惑群议，卒收成功。自吴元济诛，强藩悍将皆欲悔过而效顺。当此之时，唐之威令，几于复振，则其为优劣，不待较而可知也。"因此，李吉甫对元和中兴的贡献是十分巨大的。

李吉甫担任宰相的时间不长,在唐代,他是一个有作为的宰相。他不仅治国有功,治家也颇有一手。他在地方任职期间,身边总是带着家中的老二,将老大李德修丢在长安。是不喜欢老大吗?不是。因为在封建社会,家中的财产爵位都由嫡长子继承。也就是说,李吉甫家中的财产、朝廷的封赏都会留给老大李德修,没有李德裕的份。既然家中的财产名号都让老大去继承,老二呢,就培养他的创业精神和创业能力,让他白手起家。

李德修大李德裕五岁,虽说才学无法与李德裕相比,但在李吉甫的教育下,品德操行为人称道。李吉甫第一次担任宰相时,宪宗特地安排他入仕为官,到李吉甫去世时,他已担任膳部员外郎了,相当于现在的司局级干部。李吉甫去世后,李德修便顺理成章地成了李家的掌门人了。

兄弟俩平时在一起的时间不多,但并不影响他们的感情。只是两人的志趣完全不同。李德修是忠厚长者,入孝出悌;李德裕则心怀天下,志在治国安邦。一个安心地执掌家门,一个努力地追求政治理想,不会产生你争我夺的矛盾。兄弟俩弟恭兄悌,相处和睦。

众所周知,"孝"是古代中国社会的核心道德理念。孟子说:"唯顺于父母可以解忧。"曾子说:"慎终追远,民德归厚矣。"百善孝为先。父母的去世,对每个人来说都是人生当中的一件大事,即使是诸侯王或位尊权重的宰相大臣都应在家守孝二十七个月,叫丁忧守制。守制期间不得婚嫁、应考、上任,现任官员需离任。但如果皇帝觉得因工作特殊,实在离不开这个官员,那就必须以朝廷的名义下令,不准他离职,这便叫做"夺情"。李德裕此时的官职低微,离职回家料理父亲丧事那是很自然的事。况且,父亲一直将他带在身边,精心培育,父子情深,远非常人所及。

守制是枯燥的。期间,武翊黄、王起、李绅等经常上李府慰问,在江陵贬所的元稹也常来信问候,他们的关心给了李德裕最大的慰藉,这群志同道合的朋友之间的友谊得到进一步加深。

李吉甫去世后,宪宗任命武元衡专门负责对淮西用兵之事。武元衡与李吉甫政见相同,私交甚好。这年冬天,长安特别的冷,站在寒风凛冽的旷野之中,面对藩镇蠢蠢欲动,山河风雨飘摇的局面,武元衡深感孤独。听到远处传来的哀怨的羌笛,他不禁想起一同战斗的战友,为此,他伤感入怀,提笔为李吉甫写下:

未报雕龙赠,俄伤泪剑痕。

佳城关白日,哀挽问青门。

礼命公台重，烟霜陇树繁。

天高不可问，空使辅星昏。

表达了对老友深深的思念。同时，也更加坚定了他平定叛乱的决心。

朝廷坚决打击藩镇的态度，引起与淮西勾结的成德节度使王承宗、淄青节度使李师道等割据势力的恐惧。为了对付朝廷，淄青节度使李师道企图采用明助官军，暗中支持吴元济的两面派手法来巩固自己的地位。他们派人暗中潜入中央政府控制的河阴漕院（今河南荥阳），将从江淮准备转运长安的租赋全部烧毁，造成钱帛三十余万缗匹、谷三万余斛被毁的巨大损失。接着，派刺客到长安暗杀了力主用兵淮西的宰相武元衡。又派人潜入东都，打算在洛阳焚烧宫阙，杀掠市民，后因事泄未能得逞。

李师道等人的恐怖行为，虽然也曾使一些人动摇，但唐宪宗始终坚持用兵。元和十二年（817年）七月，宪宗命裴度领同中书门下平章事衔兼彰义节度使，继续主持对淮西用兵。兵贵神速，裴度即与随邓节度使李愬等，大举进攻吴元济。九月，李愬率军出其不意，长途奔袭蔡州，大败淮西军。这一招大大出乎吴元济的意料，毫无防备的吴元济只得束手就擒。持续三年的淮西叛乱宣告结束。

吴元济战败后，李师道担心朝廷挟胜利之师，对淄青用兵。为了保住地盘，他主动上表，表示愿意接受中央政府的领导，并派长子入质朝廷。元和十三年（818年），李师道归而复叛。唐宪宗命令宣武、魏博、义成、武宁、横海诸镇前往讨伐。在宰相裴度的统筹下，征讨的大军从西面渡河，向淄青进发。在大兵压境的情况下，李师道内部矛盾激化，众叛亲离。李师道被部将刘悟杀害，淄青齐莱诸州重新回到唐政府的手中。

"叛贼可恨，我若能为国效力，誓必灭之！"听到武元衡被刺的消息后，李德裕表达了极大的义愤。鉴于戴孝之人不能参加社会活动的戒律，他只得派老管家前往吊唁。

在守孝期间，为了寄托哀思，李德裕搬来父亲写的《元和郡县图志》，认认真真抄写了一百遍。王起、李绅等人经常造访李府，跟他一起商议国事，畅谈人生。虽说王起比他和李绅都年长，但他们之中，最有主意的还是李德裕。后来，元稹也成为他们的至交。在李德裕的周围，逐渐形成了一个商讨中兴大唐的圈子。

元和十二年（817年）一月，李德裕守制期满。此时，正好李吉甫的好友张弘靖辞去宰相之职，担任河东节度使。

张弘靖为何请辞宰相之职呢？

原来，元和九年（814年），淮西节度使吴元济起兵反叛之后，成德节度使王承宗、淄青节度使李师道暗中支持吴元济。元和十一年，王承宗纵兵四掠，正式加入反叛的行列。叛乱爆发后，唐宪宗命田弘正讨伐王承宗。宰相张弘靖认为"两役并兴，恐国力所不支，请并力平淮西，乃征恒冀（成德）"。本来，张弘靖集中力量先平一路的建议不为无理，但宪宗认为张弘靖平叛态度不坚决，没有采纳他的意见。张弘靖见宪宗对自己产生了想法，便自请罢相。宪宗于是顺水推舟，任命张弘靖为河东节度使。

张弘靖上任不久，幕府掌书记崔公信改任观察判官，掌书记一职空缺。张弘靖素慕李吉甫风范，又听说李德裕才能出众，便力邀李德裕出任掌书记一职。

五年前，李德裕在任迪简幕府工作过，对幕府工作比较熟悉。张弘靖又是父亲的好友，于是欣然前往张弘靖幕府工作。从此，李德裕走上了独自打拼的道路。

好朋友要离京奔前程了，武翊黄这个京城名少又张罗着为李德裕饯行。他遍发朋友圈，邀请青年才俊为李德裕祝福。

还是在长安的醉仙坊。王起、段文昌、牛僧孺、李宗闵、李珏、李绅、元稹等人都参加了这次聚会。

"各位，各位，今天是德裕老弟即将赴任别离，不才在这里请各位小聚，一是祝贺德裕老弟即将走上新的工作岗位，二是祝贺僧孺兄、宗闵兄、李珏兄、王起兄还有段文昌姐夫取得不俗成绩，走上了重要岗位！来，大家先一起干了这杯！"武翊黄举起酒杯，一饮而尽。

"愿盛会常有，盛情常在！谢谢翊黄兄！祝贺德裕老弟！"李绅不愧是诗人，他这时已任左补阙。

"今朝送君灞桥上，明朝可逢天子堂。"元稹也祝福满满，这时，他深受宪宗看重，刚调任膳部员外郎。

"朝为使府郎，暮登天子堂。不过，希望德裕老弟不要为难读书人啊！"李宗闵也送来祝福，他刚任驾部郎中，知制诰，成为皇上身边的红人，正春风得意。他表面上举杯祝贺，心底里却十分看不起这个靠门荫出身，对科考还说三道四的人。他这句"希望德裕老弟不要为难读书人"就是指元和三年制科考试的事，说明他对李德裕的父亲李吉甫还是衔怨难消的。

"德裕老弟，我和王起大哥都是老相爷手下出来的人，我们真诚希望老弟能继承老相爷的遗志，走出一条康庄大道来！"待李宗闵等人走后，段文昌、王起一起举杯祝福李德裕。

唐代既重才华，又可拼爹。士子可通过科考走上仕途，也可靠门荫得官。段文昌、王起都知晓李德裕的能力，但李宗闵、牛僧孺对李德裕还不太了解，他们认为，李德裕是个拼爹的角色，现在爹死了，也就成不了什么大气候。他们碍于武翊黄、段文昌的面子才参加这次聚会，如果单凭李德裕，他们是不会来的。所以，他们做做样子，走走过场便离开了。

这次聚会，长安的青年才俊中，已出现了一些裂痕。李德裕深感世态炎凉，但有王起、段文昌、元稹、李绅等这些好友，他也知足，于是，他放开心绪，与他们且歌且舞，大醉而归……

掌书记在藩府中掌管表奏书檄等文书工作，相当于现在的省政府秘书长职务，是沟通藩镇与中央的高级文职僚佐，地位仅次于节度副使、行军司马、节度判官。掌书记要求会写奏章文檄且要精于书法，所以入幕人员主要来自科举出身者、朝官、地方官和知名文士。李德裕没有参加过科举考试，他能入幕府担任掌书记一职，由此可见，李德裕的文字功夫非同一般。

掌书记的升迁有两种途径，一是幕府系统内部的迁转，即幕职升迁和幕府兼官迁转；二是由边镇幕府迁出任官，主要是任朝官和地方官。掌书记在幕府系统内多迁转为节度副使、节度判官甚至是节度使，其命运通常与长官官职的升降息息相关。入朝为官多任监察御史、殿中侍御史、拾遗、补阙等清要之职。

掌书记是个能磨炼人的岗位。往下要联系所辖的州县，往上要对接中央各部门。李德裕在河东节度使掌书记的岗位上，得到了充分的锻炼。其能力得到了各方的肯定。

他刚上任不久，潞州地区发生了一桩奇案，县官久久无法破案。

案情是这样的：潞州壶关县有两位要好的朋友，一位叫张运清，另一位叫刘成义，他们以贩卖货物为生。

刘成义、张运清两人听说上党的党参品相好，价格还便宜。他俩准备去做一单这样的买卖。

第二天清晨，刘成义背着沉沉的一袋子钱出门。约莫过了一个时辰，张运清来到刘成义家敲门，问刘成义是否出门。刘成义的妻子吴氏告诉他，刘成义一个时辰前已经出门了。

张运清马上朝去壶关的大路赶去。一个时辰后，张运清又赶回来告诉吴氏，他在去上党的路上发现刘成义的尸体，做生意的银子也不见了。张运清拉着吴氏，一起前往县衙报案。

人命关天，县令立即带仵作前往案发地点勘验。他们在一条小河沟边，发现了刘成义的尸体。刘成义头部受伤，旁边有一块带血的石头，显然是被人用石头砸死的。他所带的钱财，不知所踪。毫无疑义，这是一起抢劫杀人案。

县令调查了当天路上往来的行人，都没有发现可疑的情形。他怀疑张运清，可吴氏证言，张运清似乎没有作案的时间。

案破不了，只能作为疑案上报到潞州府，潞州府又上报给河东节度使。

李德裕拿起案卷一看，觉得破这个案并不难。过了几天，他正要去潞州办事，顺便向壶关县令详细询问了案件的细节。县令见李德裕十分关注案情，便请他来主审这个案子。

李德裕命人将报案的张运清、吴氏带到堂前，让他俩一起陈述案情。

"张运清，你和死者刘成义是否相约一块去上党？又为什么没有和刘成义一起走？"李德裕问。

"大人，出事的前一天，刘成义约我去上党贩卖党参，我对他说这一阵手头有点紧，你一人去算了。可能看到我没钱，第二天他便没约我。卯时快过的时候，我去刘成义家，准备和他一块出发，我到他家一问，才知道他已出发一个时辰了。"张运清回答。

"你去张运清家是怎样叫门的？"

"我说，弟妹，刘大哥起来了没有？"

"刘吴氏，张运清是这样叫门的吗？"李德裕又向刘吴氏确认求证。

"是的，张大哥是这样叫的。"刘吴氏很确切地回答。

李德裕猛地将惊堂木一拍，然后指着张运清："杀人凶手就是你！"

"大人，小的冤枉！"

"大胆张运清，你到刘成义家，叫门不先喊刘大哥，而喊弟妹，分明你已知刘成义不在，你既知刘成义不在，刘成义之死你便脱不了干系！"李德裕大声诘问。

"大人，小的平时去刘大哥家，常是弟妹应门的啊！"

"分明是狡辩！男主外，女主内，男主人在家，为何要女人应门？再者，从死者家里到案发地正好半个时辰，死者出发时分明叫你同行，你在离出行半个时辰的案发地趁死者蹲大便的时候将他杀死，然后花半个时辰赶到死者家里装模作样叫门，以证明你没有与死者同行。之后，你再用半个时辰第二次赶到案发地，又用半个时辰从案发地赶回，将刘成义已死的消息告诉刘吴氏。上述两点证明，你是杀人犯无疑。若不用重刑，想必你难招供，来人，先将这个嫌疑犯打三十大板！"

几个如狼似虎的衙役立即上前，将张运清按倒就打。刚打三四板子，张运清就说："我招，我招。"

原来，事情正如李德裕所料：张运清一早就在门外遇到刘成义，两人一起前往上党。半个时辰后，来到一条小河沟边，刘成义将钱袋子交给张运清，便到河沟边的灌木里去蹲大便。张运清接过钱袋子，顿起劫财之心。趁刘成义蹲大便时，悄悄地绕到他身后用石头将他砸死。之后，赶回家里将钱藏好，再到刘成义家叫门……

"大胆张犯，案发后你将赃款藏在哪里？"没拿到赃物，等于案件没破。李德裕紧抓关键。

"放在我家屋后的地窖里。"张运清哭丧着脸回答。

"押人犯到现场提取赃物。"李德裕亲自到现场监督，此案成功告破。

最后，张运清被判处死刑，恶人终于依法受到处罚。

李德裕的神断功夫，很快传遍河东道。

元和十三年（818年）四月，一天，李德裕正在处理文案，突然，张弘靖的侍卫急急忙忙赶到："李大人，快，张节帅有请。"

李德裕赶紧来到张弘靖办公室。张弘靖正在那里等他。

"节帅，您有什么吩咐？"李德裕一边行礼，一边打听。

"德裕啊，我和你的父亲是至交，一直把你当作亲侄子看待。我到河东来，首先想到的是要带你出来锻炼。"张弘靖这么一说，气氛便紧张起来，李德裕不知道发生了什么大事。

"承张伯伯看重，如有什么大事，愚侄当万死不辞。"

"也没什么大不了的事，今天皇上派来使者，要借我收藏的《玄宗马射图》等一观。皇上要借臣下的画看，你说这是什么意思？"张弘靖说出了心中的疑惑。

"张伯伯，皇上要借您的画肯定事出有因，这个我们可以找皇上身边的人了解其中的原因。只是现在您要立即表态，不知您有什么想法？"

"贤侄，'文人爱金石，武将重宝刀。'我也没有其他的爱好，平时喜欢收藏而已。"

"张伯伯，我有一句话不知当不当讲？"

"贤侄请讲。"

"'普天之下，莫非王土，率土之滨，莫非王臣。'四海之内，都是皇上所有。天下奇珍异物，莫不有人喜欢。但是，黄金珠玉，饥不可食，寒不可衣，如天下人皆贱之，则珍宝为贱，若天下人贵之，则瓦釜为贵。汉文帝尚节俭，臣下皆衣布。我们作为朝臣，是百姓的榜样，假如我们都带头不贵难得之物，天下的奢靡之风便可根绝。况且，历来怀璧其罪的教训不可胜数。因此，我建议您将最重要的书画都献给皇帝。当然，我这仅仅是建议，最终还得由伯伯决定。"李德裕恳切地说出自己的心里话。

"贤侄啊，开始我还有点不舍，你这么一说，我便想通了。请你马上代我起草进献《玄宗马射图》等名画的表奏。"

"好的，伯伯，我马上起草。"李德裕回到办公室，立即为张弘靖起草了表奏，并写下了《代高平公进书画状》《进玄宗马射图状》记录当时进奉的情况。

李德裕又通过正在宪宗身边担任知制诰的好友王起，获悉了皇上索画的缘由。原来，张弘靖历来为官清正，不喜欢交结宦官。在张弘靖治下，在河东道任监军使的魏弘简一来不敢胡作非为，二来又不能得到张弘靖的额外之财，心怀不满，便向宪宗皇帝打起小报告，说张弘靖富有书画，价值连城，这样，便引发了皇帝的好奇心……

宪宗皇帝也算是一代明主，不知为何在这件小事上却犯了糊涂，让张弘靖虚惊一场。

"长江后浪推前浪，有如此胸怀，当会前途无量！"事情过后，张弘靖不禁为李德裕感叹！

为此，张弘靖奏请宪宗，对李德裕予以褒奖。宪宗特让李德裕行监察御史衔。

元和十四（819年）年五月，张弘靖被任命为吏部尚书，重新入朝。李德裕随张弘靖入朝，被朝廷正式任命为监察御史。自此，李德裕逐步进入唐朝的政治核心。

八月，张弘靖又被任命为汴州刺史、宣武军节度使。鉴于李德裕的仕途才刚刚起步，张弘靖没有让他随赴汴州。

翰林三俊

元和十五（820年）年闰正月初三，长安连续下了几天的大雪，三秦大地白茫茫的一片。

大约寅时，皇宫突然打破惯例，四门大开。朝使不断从中拥出，直接奔赴各部大臣的府邸，传达皇帝的诏令：百官一律不准休息，立即上朝。

李德裕接诏后，匆匆赶往含元殿。含元殿上，已是黑压压的一片。约半个小时之后，宦官王守澄突然宣布，宪宗皇帝于子时驾崩，根据宪宗遗旨，由太子李恒继位，是为穆宗。

紧接着，宦官簇拥着李恒缓缓走上皇帝宝座，含元殿下面，百官行叩拜礼，恭贺新皇登基。

最后，王守澄宣布，吐突承璀企图拥立澧王李恽，发动叛乱。在神策军的努力下，叛乱已平，李恽自杀，吐突承璀被斩首。

百官正惊愕不知所措时，王守澄宣布退朝。一场帝位的更替，在迅雷不及掩耳的情况下完成！

本来，父死子继，历来是皇位传承的主流。宪宗去世，太子继位属正常情况，但是，宪宗驾崩前一天还上了朝，处理了政事。宪宗还算是位明主，缘何死得这般蹊跷？吐突承璀是宪宗的心腹，又是怎样谋反的呢？穆宗本来是太子，为何以这种方式继位？一系列的谜团，不得不使人心生疑惑。

让我们循着历史的印迹，去寻找其中的前因后果。

唐宪宗李纯生于大历十三年（778年），是唐德宗李适的孙子、唐顺宗李诵的长子。他出生的第二年，唐德宗即位，父亲顺宗被立为太子。建中四年（783年），他5岁时，德宗准备调往淮西前线平叛的泾原兵马途经长安时，因为没有得到期望中的赏赐，加上供应的饭菜粗劣，引起了士兵的严重不满，他们攻打皇宫府库，袭杀朝臣百姓，抢掠财物，这就是历史上著名的"泾师之变"。

唐德宗在宦官的保护下仓皇逃往奉天城（陕西乾县），叛军拥立闲居在家的太尉朱泚为主，称大秦皇帝，建元应天。朱泚称帝后，派兵围攻奉天城，企图擒杀唐德宗。后来，忠于唐室的李晟等将领冒死奋战，平定了叛乱，德宗才得以回到长安。

德宗重返长安后，有一天，7岁的李纯被祖父抱在膝上逗引作乐："你是谁家的孩子，怎么在我的怀里？"李纯回答说："我是第三天子。"这一回答使德宗大为惊异，作为当今皇上的长孙，按照祖、父、子的顺序回答为"第三天子"，既闻所未闻，又很切合实际，德宗皇帝不禁对怀里的皇孙增添了几分喜爱。贞元四年（788年）六月，11岁的李纯就被册封为广陵郡王。

贞元二十一年（805年）正月二十三日，德宗驾崩。太子李诵继位，是为唐顺宗。德宗在位二十七年，是唐朝在位时间比较长的一位皇帝。德宗在位时间长，李诵当太子的时间自然也跟着顺延二十六年之久。在皇权时代，太子是高风险的位置。历代君主既要立储以防外人觊觎，又要严防太子提前上位，因而对太子的一举一动都十分关注。长期的储君生活，高度的精神压抑，使李诵身心俱损。贞元二十年（804年），李诵突发中风，口不能言。李诵继位为皇帝后，因身体原因，于同年八月禅位给太子李纯，是为唐宪宗。李诵自称太上皇，于806年正月驾崩。

宪宗继位后刚明果断，大力任用有勇有谋的杜黄裳、李吉甫、武元衡、裴度、李绛等人为相，采取一系列削平割据，加强中央集权，维护统一的措施。他利用藩镇之间的矛盾，先后平定了四川节度使刘辟、镇海节度使李锜的叛乱，整顿了江淮财赋，招降了河北强大的藩镇，后来，又任用名将李愬，全力平定了淮西节度使吴元济的叛乱，使其他藩镇相继降服，结束了自肃宗以来，各地藩镇专横跋扈，各自任免官吏，对朝廷不供贡赋的局面，全国出现了短暂的统一。

但是，在对藩镇的战争中，宪宗又重用宦官，任命心腹太监吐突承璀为左、右神策兼河中、河阳、浙西、宣歙等道行营兵马使和招讨处置使等要职，作为统帅带兵出征，使宦官势力大大增长。

宪宗还在取得了一些成就以后，自以为立下了不世之功，渐渐骄侈。任用皇甫镈、李逢吉而罢贤相裴度，政治日见衰败。他还信仙好佛，想求长生不老之药。元和十三年（818年），他下诏征求方士。宰相皇甫镈向他推荐了一个名叫柳泌的山人，给他配制长生不老之药。又派使者到凤翔迎接佛骨，掀起崇佛高潮，造成佛教势力恶性膨胀。刑部侍郎韩愈上疏，恳切诤谏。宪宗勃然大怒，准备对韩愈处以极刑。裴度等人极力谏阻，才保住了韩愈的性命。最后，宪宗还是将韩愈贬为潮州刺史。这时，韩愈的侄孙韩湘赶过来陪伴，韩愈为此留下了《左迁至蓝关示侄孙湘》的千古佳句：

> 一封朝奏九重天，夕贬潮阳路八千。
>
> 欲为圣明除弊事，肯将衰朽惜残年。
>
> 云横秦岭家何在？雪拥蓝关马不前。
>
> 知汝远来应有意，好收吾骨瘴江边。

第二年，宪宗开始服用长生丹药，性情变得暴躁易怒，经常斥责或诛杀左右宦官。

唐宪宗有二十多个儿子。在储君的候选人中，有长子李宁、次子李恽和三子李宥。

长子李宁的母亲是宫人纪氏，次子李恽的母亲竟没有留下姓名，排行老三的李宥的母亲郭氏是对唐室有再造功绩的汾阳王郭子仪的孙女。在这一情况下，究竟是选择哪一位皇子，宪宗一直没有拿定主意。

到元和四年（809 年）三月，宪宗心中渐渐地向长子倾斜。此时的李宁已经 17 岁，平时喜欢读书，举止颇符合礼法，深受宪宗的喜爱。于是在大臣李绛建议早立储君以杜绝奸人窥伺觊觎之心时，宪宗宣布了立长子为嗣君的决定。

不料，在元和六年（811 年）十二月，刚刚做了两年太子的李宁竟一病不起，不治身亡。宪宗悲痛欲绝，出乎意料地为他废朝十三日，并特别制订了一套丧礼，加谥为"惠昭"。李宁的死，使宪宗不得不再次选立继承人。

此时，宫廷内外几乎都建议选立郭氏所生的皇三子李宥，而最受皇帝恩宠的宦官吐突承璀则建议按照次序立储。宪宗也有意立次子，但是李恽因为母氏地位卑贱难以在朝廷上得到支持，而郭氏一系在朝野上下的势力实在是太强大了。立三子宥的呼声占据了上风，宪宗也无可奈何，只好请翰林学士崔群代次子李恽起草让表。元和七年（812 年）七月，宪宗下诏立李宥为太子，改名为李恒。其实宪宗心里对这位太子并不满意，吐突承璀揣度出皇帝的心意，也一直没有放弃为李恽继位的努力。宪宗这次立储事件，为穆宗日后的登基埋下了祸根，也为自己留下了祸患。

元和十五年（820年），宪宗的身体越来越差。当时，宦官集团又分为两派，吐突承璀一派策划立澧王李恽为太子，梁守谦、王守澄一派拥立遂王李恒为太子。

吐突承璀在宪宗得病的一天夜里，秘密召见了手下的神策军将领，准备提前让澧王上位。

因为在宦官各派势力之中，我中有你，你中有我。吐突承璀的一个手下被王守澄收买，随后将消息告诉了王守澄。

王守澄、陈弘志等得知吐突承璀的计划后，决定提前发动政变。

元和十五年（820年）正月二十七日夜，王守澄、陈弘志等潜入寝宫谋杀了宪宗，然后守住宫门，不准朝臣入内，伪称皇上"误服丹石，毒发暴崩"，并假传遗诏，命李恒继位，史称唐穆宗。可怜一世英明的唐宪宗，竟不明不白地死在自己最信任的宦官手中。唐穆宗即位后，下令杀掉吐突承璀和澧王李恽。

穆宗是位典型的公子哥儿，好击毬赏乐，游幸无常。在他眼中，家事国事都没有乐事儿大。在宪宗治丧期间，本该禁止一切娱乐活动，他却无视朝规，让优伶穿着白色的衣服轻歌曼舞，纵情享乐。兴致高时，还情不自禁亲操乐器，载歌载舞。

宪宗安葬之后，穆宗更加无所顾忌。每到一处，必大摆宴席，每开宴席，必邀歌舞。宫中搭台子玩还不过瘾，他又到水上玩。宫中鱼藻池本来已经淤塞，他不惜征发神策军二千人将淤积的水面加以疏浚。池水开通后，他置千盏宫灯于池水之上，一到夜晚，灯火相映，碧波万顷，浮光曜金。他又令人在池中备多艘龙舟，邀请王公贵族、朝臣宫人举行盛大的饮宴活动，在饮宴时观看宫人乘船竞渡。

中秋刚刚玩过，九九重阳又想举行盛大的活动。宫中差役剧增，不胜劳烦，他不管不顾，依然斗鸡走狗，花样百出。担任左拾遗的李珏等人上疏劝谏："陛下刚刚登临大宝，年号尚且未改，宪宗皇帝园陵尚新，如果就这样在内廷大举宴会，恐怕不太合适。"穆宗根本不听，重阳节那天，还特意把他的舅舅郭钊兄弟、朝廷贵戚、公主驸马等都召集到宣和殿饮酒高会。

玩过了九月玩十月，玩过秋季又迎冬季。

十一月的一天，穆宗突然下诏："朕来日暂往华清宫，至落日时分当即归还。"当时，正值西北少数民族入侵边境。华清宫距边境仅一百多里，如遇骑兵，不需一天工夫便可以到达。神策军中尉梁守谦担心穆宗的安危，派神策军四千人及八镇兵赴援，弄得西北边境乱作一团。御史大夫李绛、常侍崔元略等跪倒在延英殿门外切谏。穆宗竟然对大臣们说："朕已决定成行，不要再上疏烦我了。"

第二天一早，穆宗无视边境烽烟滚滚，从大明宫的复道出城前往华清宫，随行的还有神策军左右中尉的仪仗以及六军诸使、诸王、驸马千余人，一直玩到天色很晚才还宫。

对于穆宗的"宴乐过多，畋游无度"，谏议大夫郑覃等人一起劝谏："现在边境吃紧，形势多变，如果前线有紧急军情奏报，不知道陛下在什么位置，又如何是好？另外，陛下经常与倡优戏子在一起狎昵，对他们毫无节制地大肆赏赐，这些财物都是百姓身上的血汗，没有功劳怎么可以乱加赏赐呢！"穆宗看到这样的表章感觉很新鲜，就问宰相这都是些什么人。宰相回答说是谏官。穆宗就对郑覃等加以慰劳，还说"当依卿言"。穆宗的这一态度使宰相们感到十分高兴，但实际上他对自己说过的话根本不当回事，转过身，依旧是我行我素。

穆宗爱玩，不过，他在做太子的时候，就听说李吉甫不但能力出众，而且官声很好，他相信虎父无犬子，因此，对李德裕十分信任倚重。

就在穆宗上位的当月，李德裕、李绅和庾敬休被同时任命为翰林学士。

前面提到过，李德裕虽没参加科考，但他的文字功夫却毫不逊色。有一次，穆宗拿着中书舍人给他起草的诏书，左看右看都不满意："李爱卿，朕觉得这诏书文辞用得总不切意，你来改改如何？"

"陛下，让我试试看吧。"李德裕在幕府做掌书记时，就得到了充分的锻炼，所以，他毫不犹豫将诏书接过。

"陛下，这里面确实有些用词不妥。"李德裕边说边写，不一会儿，一份用词贴切、逻辑严谨的诏书稿子便重新送到穆宗手中。

"很好，就是这样！没想到爱卿有文不加点的才能！"

"陛下过奖了，能为陛下效力，是微臣的荣幸！"李德裕看起来宠辱不惊。

从此，皇帝的诏书、命令以及大的典册文告，大多都交由李德裕起草撰写。

安史之乱后，唐朝是在藩镇割据、宦官专权、朝臣党争中度过的。

穆宗与宫人纵情嬉戏游乐，不理朝政。宦官借机揽权，他们与皇亲国戚相互勾结，索贿受贿，把通过宪宗努力刚刚有点好转的朝局又弄得乌烟瘴气。

宦官专权未了，外戚又参与干政。对此，李德裕对国家的前途深感忧虑，他上疏穆宗："本朝旧例，驸马不得与朝廷要员相互来往，玄宗年间禁止尤其严格。近日驸马常至宰相与要官的私宅交游，皇亲交结朝臣，这不是小问题。请陛下宣示宰辅大臣、驸马等皇亲国戚，今后凡属公务就在中书省会见宰相，不要让他们造访私宅。"唐穆宗觉得李德裕说得很有道理，批准予以落实。

一个月后，正好屯田员外郎出缺，穆宗又加封李德裕为屯田员外郎，以示恩宠。同时，元稹为段文昌所荐，被任命为中书舍人、翰林学士。不久，李宗闵、牛僧孺也通过宦官的关系，被分别任命为中书舍人、御史中丞。白居易也晋升为主客郎中、知制诰职务。

皇上沉湎酒色游宴，不理朝政，国家面临的问题越来越多，困难越来越大，不得不引起一些有识之士的忧虑。当时翰林院内，十余人中，李德裕、元稹和李绅三人经常在一起指点江山，激扬文字，大发中兴大唐、舍我其谁之慨。他们三人被称为"翰林三俊"。

李绅，字公垂，公元772年出生，亳州谯县（今安徽省亳州市谯城区）人。父亲李晤曾任乌程等地县令。李绅6岁丧父，随母迁居无锡。母亲卢氏，为豪门之女，曾熟读经书。李绅自小受母亲教育，少有才名。后来，他继续求学游历，并创作了大量诗篇，其中他创作的《悯农》诗，成为千古流传的名作：

> 锄禾日当午，汗滴禾下土。
> 谁知盘中餐，粒粒皆辛苦。

贞元十四年（798年），李绅到长安应进士试，在待考时与一同参加考试的吕温相识。吕温高中进士，李绅当年没有通过，但他的才情受到吕温赏识。

贞元十七年（801年）秋天，李绅再度到长安应试。在长安，他遇到时任四门博士的韩愈，韩愈对他的《悯农二首》大加赞赏，主动向当年担任进士科考官的陆傪举荐李绅。不过，李绅仍没考取。虽然再次受挫，李绅却与元稹、白居易因考试而相识。

元和元年（806年），李绅第三次到长安参加应试，这次终于如愿以偿，取得进士及第。

因为进士授官得守选三年，李绅便离开长安，到镇海节度使李锜幕府中任职。当时李锜准备反叛朝廷，李绅力劝无效，准备逃离镇海时，被李锜打入狱中。元和三年，叛乱被平定后，李绅得以释放，回无锡惠山寺读书。

元和四年（809年），李绅再赴长安，通过了吏部的铨选，被任命为校书郎，与元稹、白居易共倡新乐府诗体（史称新乐府运动），作有《乐府新题》二十首。

元稹，字微之，别字威明，河南洛阳人，公元779年出生于贵族家庭。

元稹 8 岁时，父亲去世，他随母亲长大成人。元稹天资聪颖，过目不忘。15 岁参加朝廷的明经科考试，得以两经擢第。23 岁时通过吏部铨选，授校书郎。28 岁参加制举"举才识兼茂、明于体用科"考试，名列前茅，被授予左拾遗之职（从八品）。

安史之乱后，因内部的藩镇割据，兵连祸结；外部遭少数民族入侵，边患四起。沉重的兵役和劳役压在劳动人民身上，百姓难以喘息。他们终日劳作，难得温饱。元稹幼年丧父，家道中落，看到战争给劳动人民带来的困苦，十分同情。位卑未敢忘忧国，他和当时的白居易、李绅等人发起一场以自创的新乐府题目咏写时事的运动。

元和四年（809 年），李绅首先写了《新题乐府》二十首（今佚）送给元稹，元稹认为"雅有所谓，不虚为文"，于是"取其病时之尤急者，列而和之"，写作了《和李校书新题乐府》十二首。后来白居易又写成《新乐府》五十首，正式标举"新乐府"的名称。白居易还有《秦中吟》十首，也体现了同样的精神。新乐府作为诗歌运动，其创作并不限于写新题乐府。当时张籍、王建、刘猛、李馀等人，既写新题乐府，又写古题乐府，都体现了诗歌革新的方向。元稹原与白居易、李绅约定"不复拟赋古题"，后来见到刘猛、李馀所作古乐府诗，感到"其中一二十章，咸有新意"，于是又和了古题乐府十九首。虽用古题，但或"全无古义"，"或颇同古义，全创新词"（元稹《乐府古题序》），其实质、作用与新乐府是一致的。这样，在当时形成了一场影响很大的诗歌革新运动，文学史上称之为新乐府运动。新乐府运动明确提出"上以补察时政，下以泄导人情"（白居易《新乐府序》），"文章合为时而著，歌诗合为事而作"的现实主义思想。

元稹的代表作有《田家词》：

> 牛咤咤，田确确。旱块敲牛蹄趵趵，种得官仓珠颗谷。六十年来兵簇簇，月月食粮车辘辘。一日官军收海服，驱牛驾车食牛肉。归来收得牛两角，重铸锄犁作斤劚。姑舂妇担去输官，输官不足归卖屋。愿官早胜仇早覆，农死有儿牛有犊。誓不遣官军粮不足。

这首诗自始至终用农民自述的口吻、用白描叙事的手法，在貌似平淡的话语里，表达了农民痛苦的心声和血泪控诉，因而具有更大的真实性和感人的力量。再加上短句的安排，叠字的选用，急促重浊的入声字的韵脚，不仅加强了诗的形象性、深化了主题，强化了感情，渲染了气氛，而且使这首古题乐府的特色更加鲜明。是一篇能和白居易《卖炭翁》比肩的诗篇。后世把他们这个时期的诗体，称作"元白体"。

元稹在文学上取得巨大成就，才气得到了广泛的认可。就在这一年，元稹被提拔为监察御史，并奉命出使川西。

才气纵横的元稹，初入官场，意气风发，一心想建功立业。他一到四川，便雷厉风行，大胆查处了前剑南东川节度使严砺等一些不法官吏，平反了许多冤假错案，一时名震西川。元稹的这些行为，老百姓十分拥护，但严砺的问题是大多数藩镇普遍存在的问题，元稹不讲情面的执纪活动，让"天下方镇，皆怒元稹"（白居易《论元稹第三状》）。

元稹执纪严格，却不拘小节。到西川后，与比他大十岁的美女诗人薛涛成了密友。薛涛出身于书香门第，不仅人长得美，诗也写得特别好，她的许多诗篇都是千古传诵之作。如在《送友人》中，她道尽离情别意，其水平直逼唐宋名家：

> 水国蒹葭夜有霜，月寒山色共苍苍。
> 谁言千里自今夕，离梦杳如关塞长。

由于父亲早逝，为了生活，薛涛被迫沦为官府乐妓——属于卖艺不卖身的接待人员。才貌双全的女子是万众瞩目的对象，一般名花有主。薛涛由西川节度使韦皋延入官府，此后十一任节度使无一不为她的绝色和才情吸引。不过，韦皋去后，无人能入薛涛的法眼。

元稹到梓州（西川节度使治所）后，薛涛参与接待这位年轻的官员。两人一见面便对上了眼，虽说薛涛比元稹整整大了十岁，但美女成熟高雅的气质更显迷人。一个风度翩翩，才气纵横；一个风情万种，靓丽可人。两人情投意合，坠入爱河。薛涛以身相许，元稹乐不离蜀。

我们知道，在开放的大唐这算不了什么。但是，元稹是官场中人，必须遵守官场的规则。官场中有些事只能做，不能说；有些却只能说，不能做。元稹却不管这些，他甚至有种炫耀的心理。他曾说过："斯言也，不可使不知吾者知，知吾者亦不可使不知。"要知道，那"知吾者"的范围是怎么介定的？又能否替他不使"不知吾者"知？那就只有天知道了。元稹不仅想说什么就说什么，而且想写什么便写什么。他在蒲州遇见崔双文，也是一见钟情，经过"待月西厢下，迎风户半开。拂墙花影动，疑是玉人来"的悄悄约会之后，便打动了对方父母，于是，两人由地下到公开，成就了一段男女相恋的佳话。

但是，元稹到长安赶考后，便一去不复返，只留下了崔双文痴痴的等待。

不久，元稹与京兆尹、太子宾客韦夏卿之女韦丛成婚。客观上说，元稹与韦丛的感情很好，但元稹是个花心萝卜，他到四川时，韦丛还在。他与薛涛的感情应该是婚内出轨。

为了纪念与崔双文的这段感情，元稹写下了《莺莺传》（后来《西厢记》的蓝本）。他怀念妻子韦丛，为她写下了："曾经沧海难为水，除却巫山不是云。取次花丛懒回顾，半缘修道半缘君。"见了薛涛后，他又写出："锦江滑腻蛾眉秀，幻出文君与薛涛。言语巧偷鹦鹉舌，文章分得凤凰毛。纷纷辞客多停笔，个个公卿欲梦刀。别后相思隔烟水，菖蒲花发五云高。"他的诗文写得好，知名度又高，热度是蹭着了，但他用情不专，留下了"为人轻薄"的把柄，受人攻讦。

元和五年（810年），元稹弹劾河南尹房式贪赃枉法，可能是房式犯的错误太令人气愤，元稹一面向朝廷报告，一面自行代理房式的职务。因为房式是房玄龄的后代，加上元稹得罪的人太多，元稹反而被认为处置越权，被召回长安，罚三个月的工资。元稹回长安时，途经华州（华阴县）敷水驿。元稹先到，宿于驿馆上厅。不久宦官仇士良、刘士元等人也来到驿馆，也要争住上厅。按照当时朝廷的规定，其他官员遇到御史、中史（宦官），得让御史、中史。如果御史、中史相遇，谁先到谁住上厅。元稹先到，加上他看不起宦官，认为堂堂御史，如果见宦官来了，就乖乖地让房，那不是天大的笑话，他坚决不让。

宦官仇士良、刘士元见软的不行，便来硬的。刘士元冲上前去，用马鞭抽打元稹，打得他全身是伤，鲜血直流，最终被赶出了上厅。元稹将宦官告到宪宗那里，元稹的上司、御史台一把手、出身于"五姓七望"中太原王氏的御史中丞王峙也为元稹打抱不平。然而，宪宗在文官前是威风凛凛，君临天下的君王，可在宦官面前却是个前怕狼，后怕虎的软柿子，他不去处罚无理取闹的宦官，反而认为元稹年少轻狂，动不动就打出御史的牌子立威，有失御史的官体，将元稹贬为江陵府士曹参军。

元和十年（815年）正月，元稹奉诏回朝。他满以为咸鱼翻身的机会来了，但到长安后，又被仇士良等人打压，贬为通州司马。

不久，崔群、李夷简相继担任宰相，他们都很赏识元稹的才学，元稹的政治境遇得到改善。元和十三年（818年），元稹被任命为代理通州刺史，年底，转任虢州刺史。元和十四年（819年）冬，元稹奉调回京，担任膳部员外郎。唐穆宗做太子时，就十分喜爱元稹的诗歌。元和十五年（820年），唐穆宗即位后，立即任命元稹为祠部郎中、知制诰。几个月后，元稹被擢拔为中书舍人，翰林承旨学士。

穆宗器重元稹，元稹也积极为穆宗筹划。因为元稹多次就内外政策上过奏章，一天，穆宗召元稹询问处理与回鹘关系的对策。回到翰林院后，元稹立即与李德裕、李绅交流看法："贤弟，今天皇上问我对西北战事的看法，我是坚决主张抵抗的。目前，我们河西、陇右之地逐步被吐蕃吞食，如果再行退让，陇西几不可保，长安也会受到直接威胁。"

"贤弟，靠我们的力量还不够，朝廷里的李宗闵、牛僧孺、李逢吉等人，只知拉帮结派，假公济私，内援中官，外引强藩，无视边患四起、强藩坐大，民不聊生的事实，一味调和，自己不想破敌，又妒忌别人建功，真是可恨可杀！崔植、王播、杜元颖之流，因循守旧，无所作为，如冢中枯骨，只会坐失时机。"李绅对李宗闵等人愤愤不平。

"两位老兄，你们说的都是实情，现在国家处于多事之秋，我们要做的是抑制宦官，打压割据势力，减轻百姓的负担。要达到这个目的，我们唯有少说多做，争取皇上的信任，同时，多联结志同道合的同道，积蓄力量，才能实现我们的目标。"李德裕虽然年龄比他俩小，但看问题总是比元稹和李绅要站高一筹，说出的话让他俩心服口服。

李德裕在翰林院上班的时候，一有空便将各地上报的问题都加以记录，并对所有问题进行一定的分析，提出解决的意见，以备穆宗垂询。穆宗大部分时间都在游玩，别的大臣都把心思花在怎么陪皇上玩上面，李德裕则将全部精力放在如何处理好政务上。穆宗一般是在游宴兴致得以满足后，偶尔问政。宰相崔植、王播等人一问三不知，这个时候，李德裕将下面报来的急需解决的问题摆出，"爱卿认为要怎样才能解决呢？"每每等到穆宗希望拿出解决办法时，李德裕便将考虑成熟的方案提出。因此，穆宗在处理政务方面，对李德裕产生了一种依赖。

又过了一个月，穆宗又任命李德裕为考功郎中、翰林学士、知制诰。李德裕正一步一个脚印，朝着自己的目标前进着！

遭遇暗算

正当几方暗自角力的时候，一场科考舞弊案打破了政坛的平静。

长庆元年（821年）三月，为了给自己上位"冲喜"，穆宗决定举行科举考试，任命礼部侍郎钱徽为主考，右补阙杨汝士为副主考。

任命钱徽为主考官，穆宗是经过考量的。

钱徽，字蔚章，755年出生，浙江吴兴（今湖州市）人。父亲钱起为天宝末年进士，官至考功郎中。受家世熏陶，钱徽自幼读经习艺，慢慢地学识渐长，曾多次参加科举考试，贞元二年（786年）进士及第。

进士及第后，钱徽曾参加过制科考试，没有通过。后经人推荐，担任谷城县令王郢的幕僚。

王郢是个公子哥儿，为人十分豪爽，喜欢结交朋友，常用公款请客送礼，挥金如土。谷城县是个中等县，如果精打细算还能勉强维持，怎奈王郢不是中规中矩的主。不出两年，上缴国库的赋税都被他挪用一空。案发后，朝廷派江南道观察使樊泽负责处理此案。案情十分简单，经查，由于有县令带头，县衙大小官吏无不跟风，造成谷城县塌方式腐败。只有钱徽一人出淤泥而不染，一文不取。

处理完王郢为首的贪污挪用案件之后，樊泽便把钱徽带在自己身边，任幕府掌书记。俗话说平台很重要，在担任掌书记的任上，钱徽的能力得到充分发挥。不久，钱徽被朝廷看中，任命为左补阙。从此，钱徽一路高歌，从左补阙、翰林学士到中书舍人、知制诰。在任翰林学士期间，钱徽既有学问，又有操行，因此，穆宗任命他为礼部侍郎，负责科举考试是最合适不过的。

然而，这次考试却出了大问题。

担任考官之后，钱徽便成了朝中考试请托的核心人物。一时间，钱徽门前车水马龙。

前刑部侍郎杨凭的儿子杨浑之要参加这次考试，杨凭委托宰相段文昌前往钱徽那里说项。段文昌接受请托之后，便亲往钱府推荐。刚到钱徽府前，正好遇上了翰林学士李绅。李绅受周汉宾之请，也是来挂号的。于是，两人一起入府拜访钱徽。"如果才识确能出众，哪有不取之理？"钱徽收下了他们的推荐信，给了这样一句话。考试请托本来上不了台面，这句话说得很有技巧，两人便放心出门。

两人刚出门上轿，却发现中书舍人李宗闵的轿子正迎面而来。两人赶紧叫轿夫避开，从侧巷闪出。

段文昌、李绅赶紧去查考试报名表，结果发现参加这次考试的还有李宗闵的女婿苏巢、杨汝士的弟弟杨殷士、裴度的儿子裴撰、郑覃的弟弟郑朗等。

这次考试太不寻常，大家都有关系。"只要一碗水端平就行！"段文昌、李绅心里这样想着。

然而，放榜的结果却让人大跌眼镜。段文昌、李绅推荐的杨浑之、周汉宾都没有录取，苏巢、杨殷士、裴撰、郑朗却榜上有名。

段文昌气不打一处来，于是向穆宗告状，指责钱徽、杨汝士徇私舞弊，选人唯亲。

穆宗向翰林学士李绅、元稹求证，李绅、元稹认为段文昌反映的情况属实，所取十四人都是关系户。

为了慎重起见，穆宗任命中书舍人王起、主客郎中白居易等人为考官，下令对录取的士子进行重新考试。结果，所录取的十四人只有四人勉强及格。

"大胆钱徽，竟目无法纪！"穆宗大怒，由元稹起草诏书，罢免另外十人的进士资格，将钱徽、李宗闵、杨汝士等人全部贬官。以至于"制出，朋比之徒，如挞于市，咸睚眦于绅、稹"。这便是长庆科考案的全部过程。

长庆科考案之后，李德裕被任命为考功郎中、翰林学士、知制诰。

很多史家在研究牛李党争时，或将元和三年的科考案作为起点，或将长庆元年科考案作为起点。

前面提到过，元和三年的科考案与李吉甫没有任何关系，是牛党要员硬将屎盆子扣到李吉甫身上。长庆元年科考案与李德裕的关系也不大，但后来李宗闵等为了斗争的需要，硬是将脏水往李德裕身上拨。

作为长庆元年科考案的主要责任人，钱徽被贬为江州刺史，承担了这次事故的主要责任。《新唐书》《旧唐书》在钱徽的传中都详细记载了从请托送礼到段文昌告发；从穆宗向李绅、元稹求证，再到复试以及钱徽等涉案人员处理的详细过程。在这过程中，没有半点李德裕涉案并推波助澜的印迹。两书中复试官王起的传中，也是一样。

但是，两书中的李宗闵传中，屎盆子却扣到了李德裕的头上："时李吉甫子李德裕为翰林学士，钱徽榜出，德裕与同职李绅、元稹，连衡言于上前，云徽受请托，所试不公，故致重覆，比相嫌恶，因是列为朋党，皆挟邪取权，两相倾轧，自是纷纭排陷，垂四十年。"

这段材料又被《资治通鉴》所采用，于是，这次科考遭到否定，钱徽等人受到严肃处理，似乎是李德裕为报复李宗闵等人而进行的暗箱操作。

当时的翰林有十余人，李德裕、李绅、元稹加起来不过十分之三，假使这次考试不存在大的问题，他们能掀起这么大的风浪吗？

因此，李宗闵传中的记载，应是牛党后来移花接木的勾当。

这次斗争，以李绅、元稹的胜利告终。

一波未平，一波又起。

科考案刚刚结束，元稹又遭到了暗算——裴度受人挑拨，三次上书弹劾元稹。

穆宗继位不久，由于朝廷举措失当，引起内乱不断。长庆元年七月，幽州军发动叛乱，囚禁了节度使张弘靖；承德节度使田弘正在镇州遇害，朱克融、王廷凑又在河朔作乱，穆宗命令裴度任镇州四面行营招讨使到前线平叛。

在四月的科考案中，段文昌、李绅向皇帝告状，穆宗命元稹草诏，罢免裴撰等十人的进士资格，与裴度结怨。

"裴节帅，听说元稹十分受皇上器重，有拜相的可能。"中书侍郎王播与李逢吉、李宗闵一党，他知道裴度与段文昌、元稹之间的矛盾，故意将这个消息透露给裴度。

听到王播这么一说，裴度火气便一下子冲了上来："元稹为人轻薄，他在蒲州寓居，与人私订终身，后赴京考试，中制科后，便嫌人家门第低，将那女子抛弃，转而做了吏部侍郎韦夏卿的女婿。元稹担任监察御史去四川出差，又投入四川才女薛涛的怀抱，你说这样重色轻情的人能任宰相吗？不行，万万不行！我要上书皇上，决不能让这样的人担任宰相，丢天下读书人的脸。"他气呼呼地走进书房，写起弹劾元稹的奏章来。

八月二十六日，穆宗收到裴度的《论魏弘简元稹疏》，奏疏中列出元稹勾结宦官魏宏简、破坏河北平叛的罪状。穆宗知道裴度疏中所举元稹的罪状并不存在，纯粹是意气之争，便没搭理。

裴度看到皇帝没有搭理，更加气愤，便连上三疏，大有不拉倒元稹不罢休之势。

为了不影响平叛大业，穆宗只好将元稹调离翰林院，出任工部侍郎。

正当李德裕与李绅、元稹等三剑客在惊涛骇浪中为理想而奋斗时，牛僧孺也成为冉冉升起的一颗政治明星。

元和三年科考案后，牛僧孺出任伊川县尉。在基层摸爬滚打几年之后，元和九年（814年），终于从地方调到中央，先后担任监察御史、礼部员外郎。李逢吉担任宰相后，重用牛僧孺、李宗闵，牛僧孺很快升任库部郎中、知制诰。穆宗继位后，任命牛僧孺为御史中丞。

牛僧孺才干平庸，但为官廉洁。担任御史中丞后，宿州刺史李直臣贪赃枉法，受人举报。李直臣担任刺史多年，在任上巧取豪夺，积累了巨额的财富。得知有人举报后，李直臣赶忙带着部分聚敛来的金银财宝来到长安，贿赂宦官王守澄、陈弘志和部分朝官。于是，王守澄、陈弘志等人便都到穆宗跟前替李直臣说好话："李直臣是个能力很强的人，不知得罪了什么人，那些贪赃枉法的事，都是栽赃陷害，他是冤枉的。""李直臣对朝廷忠心耿耿，我们要保护忠臣。"三人成虎，穆宗果然相信，准备不再追查这个案子。

"陛下，李直臣贪赃枉法，证据确凿，这个案子不能就这么不了了之！"正当穆宗准备放弃追责时，牛僧孺站了出来。

"牛爱卿，金无足赤，人无完人，国家正是用才之时，一点小问题就算了吧。"

"陛下，如果是没有能力，连家都养不活的人，我们有什么可担忧的？即使他们要使坏，也掀不起大浪来。国家制定法律，就是要用来束缚有能力的人，安禄山在张守珪手下犯过错误，玄宗考虑他是个人才，结果酿成安史之乱的大祸；德宗宽恕了朱泚，结果遭受奉天之难。安禄山、朱泚之流都是才智过人以乱天下的，因此，我恳请陛下依法处置李直臣。"牛僧孺坚守法度的精神，让穆宗深受感动。最后穆宗虚心采纳了他的建议，并赏赐牛僧孺金紫服一件。

李德裕被任命为考功郎中、翰林学士、知制诰之后，接待士子的干谒便成了必不可少的工作。

干谒是参加考试或谋求官职的士人为推销自己而进行的一种自荐活动。有关系的可持关系人的推荐信，没有关系的可向达官贵人呈献诗文，展示自己的才华与抱负，以求引荐。

唐代诗人朱庆馀，在拜谒水部员外郎张籍时，写了一首自荐诗：

> 洞房昨夜停红烛，待晓堂前拜舅姑。
> 妆罢低声问夫婿，画眉深浅入时无？

这首诗借新婚之后新媳妇拜见公婆的脉脉情事，来比喻自己迫切希望了解是否通过考试的心情，别出心裁，成为自荐诗中的极品。由此可以看出，干谒是唐代参加科考的必要程序。

有一天，一个参考士子拿着白居易的推荐信来谒见李德裕。

"李大人，我是白居易的堂弟，叫白敏中，即将参加明年的进士科考试。"白敏中进门便自我介绍。

"哦，是白大人的堂弟，看来是书香门第，必有家世渊源，都读过些什么书？"李德裕最喜欢与人聊读书之类的话题，他认为，读什么书，就决定读书人吸收到什么方面的知识与能力。

"大人，经史子集我都有涉猎，但最喜欢读经史，特别是《春秋》《左传》等书。"

"为什么喜欢经史？"

"太宗皇帝不是说：'以史为镜，可知兴替'吗？读书人若要治国安邦，必先学经史。"

"小伙子不错，小伙子不错！"能有这个认识水平，在当时的读书人中，确实是凤毛麟角。

"你是白大人的堂弟，为何比他要小二十来岁？"

"我乐天（白居易字乐天）大哥是大伯的儿子，父兄中大伯排行最大，我父亲最小。"

"那你父亲呢？"

"大人，不瞒您说，我自幼父母双亡，是堂哥把我抚养大的。"说起家世，白敏中禁不住眼泪双流。

"对不起！我不知道你父母的情况，让你伤心了。"李德裕对这个懂事的青年十分同情。

"那你学习和参加考试的费用都是你堂兄给你的？"

"是的。"

"你家白大人也不宽裕啊！"李德裕知道，白居易在入仕前也遭受过许多挫折。

"是啊，谢谢大人关心！"

"这样吧，省考（中书省）由礼部主持，我给礼部的王起王大人写封信，介绍你的情况，让他多了解了解你。"李德裕很少推荐人，他认为推荐会干扰考试的录取。白敏中自强自立的经历打动了李德裕，他提笔向好友礼部侍郎王起写了一封推荐信。

白敏中中进士之后，还得等待吏部的铨选。这时，白居易又外调到地方任职，白敏中在长安无依无靠，困顿潦倒。在人生最困难的时候，李德裕主动赠送十万钱，帮白敏中解决生活困难。

长庆二年（822年）正月，穆宗加李德裕为翰林学士承旨。翰林学士承旨是翰林学士中的首领，不再是一般的为皇上起草诏令的执笔人，而是执掌机密，协调各部的要员，被称为"内相"。

二月，穆宗任命李德裕为中书舍人。中书舍人是正五品上的官员，具体负责皇帝诏书、敕令的起草。中书舍人应当是李德裕心仪已久的职位，掌管起草撰写、拟定皇室的诏书，专门承办皇帝的机要命令，参与分析国家政事，帮助皇帝参谋决策。他的父亲李吉甫当年就担任过这个职务。这期间，李德裕尽心竭力，日夜值守在皇帝的身边，协助处理国事。他提出了许多非常中肯并切合实际的政见，大多都被皇帝所采纳。

李德裕写了一首诗名为《长安秋夜》的诗，描述了此时的心情：

> 内官传诏问戎机，载笔金銮夜始归。
> 万户千门皆寂寂，月中清露点朝衣。

诗的意思是：我刚在金銮殿替皇上起草完讯问前方战机的诏书，不知不觉，夜已经很深了，我才忙完工作准备回家。这个时候，千家万户已经寂然入梦，只有月光下清莹的露水来沾附我的朝衣。

因对李德裕的工作极其满意，半个月后，李德裕又被提升为御史中丞。在唐朝前期，御史台是国家最高监察机关，它的最高长官是御史大夫。御史中丞是副长官，为正四品下的官阶。唐朝后期，御史台一般不设御史大夫，由御史中丞管理御史台。因此，这个时候李德裕已经成为监察机构的最高首领。

紧接着，元稹、裴度相继拜相。然而，他们位子还没坐热，等待着他们的是更大的坑！

元稹、裴度拜相时，山南东道节度使李逢吉来到长安，进行暗中运作。

"王公公，这是下官孝敬的，只要有您的支持，我们什么事都能办得成。"在宦官梁守澄府上，李逢吉将礼单递给他，说了一大堆恭维的话。

"我知道，就你和李宗闵李大人懂规矩，其他人根本不跟我们一条心。"梁守澄手里端着茶杯，跷着二郎腿，边说边喝着水。

"是啊，李德裕、元稹、李绅等人，都是目中无人的主，他们自以为天下只有他们行，其他人都是狗屎，目前，元稹、李德裕圣眷正隆，王公公得防着点啊。这次如有人事调整，请公公帮我谋个好差事，以免被他们算计。"

"李大人放心，你会很快回到长安的。"王守澄接连发出两声阴笑……

果然，李逢吉不久便由山南东道节度使改任兵部尚书。

李逢吉一入朝，便在朝中掀起了一场巨大的风暴！

鉴于裴度和元稹早已水火不容，李逢吉采用堂侄李仲言的计谋，通过医士郑注与中尉王守澄勾结，陷害裴度、元稹。五月，左神策军奏报：王府司马于方受元稹指使，勾结刺客要行刺裴度。鉴于元和十年（815年）曾出现过刺杀宰相武元衡的事件，穆宗十分重视，派尚书左仆射韩皋、给事中郑覃与李逢吉进行调查。结果，这纯属子虚乌有。"陛下，裴度与元稹不以国事为重，意气用事，互争长短，有失宰相风范，这样的局面如持续下去，朝局就难以控制，请陛下深思！"王守澄趁机进言。

这句话点中了要害，穆宗只好将元稹贬为同州刺史，裴度贬为左仆射。将裴度和元稹成功排挤出穆宗身边后，在王守澄等宦官的支持下，李逢吉正式上位为相。

"贤兄，一定要记住教训啊！我们在朝为官，是为百姓解难，为皇上分忧，当以国事为重，俗话说'宰相肚里好撑船'，尤其在朝堂上，个人意气之争万万使不得啊！"元稹离别长安的时候，李德裕、李绅、王起等人为他送别，李德裕反复叮嘱他。

"这事也怪不得元稹兄，裴度一而再，再而三地上疏挑衅，难道就让他在那里无理取闹不成？"李绅也憋着一肚子气。

"其实也没什么大不了的，裴大人也是主张抵制藩镇的，在平叛中劳苦功高，如果我们早点沟通，就不至于被小人离间。"王起比较冷静，问题看得很准。

"是啊，裴大人本来可以争取过来，成为我们阵营中的一员，现在却遭到那些居心不良的人离间，变得与我们水火不容，大大增加了我们实现目标的难度，我们要引以为戒！战国时，赵国的廉颇蔺相如的'将相和'是我们的榜样。当然，这事我也有责任。不过，现在亡羊补牢，犹为未晚，请大家多多反省。不经历风雨，就担不了大任，我们不要怕，只要大家同舟共济，一定会战胜眼前的困难的！"李德裕的一番话，说得大家心服口服。

元稹离别长安时，武翊黄还想召集长安的朋友圈举行送别聚会，但因长庆科考案，李宗闵、牛僧孺、钱徽等人对段文昌、元稹、李绅、李德裕已经心存敌视，段文昌又是武翊黄的亲姐夫，尽管武翊黄想居中调停，但元稹忍受不了李宗闵等的小人行径，李宗闵等人也不可能会自我反省舞弊行为，消除对段文昌、李绅、元稹的心头之恨。因为这些恩恩怨怨，长安的这批士大夫开始分裂成两大阵营。从本质来看，这个时期的纷争，仅仅只停留在个人恩怨层面。李德裕身受牵连，与父亲李吉甫在元和制科案中得罪李宗闵、牛僧孺等人，而遭到他们的忌恨不无关系。

就在李德裕、李绅送别元稹的同时，李逢吉府内也高朋满座，牛僧孺、李宗闵、李仲言、张又新、李续、张权舆、刘栖楚、李虞、程昔范、姜洽及李训等人在祝贺李逢吉晋升宰相职位。

"还是李相厉害，三两下功夫，就让裴度、元稹夹着尾巴走人……"李仲言一脸谄谀地对着李逢吉说。

"这才刚刚开始呢，李相还有组合拳没拿出来，到时让大家见识见识，那些浅薄之徒哪是我们李相的对手。只要齐心协力，到时大家跟着吃香喝辣就是。"李宗闵两次科考案都栽了，因此最恨李德裕和李绅，李逢吉设计让元稹罢相，是他最开心的事。

"现在，李相上位，形势大好，不过，大家要低调，任何事都不能过头，月盈则亏，水满自溢，切不可麻痹大意啊！"牛僧孺显得比较冷静。

"大家放心，我盘算了一下，过不了多久，我们的僧孺老弟就会登台入阁，到时我们将会赢得绝对胜利。来，来，来，为我们的胜利干杯……"人逢喜事精神爽，李逢吉端着酒杯，有些飘飘然了。

唐代实行群相制，裴度、元稹被排挤罢相后，李逢吉及时补阙，还有一个宰相的位置虚悬未定。

当时，李德裕、牛僧孺的呼声都很高，尤其是李德裕。李逢吉在元和年间担任过一次宰相，当时，他因收了藩镇的贿赂，成为藩镇的代言人，坚决反对对藩镇用兵。而李德裕的父亲李吉甫则从国家长治久安的角度出发，坚决主张用武力解决藩镇的叛乱。宪宗也是主战派，为了保证战争的顺利开展，罢免了李逢吉的宰相之位。由此，李逢吉对李吉甫恨之入骨。现在，李德裕又要爬到他父亲的位置，这是李逢吉最不愿看到的事，何况李德裕的政治观点与李吉甫没有两样，是坚决主张中央集权的。因此，他无论如何都要阻挠李德裕入相。

为了把事情办牢，李逢吉再次拜会王守澄。"王公公，这是李宗闵李大人托我孝敬您的，这是我的一点小意思。"李逢吉对宦官的喜好最为了解，因此，上门的第一件事便是呈送金银珠宝。

"李相，别那么客气！宗闵大人还好吗？"看着眼前的金银珠宝，王守澄的眼睛笑得眯成了一条缝。

"王公公，只要有您照应，我想我和宗闵大人就不存在有什么不好的。"

"相互照应，相互照应嘛！"

"有您这句话，我就放心啊！王公公，裴度和元稹那两只犟驴子都被您撵走了，承蒙您不弃，让我担任宰相，我无以为谢，只能唯公公马首是瞻。现在，还有一个相位虚悬着，您知道，李德裕素来与我们不是一条路的，如果让他上位，大家就会不得安宁，是不是想想办法，将他也撵出朝廷，推出牛僧孺牛大人来共掌这个局面？"

"你说得有道理。不过，要让李德裕出局，皇上那里不得下一番功夫啊。"

"王公公，我想好了，现在正好润州刺史、浙西观察使出缺，江淮之间形势不稳，需要有能力的人去出镇，我们这一说，皇上如没有别的选择了，到时，李德裕不情愿也没有办法。"

"好，好，好，就这么办。"王守澄目露杀气，将茶杯重重地放下。

李逢吉目标已达到，赶紧来到牛僧孺府上，和牛僧孺又是一番密谋……

可能"天将降大任于斯人"，李德裕注定得多受点磨难。这时，正好又发生了一件事，给牛僧孺大大加分。据《唐书》记载，唐宪宗时期，宣武军节度使韩弘拥兵自重，成了一方诸侯，其军事实力威胁到了朝廷的安危。为了稳住韩弘，唐宪宗给韩弘加官晋爵，并把韩弘留在了朝廷，这样一来，韩弘就成了"笼中之鸟"。为了早日脱身，韩弘想尽了办法，他让儿子不停地贿赂朝廷的官员，想让他们在皇帝面前为他美言。官员们看到韩弘送来的金银珠宝实在是太诱人了，都纷纷收下。唯独送给牛僧孺东西，遭到拒绝。后来韩弘父子被处死，唐穆宗派人清理他家财产时发现了一本账簿，上面记述了韩弘给人行贿的数目和名字。在牛僧孺的名下，写着"某月日，送钱千万，不纳"。唐穆宗看后大受感动，对牛僧孺更加信任，在讨论宰相人选时，"首可僧孺之名"。

这样，李逢吉等算计成功。离元稹罢相不到两个月，穆宗任命牛僧孺为相，免去李德裕的御史中丞之职，任命他为润州刺史、浙西观察使。李德裕免去御史中丞的职位后，由李绅接任。

至此，李德裕、元稹和李绅三剑客中，有两人已被挤出长安。

李逢吉不愧是弄权高手。李德裕、元稹相继离开长安后，李逢吉又在不停地盘算着，想让李绅走人。

机会终于来了。

长庆三年（823 年）六月，穆宗任命韩愈为京兆尹，李绅由知制诰中书舍人为御史中丞。这是李逢吉为了实现自己大权独揽，精心策划的一场政治阴谋。"李逢吉为相，内结知枢密王守澄，势倾朝野。惟翰林学士李绅，每承顾问，常排抑之。拟状至内庭，绅多所臧否。逢吉患之，而上待遇方厚，不能远也。会御史中丞缺，逢吉荐绅清直，宜居风宪之地。上以中丞亦次对官，不疑而可之。"他利用韩愈与李绅的性格弱点，故意引发李、韩之间的台参之争。

台参，"台"指御史台。按照唐朝的官职，御史台负责监察百官，代表皇帝接受百官奏事，管理国家重要图册、典籍，代朝廷起草诏命文书等。每当大朝会时，御史大夫就带着他的部下站在宫门外的两边，为朝廷整顿百官列队的次序，故称御史大夫为"大门官"。"参"指的是百官参拜，是唐代体现御史台与百官关系的一种礼节和制度。按照这种制度，百官在上任之前，或外任官员（节度使、观察使、经略使、防御使等）到朝廷述职觐见，都要到御史台"廊下参见台官"。其中，对京兆尹及其属官还有特别规定："京兆尹及少尹，两县令，就廊下参见。凡御史台有新授御史，亦须到廊下参见。"

按照台参的制度，韩愈为京兆尹，必须"廊下参见"御史台的主官李绅了。

前面提到过，贞元十七年（801 年），李绅在参加科举考时，韩愈还主动为李绅写过推荐信。虽然当年李绅并未考取，但仅凭韩愈这一举动，就算得上是李绅的老师和恩人。李绅性格比较狂傲，加上那次考试落榜，便不领这份情，并没有把韩愈看作自己的前辈和恩人。

李逢吉知道韩愈不可能去参拜李绅，为了制造矛盾，他一方面装作给足韩愈面子，在韩愈京兆尹的实授官衔之后，又奏请穆宗加御史大夫衔，并由穆宗亲自下诏："朕屈韩公为尹，宜令无参御史，不得为故常，兼御史大夫用，优之。"御史大夫本应是御史台的主官，侍御史是他的副手，因此，从这一点来讲，韩愈又不可能以主官的身份去参拜自己的副手。何况还有穆宗亲下的诏书。

这样，韩愈没有去御史台参拜李绅便上任了。李绅觉得韩愈这一行为是公然对自己的侮辱，便下公文指责。韩愈据理力争，两人各不相让。不仅不让，还影响到工作开展。于是皇帝只好下令免除两人的现任职务,将李绅外调出京,担任江西观察使,韩愈改为兵部侍郎。

韩愈和李绅被罢免之后才知道被人算计了。因为,到这个时候,李绅还没有看到穆宗关于韩愈不必台参的诏书。是谁扣留了这份诏书?当然是宰相李逢吉!

而皇帝还被蒙在鼓里,以为李绅自己想做外任官。李绅外放之时,"乃令中使就第宣劳,赐之玉带"。两边一接头,才知道是李逢吉从中捣鬼。于是穆宗重新安排,李绅被改授为兵部侍郎,韩愈为吏部侍郎。

侍郎的位置比中书舍人知制诰要高,但不在皇帝身边,远离了权力核心。

王起被任命为这次考试的复试官后,为了防止朝臣对科考的攻讦,他向宪宗建议,在阅卷之后,先将预录进士的诗赋杂文由宰相审阅,等宰相审阅签字之后再下令放榜,宪宗同意了这个建议,此后便形成定制。王起连续两年主持科考,他从不接受请托,由于组考严密,考风端正,取士公平,史称他主持的考试"得士尤精"。因为他与李德裕等人关系特别好,也受到了李逢吉的排挤。长庆三年(823年),李逢吉指使人攻击王起,"发榜前交宰相审阅的制度'虽避是非,失贡职也'",将他贬为河南尹。

将李德裕排挤出权力核心之后,李逢吉大肆结党营私,据《旧唐书》记载:"郑注得幸于王守澄,李逢吉遣从子李训贿赂郑注,结王守澄为奥援,自是肆无所惮。其党有张又新、李续、张权舆、刘栖楚、李虞、程昔范、姜洽及训八人,而傅会者又八人,皆任要剧,故号'八关十六子'。有所求请,先赂关子,后达于李逢吉,无不得所欲。"

宝历元年(825年),李逢吉任命张仲方为谏议大夫。因张仲方在宪宗议定李吉甫的谥号时提出过贬损李吉甫的意见,李德修不愿与张仲方同朝为官,向朝廷提出到地方工作的要求。朝廷准许了李德修的要求,任命他为舒州刺史。后来,李德修又分别担任过湖州刺史、楚州刺史。

造福浙西

浙西观察使治所在润州。润州，今江苏镇江市。李德裕是在前任窦易直激起士兵哗变的情况下，前往上任的。

事情得回到前两个月。

长庆二年（822年）七月四日夜子时，月朗星稀，唐宣武军的驻地宋州，一派夏夜的静谧。宣武军的中军营帐内，灯火一直亮着，几个年轻军官在激烈争论着。

"今天我去领中军军需，窦瑗曲那小子又克扣了一千多钱，照这样下去，不出十多日，我们就得喝稀饭了。"军需官薛志忠愤愤不平。

"我明天就把这个情况向李节帅反映，不然，我们愿意干，兄弟们可不答应。"中军副将李臣则准备通过正常途径解决。

"反映，反映！我们又不是没有反映，窦瑗曲那小子是李节帅的小舅子，他们是穿一条裤子的。"另一位中军副将秦邻十分不满。

"不好啦，不好啦，百夫长鲁芒被抓了。"正在他们愤愤不平的时候，一个中军士兵跑来报告。

"因什么事被抓？先把事情说清！"李臣则命令士兵。

"鲁芒的父亲两年前在上山砍柴时摔伤，失去劳动能力。母亲在三个月前又突发疾病，一家人全靠鲁芒供养。他本来欠有外债，这个两个月的军饷又没有及时到位，家中屡次告急却无钱可寄，他心情不好，一个人出去吃闷酒，被巡营的中军牙将抓去了。"士兵报告说。

"岂有此理！自己克扣军饷，花天酒地，却对官兵如此苛刻。传我命令，立即调前锋营前往中军行营。"李臣则桌上一掌，立即佩戴上大刀，和秦邻等人走出营帐，飞身上马，带着先锋营直奔中军牙将行营。

中军行营内，传来阵阵歌舞声。

"请报窦将军，中军副将李臣则求见。"在中军牙将行营门前，李臣则请卫兵通报。

"窦将军正在宴请客人，有事明天来报。"卫兵拦住李臣则。

"我有要事，必须立即见窦将军。"李臣则下马，强行往里面走去。

行营卫兵立即用剑指着李臣则。

"放下武器！堂堂中军副将要见主将，你们怎敢以剑相逼？"秦邻大声喝道。

前锋营的官兵见主将受逼，也抽出刀剑。正在这时，一些士兵突然看到，在中军行营的旁边，鲁芒被打得皮开肉绽。前锋营的官兵立即挥刀将绑着鲁芒的绳索砍断，将鲁芒扶起。

"娘的，只准州官放火，不许百姓点灯，你们花天酒地吃士兵的血汗，却不许我们消遣。老子与你们拼了！"鲁芒推开众人，从一个士兵手中夺过长剑，杀进行营。

前锋营的官兵义愤填膺，跟着冲了进去，将正在宴饮的窦瑗曲杀死。一不作，二不休，李臣则等人带领兵将，直逼节度使李愿的行营。李愿闻变后，带十余名亲兵仓皇逃出城外。

叛军在城中大肆掠夺，朝廷派兵镇压，一个月后才将叛乱平息。

中军官兵为什么敢发动兵变，围攻主帅呢？

原来，宣武军的节度使李愿是一个十分刻薄的人。他自己拖家带口一百多人，过着花天酒地骄奢淫逸的生活，费用全由军中开支，对手下官兵却十分苛刻，经常克扣军饷，打骂士兵，激起了广大官兵的怨忿。加上他任人唯亲，让小舅子窦瑗曲任中军首领。窦瑗曲更是爱财如命，使官兵更加不满。

这样，一场兵变就因一件小事引发。

宣武兵变发生后，担任浙西观察使的窦易直十分担心兵变蔓延，想通过增加对官兵的赏赐以收买人心，防止叛乱。可窦易直的心腹又劝他："节帅，你这样无原则地赏赐，只会使官兵更加骄纵，如果以后不能维持这样高的福利，您就无法驾驭他们了。"窦易直便打消了厚赏官兵的想法。而这时官兵已经知道窦易直赏而又止的事，心里十分不满。当时，长江、淮河流域发生了旱灾，运河因水浅不能通行，江南各地交来的钱帛无法通过运河转运到长安。窦易直的部将王国清指着在那里等待转运的钱帛对官兵说："这就是窦帅奖赏给我们的物品。"部分官兵便在王国清的指使下，抢掠财物。窦易直派人将王国清抓到节度使行营，予以禁闭。没想到王国清的部下数千人攻入狱中，将王国清劫出。面对部分官兵的叛乱，窦易直登上城楼大声喊道："有谁愿诛杀乱党的，重重有赏，诛杀一人，赏钱十万。"那些正在观望的官兵立即倒戈，帮助窦易直击杀乱党，叛乱很快平息，王国清等三百人被处死。

天下本无事，庸人自扰之。润州接连兵变，与藩镇兵骄将悍有一定的关系，但主要与观察使窦易直举措失当有关。窦易直慑于北方的兵变，为了确保自己的禄位，开始想用钱帛稳住州兵，后来又吝财不予，激起兵变后，又将府库钱财一顿乱发，虽然叛乱最终被平定，但府库为之一空。他自己一走了之，却给李德裕留下了一个烂摊子。

浙西问题的根本原因是什么？这个烂摊子又怎么收拾？这是李德裕到任之后首先要思考的问题。

解决问题，先在用人。一到浙西，李德裕便先搭建班子，任命李蟾为观察判官，郑亚为观察使从事。

任何决策都必须切合实际，要切合实际，必先调查了解。这是李德裕从父亲那里学来的真经。他来到浙西，没有指手画脚，而是带着李蟾、郑亚等人深入基层，进行脚踏实地的调查。

经过一段时间的调查走访，李德裕收集了第一手资料，总结出浙西存在的一系列问题：

第一，军队骄纵。当时，各地节度使、观察使为了达到控制军队的目的，都加大对军队的日常供给及赏赐。同时，对官兵损害老百姓的行为常睁一只眼，闭一只眼，造成军队日益骄横，动不动就闹饷哗变。

第二，府库空虚。为了平定王国清叛乱，窦易直倾尽官府财物赏赐官兵，润州府库已无余财。

第三，治安混乱。由于军队骄纵，官兵扰民而很少受到处罚，地方上的豪强劣绅、地痞流氓乘机与军方勾结，走私食盐，垄断市场，收取保护费，造成治安混乱，百业萧条。

第四，百姓生活困苦。唐朝后期实行的两税法，名义上按财产征税，但由于藩镇割据，唐政府控制的区域越来越小，为了对付藩镇的叛乱和外敌的入侵，又不得不供养庞大的军队，因此，老百姓的赋税越来越重。加上江淮之间连年遭受水旱灾害，许多农民不得不背井离乡，成为流民。

第五，迷信盛行。由于皇帝祈求长生不老，沉迷炼丹，礼佛崇道，佛寺道观享受赋税豁免权利，社会上许多青壮劳动力投寄佛寺道观，不事生产，成为社会沉重的负担。

稳定压倒一切。这五大问题中，李德裕认为急需解决的是军队的稳定与社会治安的整治。军队稳定了，社会治安好了，人民的生活才能安定。他决心从这两方面着手。

军队的稳定又与地方的财赋有关，李德裕以身作则，率先垂范，节省自己的日常供养，提倡节俭，与广大官兵同甘共苦，狠刹奢靡之风。他将本州财赋除留必要的开支外，全部供养军队。一有时间，他便深入基层官兵，揭露兵变给社会带来的灾难和困难，给他们灌输忠君爱国的思想和保家卫国的职责使命。他言必信，行必果，奖罚公平。在他治理浙西期间，尽管所给官兵的给养不是很丰足，但将士并无抱怨，自觉地改变了居功自傲、骄横跋扈、奢靡浪费等坏习惯。

在稳定军队的同时，李德裕坚决打击欺压老百姓的恶霸和地头蛇。他彻查历年积案，发现有一贩卖私盐案还没有结案。案犯名叫徐步仁，曾中过秀才，是丹徒有名的财主。案卷记录徐步仁让家丁梁尚贩卖私盐，达三年之久，共运盐三千多担，获利上千两白银。证据有梁尚的证言及缴获的赃盐十余担。

为了弄清案情，李德裕微服私访，进行调查。结果发现徐步仁在当地是很有名望的人，为人比较正直，从没做过违法的事。

那么，梁尚为什么要反过来诬告主人呢？

原来，梁尚曾经是徐府的家丁，但梁尚好赌，欠下了不少赌债，徐员外还帮助他还过赌债。后来，梁尚屡教不改，徐府便将他解雇。梁尚离开徐家后，无以为业，竟干起了贩卖私盐的勾当。

梁尚贩卖私盐，影响了王国清的私盐生意。于是，王国清便指使喽啰，将梁尚抓至官府。

在丹徒的十字街口，徐步仁有祖传的三间铺面，因位置优越，生意特别红火。王国清看到徐家商铺生意这么好，便打起抢夺徐家铺面的歪主意。抓到梁尚后，王国清许诺只要他配合栽赃徐步仁，到时所有的罪责都可以豁免。

就这样，徐步仁便成了贩卖私盐的走私犯。

案情弄清楚后，李德裕进行了公开审理。在证据面前，梁尚不得不承认配合王国清栽赃的事实。最后，根据法律，梁尚被判处有期徒刑五年，徙三千里。徐步仁的冤屈得以洗刷。

以此案为契机，李德裕大张旗鼓开展打击地痞流氓等黑恶势力的行动，社会治安迅速好转。

"帅爷，我们要了解情况，就得深入基层，而要深入基层，就必须要有充足的人手，现在这点人手，远远不够，我们已经两个月没有休息了啊！"

管家刘谨言年纪大了，推荐刘宁来帮李德裕打理内务。李德裕太忙了，分配给他一大堆任务，内务变成了常务，刘谨言一脸疲惫地向李德裕汇报。

"谨言，这一向辛苦了！你在下面暗访的时候，有没有发现一些才学和品行都比较好的读书人？"李德裕问。

"帅爷，您不说我都忘记了，丹徒有个叫刘三复的秀才，他写了一些东西，想请您斧正斧正。"

"那好，明天请他到府上来。"

第二天，刘三复来的时候，正好朝廷送来文书，李德裕想试试他的才学："你能不能够替我起草回复的表章？"

"帅爷，您若信得过的话，我可以试试。"

"是在这里还是拿回去写？"

"上书言事贵中要害，而不单纯求快。"李德裕认为他说得十分有理。

"帅爷，您能不能给一些奏章让我看看，让我了解一下您的行文风格。"李德裕立即拿出自己的一些文稿供刘三复参考。读罢文稿后，刘三复依照李德裕的文法草拟了一表。表章文辞流畅，叙事明晰，言简意赅，深得李德裕赞许。于是，李德裕便将刘三复辟为掌书记。

千金买马骨。浙西的读书人看到刘三复受到李德裕重用，纷纷来投。李德裕从中选拔了一批品学兼优的知识分子，充实了幕僚队伍。

社会治安情况好转之后，李德裕便着手抓生产的恢复和经济的发展。

"三复，你是本地人，你认为要促进生产的发展，应该从哪些方面入手？"李德裕征求刘三复的意见。

"帅爷，发展生产有两个关键要素，第一是土地，每个王朝之初之所以能轻徭薄赋，是因为经过农民起义，许多人在战乱中丧生，大量土地成为无主之地，国家可以将这些土地分给农民，解决土地问题。第二是劳动力，新王朝建立后，社会安定，人口增加，劳动力问题逐步解决，土地和劳动力的结合便达到最佳状态，如果国家因势利导，爱惜民力，轻徭薄赋，经济便很快得到恢复发展。'文景之治''贞观之治'莫不如此。"

"说得在理。那浙西的土地与劳动力有什么特点？"李德裕抓主题，不断深入。

"我们这里劳动力离开土地的情况有很多，有些是可以纠正的，如很多民户将土地投寄道观庙宇，逃避国家赋税；其次；浙西一带的人普遍迷信，深受鬼怪之说迷惑，相信世间真的存在鬼怪，对巫师占卦深信不疑。百姓家中，一旦有人得了瘟疫等重症传染病，就被认为是鬼附身，一定要抛弃荒野，即使是父母、亲兄弟也不管不顾，直到病人死去。有的甚至会卖掉土地，远走他乡，变成流民；再次，崇尚厚葬。受巫祝的影响，百姓一有丧事，便大操大办，否则便被指责不孝顺，弄得十室九空。这些恶俗扎根于百姓日常生活之中，很难改啊！"刘三复边说边摇头。

"再难也要改！"李德裕表示出坚定的决心。

郑亚是进士，又曾三次通过制科考试，才学过硬，在读书人中说得起话。李德裕就让他组织一些知书达理而又有威望的读书人来到乡下，用人伦之理对老百姓进行感化教育，申明人们之间的孝敬、友爱和亲情的伦理，教授他们做人的道理。同时，李德裕还教导他们破除迷信，把因病抛弃在外的亲人接回家予以医治。

坚决反对厚葬，提倡节俭。李德裕上表皇帝，然后借皇帝准奏的命令，凡是沿用旧俗而不改的，一律由官府查办："今百姓等丧葬祭奠，并请不许以金银锦绣为饰。其陈设乐音者，及葬物稍涉僭越者，并勒毁除。结社之类，任充死亡丧服粮食等用使，如有人犯者，并准法律科罪。"

李蟾地方工作经验丰富，李德裕就让他多担负些地方实际工作。为了增加土地，解放劳动力，李德裕采取了三项措施：一是对祠庙进行清理。只有前代名臣贤妃的祠庙才准供奉，未经准许的一律拆除。在他的主持下，拆除滥建的祠庙一千零一十五座。二是对未经许可修建的私宅以及无主的房屋全部清理，共拆除一千四百六十处。三是打击寺院私自剃度僧尼。寺庙有赋税豁免权，老百姓为了逃避赋役，有的将土地投寄给寺院。寺院的土地增加了，又通过剃度百姓以增加劳动力。这一行为，不仅使国家土地、劳动力和赋税大量流失，而大量青壮年剃度为僧，不事生产，助长了好逸恶劳的思想。为了遏制这一现象，李德裕坚决打击寺院通过剃度僧尼抢占劳动力的行为。

当时，徐州节度使王智兴设置僧尼戒坛，私度僧尼，吸收江淮壮丁，以获取非法利益。针对地方这一损公肥私的行为，李德裕立即上书敬宗："泗州有坛，户有三丁，必令一人落发，意欲规避王徭，影庇资产，自正月以来，落发者无虑数万。""若不特行禁止，比至诞节，计江淮以南失六十万丁。"敬宗看到李德裕的奏章后，才知道危害这么大，立即下诏禁止。李德裕的这一举措，避免了国家数十万人丁和赋税的流失。

李德裕通过以上三项措施，一方面使大量脱离土地的劳动力重新回来，另一方面拆除滥建的祠庙、无主的房屋，将屋基开垦成土地，扩大了耕地面积。

李德裕一系列涉及寺庙的措施，目的并不是反对佛教，他只是坚决抵制利用佛教敛财的行为。对一些有道高僧，他是十分礼敬的。例如，长庆四年（824

年），李德裕得知当地瓦官寺高僧守亮，对易学有研究，便于甘露寺设讲席，请守亮讲学，命令从事以下的官员全部听守亮讲经。宝历元年（824年），他又在北固山建甘露寺。并在寺中建有石塔一座，供奉一百六十多颗舍利。

教育是社会可持续发展的根本。为了使老百姓受到良好的教育，李德裕在润州"兴建儒学"。

通过一系列改革，浙西弊风尽除。土地和劳动力大量增加，生产得到发展，节俭淳朴的新风逐步树立，人与人之间充满了亲情和友爱。老百姓从李德裕的政策中得到了实实在在的好处，都乐于接受他的管理。

几年以后，润州的治理取得显著成效，产生了很大影响，以至"天降膏露（甘露），显于庙廷（朝廷），俗变风移，遂至于道"。

冤屈得以申雪，徐步仁非常感激李德裕。李德裕也乐于和当地的文人士绅交朋友，一来二去，两人成了非常要好的朋友。一天，李德裕到徐步仁府上做客。徐步仁刚好为李德裕写一上联：除黑扬善，匡浙西正气。徐步仁转身接客时，女儿徐盼正好来到书房，看到墨迹未干的上联，便提笔完成了下联：扶正祛邪，树吏治新风。徐盼尚未搁笔，李德裕便随徐步仁而到。看到徐盼手中的笔，李德裕不禁拍手称赞。徐盼一抬头，正好与李德裕四目对视，一个二八佳人，一个翩翩才子，徐盼脸一红便欲走开。

唐朝是个开放的时代，男女之间没有授受不亲一说。"盼盼，这是我们家救命恩人李大人。"徐步仁也没有避讳，先叫女儿认识李德裕，继介绍了自己的女儿："这是我家小女，年十六，单名盼字，从小也随着我读些经书。"

"李大人，谢谢您的救父之恩，小女子无以为报，愿弹几曲，为大人寿。"

于是，《阳春白雪》《梅花三弄》《阳关三叠》一曲接一曲似高山流水，奔涌而出……

自此，每每李德裕来访，徐盼总是格外用心。李德裕也不例外，几天不去听琴，心里总觉得空落落的。

时间一久，徐步仁似乎懂得女儿已经长大，他生怕女儿惹出麻烦，便打算给她找个夫家，可是女儿死活不同意。

一天，李德裕来到徐家，正巧徐步仁因事外出。在书房等了一会儿，徐步仁仍不见回，李德裕便准备告辞。起身的时候，不知有意无意，李德裕将《诗经》翻到《蒹葭》一篇。

徐盼在自己房中，得知李德裕到来，不知出来好还是不出来好。待李德裕离开后，在书房发现搁在桌上的《诗经》。少女的心思格外敏感，她似乎读懂了什么，兴奋得两天都没有合眼。

又过了两天，李德裕来到徐府。趁父亲和李德裕离开书房的时候，徐盼拿了一本《前汉书》，将它翻到《司马相如传》。李德裕拿起《前汉书》，不禁会心一笑。

从此，两人内心便有了小秘密。

有一天，徐步仁突然在《诗经》的《关雎》篇眉中发现一行小字："求何方佳偶？"他感到奇怪，便将《诗经》仔细地翻了一遍，结果，又在《猗嗟》篇眉中发现："具君子才情。"这时，他才知道女儿早已心有所属了。

女大当嫁，徐步仁找女儿谈话："孩子，李大人已有妻室。"

"第一次与他见面，女儿就认定了非他不嫁。女儿相信缘分，不在乎名分。"徐盼态度十分坚定。

既然郎有情，女有意，徐步仁也是开明之人，就同意了他们的婚事。

李德裕纳徐盼为妾，不仅收获了一份美好的爱情，而且也向外界表明，他已把浙西当成自己的家。

正在浙西发生翻天覆地变化时，朝中政局再次动荡。

长庆二年（822年）十一月，皇宫中的马球场内，马球赛正在紧张地进行着。不知哪位球手，一杆将马球打得远远的，说时迟，那时快，双方各三匹马飞速向球奔去。其中一匹像风一样迅速超出，接下马球，击向穆宗，穆宗稳稳地将马球击入球门。

这时，穆宗将球杆高高举起，全场爆发出雷鸣般的掌声。

球场迎来了难得的休息，一个参赛的宦官正缓缓勒马走来。刚到中场，他突然倒在地上，身体剧烈地抽搐着，仿佛遭到外物的猛击。在场的人不明所以，四散开来。不久，这名宦官不治而亡。穆宗十分恐慌，再也没有了打马球的兴致。又过了一阵，穆宗双脚突然不听使唤，倒在地上。经御医检查，属中风症状。从此以后，穆宗便没下过床。

穆宗中风后，虽经御医精心治疗，但身体一直没有康复。长庆三年（823年）正月初一，穆宗因病没能接受群臣的朝贺。正常的药物不见有效，穆宗转而迷上了丹药。服用丹药反而加剧了病情。长庆四年（824年）正月二十二日，穆宗驾崩，时年30岁。

穆宗死后，他的儿子李湛继位，史称唐敬宗。公元825年，改元宝历元年。

敬宗不愧是穆宗的亲儿子，他的游乐无度较之其父有过之而无不及。敬宗即位后就在中和殿、飞龙院轮流打球，连例行的早朝也不放在心上。一天，群臣早早地来到宣政殿上朝，可是日上三竿仍未见皇帝的影子。大臣为了参加朝会天不亮就起床进宫，皇帝却迟迟不到，宣政殿又没设座位，时间长了，一些年纪大的朝臣坚持不住以至昏倒在殿下。

在大臣的催促下，过了很长时间敬宗才姗姗到来。对新君这一有悖祖制的行为，谏议大夫李渤提出了劝谏。左拾遗刘栖楚对皇帝的这一做法更是极力劝谏，他头叩龙墀，血流不止。敬宗当时表现出很受感动的样子，表示一定听取意见，接受规劝，但感动之后，仍不见行动，后来甚至发展为一个月也难得上朝两三次。

当时，李德裕、元稹已被李逢吉排挤出长安。穆宗去世，敬宗即位，李逢吉看到李绅失去了依靠，可以算计，让王守澄上奏敬宗："先帝当初讨论立太子时，杜元颖、李绅劝先皇立深王为太子，只有宰相李逢吉请求立皇上，李续、李虞赞成他。"李逢吉也乘机说李绅曾做过不利于皇帝的事，请求把他赶出京城。皇帝刚登基，不辨真假，就贬李绅任端州司马。至此，李德裕、元稹、李绅都被李逢吉排挤出长安。

敬宗虽然任命吏部侍郎李程，户部侍郎窦易直为同平章事，但他们都非宰相之才，皇帝耽于享乐，政务仍由宦官和李逢吉操纵，官场更加黑暗腐败。

敬宗继位不久，山南东道节度使牛元翼在襄阳病死。成德节度使王庭凑竟然将牛元翼在深州的家人全部杀死。

王庭凑为何对牛元翼如此深仇大恨呢？

原来，长庆元年（821年），已经晋升为成德都知兵马使的王庭凑发动叛乱，杀掉朝廷派来的成德军节度使田弘正与属员三百余人，夺取成德节度使之位。唐朝廷于是任命深州刺史牛元翼等将领率军平叛，未等牛元翼出兵，王庭凑派兵攻打深州。牛元翼坚决抵抗。正在平叛的关键时刻，魏博兵马使史宪诚，又发动叛乱，杀死节度使田布，与田弘正结盟。当时李愬已死，其他节度使都采取观望的态度。朝廷没有办法，只得承认王庭凑为成德军节度使，史宪诚为魏博节度使，调牛元翼为山南东道节度使。这样，牛元翼成了最尴尬的人——叛贼反而名正言顺地成了与自己平起平坐的人物。为了不被叛贼所乘，牛元翼不得不单骑逃出深州。

从此，王庭凑就恨上了牛元翼。牛元翼是少有的战将，他在世时王庭凑不敢拿他怎么样，他一死，王庭凑就将对他的愤恨全部发泄在他的家人身上。

"凶贼纵暴到了这等程度，是我任相非才，任相非才啊！"敬宗闻此噩耗，禁不住悲叹。

敬宗登基这年的七月，李德裕正在衙署办公，忽闻报"圣旨到"。李德裕以为有什么大事，赶忙接旨。令人哭笑不得的是，圣旨内容竟不是什么军国大事，而是督浙西"造银盝子妆具二十事进内"。

盝子是什么东西呢？原来它是一种小型化妆用具，常用来盛放香器或珠宝。接到诏令，李德裕心中盘算了一下，仅此一项，就需耗白银一万三千两，黄金一百三十两。就在一年前，穆宗尚未驾崩时，也曾下诏令浙西造银盝子进奉。为了完成任务，共用去官银九千四百余两。李德裕"诸头收市"，方才勉强交差。接到圣旨他感到十分惊讶，同时又有点想不通："皇上年纪小，难道身边的大臣也不懂事？为什么没有人匡正呢？难道他们不知道国家正处在风雨飘摇之中？不知道老百姓连温饱尚不能维持？"

"二十具银盝子绝对完不成，我绝不能不顾老百姓的死活！得上书劝谏！"李德裕一边尽力筹措银两，打造了两件银盝子送呈敬宗，一边给敬宗上表，说明浙西诸州财力不济，请求免除进奉。

可上表呈上去之后，却没有得到任何答复。这年九月，李德裕再次接诏，令浙西进奉缭绫一千匹。

李德裕不得不再次上表，请罢进奉：

"臣敬闻太宗时，朝廷使臣至凉州发现名鹰，示意都督李大亮进献。大亮密呈奏表力陈拒献之真情，太宗皇帝赐诏说：'使臣派献，尽可不从。'嘉许赞叹再三，此事载于史书。又，玄宗派宦官到江南捕捉池鹭等鸟，汴州刺史倪若水上呈奏论，玄宗亦赐诏嘉许、纳谏，所捕珍禽当即全部放掉。玄宗又命皇甫询在益州制造半臂背子、琵琶扦拨、象牙雕合等，苏颋不受诏令，即自令停织。太宗、玄宗都不加罪于他们，反而欣然采纳其意见。臣暗想：池鹭牙雕，事极细微，若水等人尚且认为劳民损德，进言竭诚效忠天子。在圣明先祖朝代，有臣子如此忠诚；难道当今英明王朝，偏会没有这样的人？想是有权位者隐瞒不讲，定非陛下拒谏不纳。"

"昔日汉文帝穿着粗质黑绨衣物，汉元帝取消轻柔纤美服饰，他们的仁爱恩泽慈善节俭，至今为人称颂。敬祈陛下近观太宗、玄宗皇帝的宽容纳谏，远思汉文帝、孝元帝的严肃克己，将臣前回所上表向群臣公布，考察为臣所辖区域物力所能承担的限度，对贡赋再加以节减，那么沿海地区的百姓，就将无人不受陛下恩惠。臣不胜惶恐之至。"

这回敬宗终于被李德裕的上表打动了，免除了此次的缭绫进奉。

敬宗不仅在游宴娱乐上极尽奢靡，而且在罗致道士，炼制丹药上也不惜血本。他在内宫设山建观，专供道人讲解道术。派遣中使到全国征召奇人异士，希望能得长生不老之术。

宝历十年（826 年），杜景先向敬宗推荐，浙西润州人周息元寿过百岁，会长生法术。敬宗闻讯后，立即令李德裕召周息元入宫。

皇上要在地方征召奇人异士，本是这个地方的荣幸。但李德裕认为，征召的人必须有真才实学，否则，会祸乱宫廷或朝政。为了替皇上把好关，他专门派人对周息元进行调查。

经调查，周息元的口碑并不好。耳听为虚，眼见为实，李德裕决定亲自测试一番。

李德裕在官舍设宴招待周息元，特意让厨师上了一盘牛肉和狗肉，还给他斟满酒。周息元端起酒杯一饮而尽，然后大口大口吃起了牛肉和狗肉。"李大人，玄宗召张果入朝的时候，他正和我一起喝酒呢。"周息元自称认识张果老。

"道长，那是什么年间的事呢？"李德裕故意装作不知道。

"那是贞元年间。"

玄宗在开元年间征召了张果老，而周息元误作贞元年间，显然周息元是在胡编乱吹。

"贫道出生不久还见过本朝高祖，我在修道期间，玄元皇帝还托梦邀我去喝酒，把炼长生不老的秘方传授给了我。因此，我才有两百多岁的高寿。"周息元继续瞎吹。

"皇上绝不能召这样的人入宫！"李德裕心里想。他也信奉道教，知道道家有修炼法术，但是道家历来崇尚自然，至于长生不老，都是些传说，从来没有人证实过。李德裕知道，道家禁吃四样东西：牛、狗、大雁和乌鱼。牛是老子的坐骑，当年老子骑青牛西出函谷，留下了道家经典《道德经》；狗是最忠诚的动物，当年纯阳真人被狗咬也舍不得惩罚它；大雁雌雄相栖，如一只先遭不幸，另一只必为殉情，是最忠贞的动物；乌鱼每次生鱼仔的时候，都会失明一段时间，这段时间，鱼妈妈不能觅食，为了拯救妈妈，鱼仔自己争相游进鱼妈妈的嘴里，直到鱼妈妈复明。道家为了教化世人，禁食这四样东西。周息元连道家的禁忌都不守，还谈什么修炼呢？

送走周息元，李德裕马上给敬宗上书："臣所虑赴召者，必迂怪之士，苟合之徒，使物淖冰，以为小术，衒耀邪僻，蔽欺聪明。如文成、五利，一无可验。臣所以三年之内，四奉诏书，未敢一人塞诏，实有所惧……以臣微见，倘陛下睿虑精求，必致真隐，唯问保和之术，不求饵药之功。纵使必成黄金，止可充于玩好。"从对周息元的态度及李德裕的上疏中可以看出，李德裕信奉道教，但他绝不迷信。他四次接到诏书，然而他并没有上荐一人，并且劝诚皇上，"不求饵药之功"，"止可充于玩好"。

皇帝不明，臣下应该履行劝谏的义务。为了劝谏玩得不亦乐乎的唐敬宗，李德裕特上《丹扆六箴》以"竭诚尽规"。其内容如下：

宵衣箴

先王听政，昧爽以俟。鸡鸣既盈，日出而视。伯禹大圣，寸阴为贵。光武至仁，反支不忌。无俾姜后，犹去簪珥。彤管记言，克念前志。

正服箴

圣人作服，法象可观。虽在晏游，尚不怀安。汲黯庄色，能正不冠。杨阜毅然，亦讥缥纨。四时所御，各有其官。非此勿服，惟辟所难。

罢献箴

汉文罢献，诏还骒骊。銮辂徐驱，安用千里。厥后令王，亦能恭己。翟裘既焚，简布则毁。道德为丽，慈俭为美。不过天道，斯为至理。

纳诲箴

惟后纳诲，以求厥中。从善如流，乃能成功。汉骜沉湎，举白浮钟。魏睿侈汰，凌霄作宫。忠虽不忤，而善亦从。以规为瑱，是谓塞聪。

辨邪箴

居上处深，在察微萌。虽有谗慝，不能蔽明。汉之孝昭，睿过周成。上书知诈，昭奸得情。燕盖既折，王献治平。百代之后，乃流淑声。

防微箴

天子之孝，敬遵王度。安必思危，乃无遗虑。乱臣猖獗，非可遽数。元黄莫辨，触瑟始仆。柏谷微行，犲豕塞路。睹貌献飨，斯可试惧。

从上述内容可以看出，《宵衣箴》主要是规劝敬宗要勤政爱民，要按时上下朝；《正服箴》主要规劝敬宗服饰要遵循法度，符合朝仪；《罢献箴》主要规劝敬宗不要向地方征求奇珍异宝，索取奉献；《纳诲箴》主要规劝敬宗虚心纳谏，善于接纳臣下的忠直之言；《辨邪箴》主要规劝敬宗要辨别忠正奸邪，亲贤臣，远小人；《防微箴》主要规劝敬宗要提高警惕，不要轻率出游，以防不测。

李德裕恳切规劝，是位忠臣，敬宗认为面子还是要给的，便亲笔写了一份诏书，对李德裕褒奖了一番：

"卿为崇尚礼制的大臣，身负重任的一方藩镇。以身作则统率各部，治理江南一派清平。善施教化如行春风，民风清明公务轻松。回顾卿的妥善施政，朕怀念赞叹在心。卿的亲族，屡建显功，两代居官内廷重臣之首，六代承袭侯伯封爵。进言确能激扬挚爱君主的忠诚，显示诗人讽喻的深意；身处远方却不忘忠告朝廷，婉言劝诚而谋虑深远精微。以自身的正直扩大我的眼界，以遵循礼法来约束我的言行。你的再三劝诚，使我夜夜赞叹。将其置于案头，可受随时自警之益；铭刻在心，何止良药疗疾之功？卿致以诚心之后，朕常思广开言路。若朕举止失当，莫忘及时陈奏。山川遥远，眷念不已；朕定当克制自己，以与卿诚意相符。"

然而，褒奖归褒奖，一转身，敬宗便将李德裕的劝谏丢到爪哇国去了。

宰相牛僧孺虽说与李逢吉、李宗闵一党，但他还算有点知识分子的良知，眼见皇帝荒淫无道，阉宦佞幸当权，朝政日非，藩镇不臣，国势日蹙，自己身为宰辅，既怕谏诤获罪，又怕出了问题被追责，思前想后，只有离开朝廷才能获得解脱，于是屡屡向敬宗上表请求外调。正月，敬宗命牛僧孺出任武昌节度使，他如获大赦地离开长安到武昌避祸去了。

朝政腐败，部分藩镇蠢蠢欲动，趁机作乱。牛僧孺离开长安后，昭义节度使刘悟去世，刘从谏自立为留后（代理节度使）；王智兴据徐州反叛；幽州官兵发动兵变，杀节度使朱克融，藩镇一直没有消停。国乱思良将，当时，朝廷内外都希望裴度来重振朝纲。

裴度威望极高，假如他能回朝，势必会影响李逢吉专权。于是，李逢吉千方百计阻止裴度入朝。

宝历二年（826年）正月，裴度冲破阻力，到达长安。李逢吉指使党羽在长安等地传播"非衣小儿袒露腹，天上有口被驱逐"的字谜图谶，再让左拾遗张权舆出面上疏诋毁裴度"名应图谶，宅据冈原"，以此诬陷裴度"图谋不轨"。

"韦爱卿，你说这'非衣小儿'的图谶可信吗？"图谶历来涉及天命，是皇家最为敏感的东西。接到张权舆的表疏之后，敬宗特意咨询中书舍人韦处厚。

"陛下，世上无神鬼，都是人搞起，操弄图谶的，往往是一些居心不良的人。'非衣小儿'明明暗指裴大人，裴大人素来忠君体国，从无不臣之心，这个时候出这样的图谶，莫不是有人欲置裴大人于死地，刻意为之啊……"

韦处厚这么一提醒，让敬宗突然想起一件事：李逢吉在排挤李绅时，向他告状，说李绅在他继位时坚决反对。结果他听信李逢吉，将李绅贬出长安。

后来他却在档案中查到李绅拥立自己的表疏！韦处厚的"刻意为之"所指十分明显。

"爱卿说得有道理。"敬宗虽然年轻，但似乎觉察到了什么，对谗言一概置之不理。

敬宗对裴度越亲近，李逢吉越感到害怕。一招不灵，他又使一招。

有个叫武昭的官员，是陈留县人，机敏、勇敢又善辩。裴度讨伐蔡州，派武昭去劝说吴元济，吴元济将刀剑架在他脖子上威胁他，他毫无畏惧，最后吴元济不得不礼送他回来。裴度命武昭在军中任职，后被任命为石州刺史。武昭在石州刺使任内，因犯了一点小过，被罢官回京，没有另行安排职务，便对朝廷心生怨恨。李逢吉和李程共同执政，两人势同水火。李程的亲戚李仍叔对武昭说："李程宰相想任用你，但李逢吉不赞成。"武昭便把怨气发在李逢吉身上，喝酒时，对他们的朋友刘审说："过去我随裴度将军出征淮西吴元济，因平叛有功，朝廷命我为节度使，谁知后来又免去了我的职务，原来是李逢吉这班狐朋狗党在作怪。我被打击排挤不足惜，可惜的是裴度将军劳苦功高，却常要受这些人的窝囊气！国家有这样的奸贼，怎得安宁？我当为国家除掉这个奸贼！"

刘审听闻此言后，立即转告李逢吉的亲信张权舆，张权舆又报知主子李逢吉。

李逢吉老奸巨猾，身居高位的他最怕亡命之徒。李逢吉担心，一旦将武昭惹毛，失去理智，不知会弄出什么招来。"这样的人惹不得，软藤能绑硬树条，得想办法消除矛盾，化害为利。"李逢吉主意一定，立即派人调查武昭的朋友圈。结果发现武昭与太学博士李涉、金吾兵曹参军茅汇非常要好。

李逢吉便通过茅汇安排武昭见面，赠送厚礼，消除矛盾。李逢吉写信给武昭说："你既称我为知己，我就视你为好友。"言词不无亲热。后来，李逢吉为了诬陷李程和裴度，又翻脸不认人了。他派人告发武昭准备谋杀的事，将武昭、茅汇等人抓进监狱。

敬宗派御史中丞王播审理这个案子。为了达到扳倒裴度的目的，李逢吉派李训暗示茅汇："只要你承认与裴度合谋，我们就放你出狱，什么事都没有，否则让你牢底坐穿。"

"诬告别人解脱自己，即使逃脱刑罚，一辈子良心也会不安的！"茅汇坚决不同意。

由于茅汇的坚持，李逢吉的目的没有达到。武昭被处死刑，茅汇流放崖州，李涉流放康州，李仍叔贬任道州司马，李训流放象州。

这个案子暴露了李逢吉的阴谋，敬宗终于认识到他的阴险奸诈，开始厌恶起他来。李逢吉这时才逐渐被疏远，外放为山南东道节度使。

这时，传闻亳州出了圣水，喝了可以降福、驱邪、治病。江南的老百姓为了得到圣水，竟然每二三十家派一人争相前往取水。

亳州不在李德裕的治下，但他关心老百姓的生活，关注民间的动态。"圣水如果真能治病，那是天大的好事，但如果欺骗百姓，我一万个不答应。"为了彻底弄清圣水是否如传说中的灵验，李德裕专门跑到亳州进行调查。凡事就怕认真，李德裕一到亳州，便发现这是一场精心策划的骗局。

李德裕连夜给朝廷呈表，揭露圣水事件的真相："臣访闻此水，本因妖僧诳惑，狡计丐钱。数月已来，江南之人，奔走塞路。每三二十家，都顾一人取水。"取水出动之前，患病的人斋戒沐浴。喝了圣水之后，又斋戒两七。危重病人喝了之后，坐等圣水发挥药力。由于取水的人多，道路为之阻塞。在圣水源地，当地人以每斗三贯钱的价格出售圣水，而取水的人为了获利，又掺进别的水，沿途转手倒卖，大发横财。而重病患者饮后，病情大多没有好转反而加重，有的甚至因耽误治疗而死。"昨点两浙、福建百姓渡江者，日三五十人。臣于蒜山渡已加捉搦。若不绝其根本，终无益黎氓。昔吴时有圣水，宋、齐有圣火，事皆妖妄，古人所非。乞下本道观察使令狐楚，速令填塞，以绝妖源。"

"这是妖言惑众，何来圣水？"收到李德裕的报告，裴度深表赞同。他根据李德裕的建议，令汴州观察史令狐楚立即查处此事。令狐楚根据裴度的指示，下令抓捕了妖僧，堵塞了泉眼，没收了他们所骗取的钱财。

不明真相的老百姓在妖僧的鼓动下，包围了令狐楚所在的衙门。令狐楚最后调动军队，才将那些不明真相的人驱散。

由于百姓的迷信思想根深蒂固，这样简单粗暴的方法并不能从根本上解决问题。为了根除妖僧对老百姓的愚弄，李德裕在大街上支起了一口大锅，把所谓的圣水倒进锅中，燃起柴火，然后把几斤猪肉放进锅里，让人见证那圣水是否真的灵验。

"如果它真是圣水，这肉自然应当被圣水保护，即使水被烧开，肉的颜色也应不变。如果肉改变了颜色，说明所谓圣水是骗人的把戏。"李德裕大声对围观的群众说。

好奇的群众都围了过来，等待着察看锅里猪肉的颜色。

"你们猜锅里的肉色会不会变？"在熊熊大火燃烧起来的时候，突然走来三四个人，为首的是一个身着道袍的年轻道长。

"会变！""不会变！"在场的观众看法不一。

"如果是圣水，锅里猪肉的颜色就一定不变。"年轻道长意味深长地看着李德裕。

"诸位，这位道长也是这么说的，如果是圣水，猪肉的颜色就一定不会变！"李德裕再一次强调，同时朝道长点了点头，对他的支持表示感谢。因为，如果这道长要刁难的话，就会指出这不是检验圣水的办法。

"请问道长，我该怎样称呼您？"李德裕很谦虚地问道。

"大人，我是三清道长的徒弟，道号玄静。"玄静道长稽首回答。

"玄明清静，好法号！这法号是你师父起的吧？"

"对，对，对，李大人怎么对师尊这么了解？"

"我和你师尊是世交呢！道长能否到寒舍一叙？"

"谢谢李大人，师尊派我来帮助李大人，现在您处理得好好的，我就不打扰了。"玄静道长拱了拱手，带着随行的人匆匆离开了。

过了一会儿，水烧开了，猪肉的颜色开始变化。再过一阵，肉全被煮熟了。李德裕让随从把肉捞了起来，分给众人品尝。李德裕这一招，使谣言不攻自破，人心顿时稳定下来。

圣水事件平息了。亳州本不在浙西辖区，李德裕完全可以不管，但是这样的事件关乎老百姓的生活，他就要管，并且还一竿子管到底。最后他还用妙招破除了人们对圣水的迷信。这件小事充分体现了李德裕关爱百姓、心系百姓的为官品德。

就在这一年，徐盼给李德裕生下一子，起名李烨。

李德裕在浙西大显身手的时候，元稹也在浙东观察使兼越州刺史的任上没闲着，他一面均定浙东赋税，奏罢岁贡海味，减轻老百姓的负担；一面"命吏课七郡人，冬巩陂塘，春储雨水，夏溉旱苗，农人赖之，无凶年，无饿殍"（白居易《元稹志》），做出了不俗的政绩。李绅由端州司马改任为江州刺史，后又改任滁州刺史、寿州刺史。他在这几个地方捕盗贼、惩治豪强地痞，使这些地方的社会治安很快好转，深受百姓的欢迎。

有不靠谱的皇帝，就会有不靠谱的事情发生。裴度的进京与李逢吉的外放并不能改变整个朝廷黑暗的局面。敬宗近乎疯狂的游乐，在宫中引发了一系列突发事件。

第一是徐忠信浴堂门事件。长庆四年（824）二月，也就是唐敬宗李湛登基后的第二个月，平民百姓徐忠信不知哪根神经兴奋了，突然产生了到皇宫澡堂子看看的想法。就在唐敬宗带领宫人玩得不亦乐乎的时候，徐忠信大模大样闯进了皇宫的澡堂门。徐忠信往里一看，哇，风景果然不错，全都是宫女人体艺术，真是美极了，妙极了！徐忠信正站在那里庆幸到此一游不枉此生时，被巡逻的卫兵给发现了，最后落了个"杖四十，配流天德"的结果。

第二是染坊役夫张韶与卜者苏玄明杀入右银台门事件。徐忠信闯进皇宫澡堂子不久，张韶又闹出一件天大的奇葩事儿。张韶，京城朝廷染房的一个杂工。他与一个叫苏玄明的算卦人混得挺熟。长庆四年（824年）四月的一天，苏玄明对张韶说："我给你算了一卦，你应该进宫升殿而坐，与我同食。现在皇上昼夜踢球游猎，大多数时间不在宫中，可以乘机而图大事。"

"你说得对！"其实，这多半是苏玄明对张韶开的一种幽默玩笑，张韶却信以为真。

住宫殿，品美食，享受一下皇帝的待遇，这种诱惑瞬间激活了张韶的欲望。张韶虽一介草民，但处事果决，干脆利落。他随即"与玄明谋结染工无赖者百余人"，准备行动。皇宫是皇家禁地，戒备森严，高手云集。但唐敬宗李湛即位后，一心扑在游宴和击球事业上，"昼夜球猎，多不在宫中"，高手们大都护驾一同玩乐，守城门的士兵也认为皇帝出去了，如果不趁机放松一下，那便是傻瓜。大家的茫然松懈，正好给张韶创造了机会。

要让百十来个人手持兵器进入皇宫，自然难逃守门士卒的法眼，也无法通过重重安检。于是，张韶开始想办法。当时，染坊需要大量的紫草提炼染料。张韶决定，让那些没有通行证的人躺在车中，上面盖上紫草混入大明宫。进去之后先找个地方躲藏起来，待到夜深之后听号令统一行动。大明宫内殿堂林立，草木茂盛，藏上百十来人应该不成问题。

计划的第一步实施得很顺利。藏有人的运草车顺利通过左银台门进入宫中，张韶暗自庆幸。快到大明宫内时，偏偏被一个爱动脑子的守门太监发现了可疑之处："紫草应该是很轻的东西，即使是满满一车也没多大的分量，怎么眼前车辆个个都拉得这么费力？"此人便上前拦住车辆准备检查。

这一查便打乱了张韶原来的计划，他们只得仓促行事，抽刀结果了这个宦官。总攻时间被迫提前！藏在车中的人也纷纷跳了出来，一时间，大明宫内杀声四起，张韶带着人手拿兵器冲进宫里。唐敬宗此时正玩得不亦乐乎，听到有人闯宫，竟六神无主，不知该何去何从。臣子马存亮背起狼狈不堪的皇帝躲到右军军营暂避，并派大将康艺全率骑兵入宫讨贼。

张韶没有"宜将剩勇追穷寇"。他们到了清思殿后，便坐到皇帝床上，和苏玄明一起享受着御厨房为皇帝准备的午餐。此情此景跟苏玄明先前的卜卦完全一样，张韶不由得对苏玄明竖起了大拇指："你的卦算得真灵！"

"你带人杀进宫，就为坐龙床上跟我吃顿饭？"苏玄明问张韶说。

"不吃饭那还干啥？"张韶回答。

"当皇上啊。"

"什么？当皇上，那我可当不了。"张韶一听，顿时吓出一身冷汗。于是丢掉饭碗，赶紧向外逃跑。

这时，神策军的骑兵已经杀来了，见人就砍。张韶、苏玄明等人想跑也跑不了，被当场砍死。还有几个人藏到禁苑中，第二天全部被禁卫军捕获。

大臣认为这些事件都与皇上沉迷游乐，常不在宫中有关。对于大臣的劝谏，敬宗态度非常好，时常加以鼓励。但他也就只有个态度，事件过后，他变本加厉，花样不断翻新。

有一天，敬宗突然想看龙舟赛，指示中书省给盐铁使下诏，立即建造渡船20艘。这一项的花费总计要用去当年国家运转经费的一半，谏议大夫张仲方等力谏，敬宗才答应减去一半。

敬宗不仅自己喜欢打马球，还要禁军将士、三宫内人都参加。宝历二年（826年）六月，他在宫中举办了一次体育盛会，马球、摔跤、散打、搏击、杂戏等，项目很多。最有创意的是，敬宗命令左右神策军士卒，还有宫人、教坊、内园分成若干组，骑着驴打马球。因为人人都有参与，个个能得封赏，所有人都兴致很高，一直折腾到一二更方才罢休。

敬宗还喜欢打猎，平时嫌白天玩不够，深夜带人捕狐狸以取乐，宫中称之为"打夜狐"。

此外，敬宗还专门豢养了一批力士，不仅要各地都选拔力士进献，而且还斥巨资在宫内招募，要求他们昼夜不离，陪自己玩乐。他很舍得在这些力士身上花钱，陪他玩得高兴时，就不计成本赏赐。但若球打得不好，或是体力跟不上，罚得也厉害。不少宦官力士稍有过失，便遭受处罚，轻则受辱挨骂，重则断臂残首。弄得这些人满怀畏惧、心中怨忿。宫中宦官许遂振、李少端、鱼弘志等因为与敬宗"打夜狐"配合不好而被削职。敬宗这种肆无忌惮的游乐，很快就把自己送上了末路。

宝历二年（826年）十二月初八，敬宗又一次出去"打夜狐"，还宫之后，兴致盎然，又与宦官刘克明、田守澄、许文端以及击球军将苏佐明、王嘉宪、石定宽等二十八人开怀饮酒。酒酣耳热之际，敬宗起身入厕。这时大殿上灯烛忽然熄灭，只听到厕所里传来一声惨叫，随即刘克明与苏佐明等宣布敬宗驾崩，年仅 18 岁。

刘克明为什么要杀死敬宗呢？事情还得从头说起。

刘克明出身不详，只知道他是大太监刘光的养子。在刘克明十多岁时，刘光便把他弄入宫里当了太监，并且没有给刘克明净身，让他当了一个假太监。

刘克明入宫当太监后，被派去伺候穆宗的长子李湛。李湛从小就是个花花公子，成天摔跤、打猎、玩马球，不干正经事。刘克明则从小就很有心计，为了陪李湛摔跤，常常摔得鼻青脸肿，但从无怨言；为了陪李湛玩马球，他日夜苦练球技，终于练就了一身玩球本领，因此深得李湛欢心，把他视为心腹。

长庆四年（824 年），穆宗驾崩，李湛接替父亲当了皇帝。此时，与敬宗年龄相仿的刘克明已长成一个高大魁梧、一表人才的小伙子。他见敬宗不理朝政，也不管宫里的事情，只顾玩耍，便打起了宫女的主意。俗话说，自古宫廷多怨妇。很快，那些耐不住寂寞的宫女就被刘克明勾搭上手，据说被他勾搭成奸的宫女多达数十人。

从此，刘克明一发不可收拾，胆子越玩越大。他看到敬宗的嫔妃们个个年轻貌美，而敬宗只顾贪玩，对她们不理不睬，便又把手伸向了敬宗的嫔妃。

刘克明首先下手的是敬宗的董淑妃。董淑妃模样十分漂亮，但敬宗只顾打猎、玩球，对嫔妃们非常冷落，董淑妃颇感寂寞。于是，她和刘克明一拍即合，很快勾搭成奸。接着，刘克明又勾搭上了敬宗的王昭容，并和她保持了长期的情人关系。这些事情在宫里人人心知肚明，唯独敬宗不知道。

其实，敬宗曾经发现过一次刘克明的行踪，只是他头脑简单，没转过弯来，让刘克明蒙混过去了。事情是这样的：一天夜里，敬宗带领一帮人去捉狐狸，恰好将一只狐狸赶到王昭容住的宁秀宫。看到一个黑影躲在树丛里，敬宗以为是狐狸，便一箭射去。只听到"哎呀"一声，黑影滚了出来。人们上前一看，竟然是刘克明，他的腿部中箭。敬宗问他为什么这么晚了还躲在宁秀宫，刘克明说是为了帮助皇上找狐狸。没有头脑的敬宗竟然信以为真，没再深究了。

事情虽然遮掩过去，但刘克明担心奸情终有一天会被敬宗发现，那时，他可就死无葬身之地了。于是，刘克明下定决心除掉敬宗。因为太监们时常遭到敬宗的打骂，对敬宗敢怒不敢言，早有除掉敬宗之心。刘克明的主意得到太监们的支持。

于是，他们精心策划，炮制出敬宗惨死在厕所的一幕。

刘克明杀死敬宗后，伪造遗旨先让绛王李悟暂时代理国事，准备等控制神策军后，再伺机立绛王为皇帝。

螳螂捕蝉，黄雀在后。正当刘克明准备大赌一把的时候，太监王守澄已从早就安排在皇帝身边的眼线那里得知他的弑君行为。

"狗日的！嘴上无毛，连皇帝都敢动，若让他得势，今后我们将死无葬身之地。"牢牢掌握神策军的王守澄，正在密切注视着刘克明的一举一动。

"王公公说得对，如果让他拥立成功，皇上被这一群毛头小子控制，国家不知会被糟蹋成什么样。"翰林学士韦处厚从国家命运出发，坚决支持王守澄平叛。

两天后，刘克明在宣政殿举行早朝，宣布绛王李悟登基。正在刘克明以为大功告成的时候，王守澄、梁守谦指挥神策军冲进宫里，杀死刘克明和绛王李悟，迎立江王李昂为帝，改年号为"大和"，是为唐文宗。

唐文宗李昂，原名李涵，生于元和四年（809年），是唐穆宗李恒第二子、唐敬宗李湛之弟。

文宗喜欢读书作诗，跟不学无术、贪图享受的穆宗、敬宗等相比，像是一位"三好学生"。同时，还在做江王的时候，他就注意了解穆宗、敬宗两朝的弊端，迫切希望革新政治。他继位后，任用裴度、韦处厚为宰相，励精求治，裁省宫中冗员，放出宫女三千，让她们婚配成家；罢黜豢养的五坊鹰犬，节省皇宫开支；平定了沧景节度使李同捷的叛乱，一改父兄（穆宗、敬宗）之弊。风雨飘摇的唐朝似乎又露出一线希望。

文宗继位不久，即诏加李德裕、元稹为检校礼部尚书。这仅仅是种荣誉，但表明朝廷对地方官员政绩的肯定。

四月，贬李续为涪州刺史，张又新为汀州刺史。李、张为李逢吉一党，他们曾相互勾结，祸乱朝纲，对他们的贬斥，成为朝廷风气向好的风向标。朝廷政局趋向清明，令李德裕十分鼓舞。

大和二年（828年），朝廷又下诏加封李德裕为银青光禄大夫，以表彰他在浙西的政绩。

十二月，宰相韦处厚病逝，路随拜相。韦处厚的突然离世，让裴度手足无措，感到孤立无援，原本大刀阔斧的计划也搁浅下来。文宗有改革之意，但他宽柔有余，刚猛不足，对宦官心存忌惮，放不开手脚。

大和三年（829年）八月，裴度推荐李德裕才堪大用，文宗便命李德裕为兵部侍郎。李德裕接过圣旨，禁不住掉下眼泪，在浙西供职八年，如今终于可以回家了。在长安，宰相裴度设宴款待了李德裕，询问了他的情况，叮嘱他好好干，并打算向文宗皇帝推荐他担任宰相。

然而，计划赶不上变化。在朝廷任吏部侍郎的李宗闵自文宗皇帝继位后就瞄准了宰相这个位子，韦处厚病逝，李宗闵就开始运作了。

　　李宗闵交结了女学士宋若宪。宋若宪为初唐著名诗人宋之问裔孙宋庭芬之女。宋庭芬家世代研习儒学，膝下有五个女儿，分别取名为宋若莘、宋若昭、宋若伦、宋若宪、宋若荀。不仅个个貌若天仙，而且冰雪聪明。宋廷芬亲自教她们学习经史和诗赋，五个女儿均能诗会文。宋若莘、宋若昭的文章尤其清丽淡雅。五姐妹志向远大，对父母表示：这辈子不愿嫁人，愿以学问使父母得以扬名。贞元年间，昭义节度使李抱真向德宗推荐宋氏五姐妹。德宗将她们召入宫内，测试诗文及经史策论。她们不仅文章写得好，经义策论也对答如流，深获德宗赞许。自此，宋氏五姐妹便被留在皇宫，德宗"高其风操，不以妾侍"，称呼她们为学士、先生，时称"五宋"。大姐宋若莘自贞元以后，一直掌管着宫中记注、簿籍。她去世后，穆宗又令宋若昭接管，并拜宋若昭为尚宫。宋若昭去世后，敬宗又令宋若宪代管宫籍。宋若宪不但会写文章，且廷议奏对还很有见地。因此，敬宗去世后，宋若宪又得到文宗的重视。在宋若宪的引荐下，李宗闵结识了权势很大的宦官内枢密使杨承和。

　　从唐代宗起，设置枢密使一职，专用宦官，掌管机密奏章，传达和宣读皇帝的诏书、圣旨，进而参与国政。枢密使虽无宰相之名，实权却在宰相之上。在杨承和的运作之下，李宗闵抢先一步出任宰相。

　　李宗闵拜相后，担心李德裕威胁自己的地位，因而，他极力排斥李德裕，千方百计要将李德裕赶出朝廷。为避免文宗挽留，李宗闵已为李德裕挑好了一个地方——滑州。

　　文宗继位不久，魏博镇将领丌志沼反叛，攻打节度使史宪诚。滑州紧邻魏博，朝廷派兵镇压，滑州成了战场。平叛战争结束后，滑州"物力殚竭，资用凶慌"。滑州是朝廷的地盘，河北是强藩的辖区，情况错综复杂，一般人难以收拾这个烂摊子。文宗本有慰留之意，李宗闵借"非常之地，得非常之人坐镇"为由，令李德裕不得不接受这个苦差。

　　李德裕仅在京城待了十天，就被排挤出了朝廷。

　　离开长安的那天，武翊黄、王起等人为李德裕送行。"塞翁失马，焉知非福。少爷有安邦定国之志，经天纬地之才，我相信老天不会老是让英才屈没的。"王起紧握着李德裕的手，他很早就在李吉甫手下做事，习惯称李德裕少爷。

　　"我们这些人中，德裕老弟是最有前途的，今后愚兄还得仰仗贤弟照应啊！"李、武两家是世交，所以武翊黄说得也很实在。

　　元稹、李绅、段文昌也来信安慰。朋友的鼓励，激起了李德裕的战斗豪情。

他将马鞭一扬，白马似箭一般向前方射去……

十月，李德裕抵达滑州。面对"物力殚竭，资用凶荒"的情况，准备整顿军备，与民休息，恢复滑州的生机活力。

然而，就在这个时候，李德裕的爱妾徐盼一病不起。一个月之后，徐盼在滑州官舍去世，年仅23岁。

爱妾的去世，如晴天霹雳，令李德裕悲痛欲绝。然而，他没有因家庭的变故而一蹶不振。办理完徐盼的丧事后，他立即投入到工作之中。

浙西八年，丰富了李德裕的从政经验。滑州的困局，丝毫难不倒他。在强邻环伺、军心不稳的情况下，稳定军队是第一要务。李德裕一到滑州，即深入军队，了解基层官兵的需求。

经过调查，他认为广大官兵一般都没有过高的要求，兵变往往是因朝廷或者掌兵的将官贪污腐败，使基层官兵的给养得不到保障，或是赏罚不明，姑息养奸，纵兵害民等因素造成的。因此，李德裕从严明纪律着手，自己以身作则，把法令、制度悬挂在墙上，时时警示，严格执行，循规守法，从不违反。其次是公开赏罚。他在军中设立了军功账簿，对官兵在维持地方治安、征剿叛匪和防守备战积累军功的行为一一登记在册，论功行赏；对违反军纪的，不管谁人说情，无论职务多高，都依法处罚，从不徇私枉法。对待所辖的地方官吏也是一样，有令必行，有禁必止。他以身作则，果决刚强的品质作风，赢得了官兵们的爱戴，军心很快便得到稳定。

稳定了军队，整顿了官吏，李德裕开始安抚百姓，发展生产。滑州气候湿润，雨量较充沛，是当时中原粮食生产核心区，素有"豫北粮仓"之称。滑州一带有良田上千顷，都是上等的田地。自战乱之后，几乎全被地方豪强占有，成为他们的私家田产，造成富者田连阡陌，贫者无立锥之地的局面。

为了改变老百姓无田可耕的现状，李德裕颁布法令，将应由国家掌握的良田从不法豪强手中夺过来，分给无地的农民，让耕者有其田。这项措施实施以后，失去土地的百姓又纷纷回来了。李德裕还坚决取消了一些地方政府强加在老百姓身上的差役和捐税，让老百姓得以休养生息。

"仓廪实而知礼节。"老百姓安定之后，李德裕又开始着手实施文治教化政策。他举办学校，移风易俗，鼓励人们学有所成，教化人们敬爱长辈、孝敬父母，抚养照顾孤苦无依的老人和孩子。

李德裕生性节俭，办事俭朴，不尚奢侈。他家中从未有过供玩赏的珍奇之物。他巡视州郡工作时，常携带很少的随从人员。人们从没见过他下乡时锦旗和幢盖开道，乘坐大轿招摇过市。他日常办公和生活也不要下属送来的多余财物；尽量减少招待费用的支出，还把自己的部分俸禄拿出来补给军队的开支。"吏不畏吾严，而畏吾廉；民不服吾能，而服吾公；公则民不敢慢，廉则吏不敢欺。"李德裕的行为令下属官吏深为惊叹和感动，军队的将领从此不敢贪功冒赏，还相互转告："从今以后，我们懂得做官与国家法令的关系了，哪里还敢贪功冒赏来愧对我们贤德的主帅呢？他是我们学习的榜样。"

一年之后，滑州一带的财力大为增加，粮食丰收，百姓富裕，安居乐业，商业也随之发展了起来，大大地繁荣了地方经济。军队费用出现了富余，官吏的俸禄也得到了保障。滑州仅一年就从乱到治，政通人和，百废俱兴，展示了一代杰出政治家卓尔不凡的治理能力。

这一年的秋天，滑州一带社会安定祥和，老百姓安居乐业。虽然政绩突出，李德裕丝毫没有欢愉的心情。爱妾的去世，让他倍感孤独。他登楼远眺，写下了这首《秋日登郡楼望赞皇山感而成咏》：

> 昔人怀井邑，为有挂冠期。
> 顾我飘蓬者，长随泛梗移。
> 越吟因病感，潘鬓入秋悲。
> 北指邯郸道，应无归去期。

诗的前四句用"昔人"和"顾我"作对比，发出了漂泊宦游、功业未就的悲叹，后四句描写光阴易逝、前途未卜的失落心情！

通读全诗，虽多有漂泊失意之感，但仍隐约能见李德裕对仕途的热切追求，以及不做出一番事业誓不返乡的进取精神。

整治西川

正当李德裕在滑州拨乱反正的时候，大和四年（830年）正月，因李宗闵引荐，牛僧孺由武昌军节度使入相。李、牛联手，控制了朝政。凡与李德裕亲善的官员，都被排挤出朝廷。为了培植自己的势力，李宗闵、牛僧孺又引进杨虞卿等党人。裴度虽对李宗闵有提携之恩，也因他在文宗面前曾推荐过李德裕，遭到李宗闵的嫉恨，被免去宰相之职，外放为山南西道节度使。牛僧孺、李宗闵一党的权势显赫一时。

同年十月，李德裕由义成节度使改授检校兵部尚书、成都尹、剑南西川节度使。

得知李德裕要离开的消息，滑州的将校、官吏、差役和三郡百姓拦在道上，执意不让他离开。他们向朝廷申请为李德裕树立一块德政碑，把他的功绩刻在石碑上，流芳百世。义成军节度使监军使等人将此事上表朝廷，文宗非常支持，当即下诏让翰林学士贾𫗧负责撰写《赞皇公李德裕德政碑》，表彰李德裕的政绩，并把石碑树立在四通八达的大路旁边，使天下各道节使、将帅和大臣们都能看到，明白朝廷赏罚信实，对有卓著业绩的大臣实行隆重的奖励，树立典范，激励他人。

为什么治滑不到一年，李德裕又另调四川呢？

原来，四川告急。

当时，四川是唐朝在西南边境的屏障，肩负着抵御吐蕃、安抚南诏的重任。所以，在此地担任西川节度使的人，要么曾是宰相，要么被授予同中书门下（外相）之衔。

长庆三年（823年），杜元颖以中书侍郎、同平章事的职衔，充任剑南节度使。杜元颖自以为曾担任宰相，文才高雅，因而自诩清高，为了结交宦官，迎合皇帝，他广搜奇珍异宝贡献给宫中。杜元颖治理四川时，路上寻宝的差役和向宫中送贡品的使节络绎不绝。为了供养这些闲杂人员，他又不断增加各种苛捐杂税，大肆贪污，积蓄财产。杜元颖既狂傲又不懂军事，还克扣士卒的衣食供给，造成戍边的士卒衣食不足，纷纷到南诏境内掠夺、盗窃，南诏为了摸清内地的情况，经常给内地戍边的官兵赠送衣物和粮食。这些官兵与其说是戍边，不如说是南诏安插在大唐的侦察兵。

于是，西川境内的虚实动静，南诏都一清二楚。自从嵯巅执掌南诏的朝政后，他就开始密谋侵犯西川，西南的州郡多次向杜元颖反映，杜元颖一概不理。

大和三年（829年）十一月，处心积虑的嵯巅率领大军大举入侵，西南边境毫无防备。南诏军队以西川降卒为向导，袭击并攻陷了嶲州和戎州。

杜元颖匆忙派兵和南诏在邛州以南交战，离心离德的官兵遇南诏军队便一哄而散，南诏趁机占领了邛州。十二月，唐文宗命令郭钊为剑南西川节度使，并代理东川节度使。

攻下邛州后，嵯巅乘胜进军，直抵达成都城下，很快就攻下了成都外城。杜元颖率领将士退守牙城，几次想要弃城而逃。听说援兵不久就到，杜元颖便坚守待援。唐文宗听说后，将其贬为邵州刺史，任命右领军大将军董重质为神策军及西川诸道行营节度使，主持征讨事宜。同时，征发太原、凤翔两道的兵力前往增援。

此时，南诏军队已进入东川节度使驻地梓州的西城。郭钊兵力寡弱，无力坚守，于是写信责备嵯巅背信弃义，擅起战端。嵯巅知道自己的实力无法与大唐抗衡，只好以"杜元颖侵扰我国，所以我才兴兵报复"为由搪塞。由于南诏已占领西川，达到了战略目的，得知郭钊有意息兵求和，便顺驴下坡，准备退兵。

南诏军队占领成都西城后，刚开始还安抚西川百姓，一切如常。十天后，南诏开始大肆掠夺妇女、工匠以及各种奇珍异宝，向南撤退。

西川百姓大为恐惧，很多人跳江而逃，尸首沿江漂流，多日不绝。嵯巅亲自率军断后，走到大渡河时，西川百姓无不放声痛哭，投河丧生者多达千人。

不久，嵯巅派遣使者来朝上表："我国近年来一直向贵国称臣纳贡，岂敢擅自侵犯边境，只是由于杜元颖不爱护士卒，士卒痛恨他，才争相做我的向导，请求我出兵诛杀杜元颖。不料此行未能将他诛杀，我国已无法安抚西川的士卒，实现自己的诺言，希望陛下能将他杀掉。"

然而，对于如此贪赃枉法、丧师辱国、为百姓带来巨大灾难的杜元颖，唐文宗也只是将其贬为循州司马。南诏退兵后，郭钊收复了成都，和南诏签订友好条约，规定两国和平共处，互不侵犯。

虽说郭钊已与南诏签订了和约，但如果没有良好的军事保障，盟约不过是一张废纸。最主要的是四川经战乱之后，城廓残破，民生凋敝，郭钊自觉无能守理。为了自保，他借口身体不好，难以理事，申请朝廷派人接替。

西川是大唐帝国防御吐蕃和南诏的军事要地，战略地位十分重要。也正因为如此，这里一直就像一座活火山，随时都有爆发的可能。所以，在一般人看来，西川节度使这个位子不仅是个苦差，而且是个"险差"，而李宗闵、牛僧孺却偏要把李德裕"照顾"到这个位子上来，是何居心，明眼人自然一看便知。

俗话说：智者千虑，必有一失。以牛僧孺、李宗闵的精明，在这场牛李党争的政治博弈中，按理说对西川的重要性应该能有充分的认识。因为自古以来，西川这地方在中原历代王朝的政治布局中，无论政治还是军事都占有着极其重要的分量，因而除京师之外，也是一方最为重要的"政治舞台"。早在三国时期，诸葛亮在《隆中对》中说西川是一片"天府之土"。安史之乱，中原残破，幸亏巴山蜀水为李唐王朝保留了一个安全而又富庶的后方。诚如名将高崇文所说，西川是"宰相回翔之地"。能出镇西川的，要么是宰相的潜在人选，要么是卸任的宰相。想当年，一代名相武元衡两次拜相中的那段时光，就是在西川度过的；而在长庆贡举舞弊案中愤然退场的段文昌，辞去宰相后也把成都作为自己的"回翔之地"。既然西川如此之重要，牛党把李德裕贬到西川是一个看似聪明，实则非常糊涂、非常愚蠢的错误决策！

牛党精英们煞费苦心把李德裕贬到西川，想使李德裕"英雄无用武之地"，令他们没有想到的是这反而给了李德裕以"用武之地"，在西川节度使的任上，他展现了非凡的政治才干。

这是李德裕第三次担任地方观察节度使了。李德裕是十分善于总结经验的人，在浙西任上，他已经试着将幕府人员按管理分工，不过那时他还刚刚试行，分工还不太细，针对性也不是那么强。到西川之后，他将幕府僚属分为财赋组、政务组、监察组、地方组和边防组，按职能分组的办法，大大提高了行政效率，不仅为治理西川发挥了重要作用，而且对后来的会昌新政特别是除边患、平叛贼的胜利发挥的作用更大。李德裕任命刘三复为政务组组长，通过政务组确保社会稳定、政务畅通，人民生活安定；任命李回为财赋组组长，通过财赋组开辟税源，厘定税收，减轻老百姓的负担；任命郑亚为地方组组长，通过地方组收集地方情报，加强对边疆的开发和对地方的管理；任命李蟾为边防组组长，通过边防组组织军事训练，加强边关守备，建立防御体系；通过监察组来进行督查、考核、总结，刘三复兼监察组组长。

西川与其他地方不同，一旦外族入侵，整个社会生产生活都将遭到毁灭性打击。因此，在吐蕃、南诏虎视眈眈的情况下，边备便成了李德裕上任的第一要务。

节度使幕府内部分工完成后，李德裕便开始研究西川的边防情况。他的前任，分别有韦皋、杜元颖。韦皋爱兵如子，给予官兵优厚的待遇，就连将士婚配丧葬，一概都由官府供给。他在西川二十一年，将士用命，边防巩固。他采用征抚交用的战略策略，南和南诏，西拒吐蕃。吐蕃多次犯边，韦皋"数出师，凡破吐蕃四十八万，禽杀节度、都督、城主、笼官千五百，斩首五万余级，获牛羊二十五万，收器械六百三十万，其功烈为西南剧"。

然而，正是由于韦皋征抚交用政策，导致南诏对西川军备、地势、城防、交通了如指掌，其后的西川将帅放松了警惕性。加上后来继任的杜元颖为了迎合敬宗和宦官索奉的荒唐之举，专意敛财，搜求奇异，克扣军饷，苛待官兵，造成边备废弛，将士离心，反被南诏所用，最终酿成南诏人趁机入侵，成都遭受抢掠的惨剧。

知己知彼，百战不殆。西川兵力严重不足，随时有被吐蕃、南诏所乘的危险。只有及时掌握对方的动态，才能牢牢地掌握外交和军事的主动权。

怎样才能及时掌握吐蕃和南诏的动态呢？这里的情况与中原地区的情况完全不同，对方是不同的民族，有不同的语言和风俗习惯，要打入内部十分不容易。

带着满腹的问题，李德裕决定到边境巡访一次。南诏已成心腹之患，他决定先到南边考察。

大和五年（831年）四月，李德裕微服来到嶲州。在嶲州的人口市场，很多插有价格标牌的蛮人被绑在那里待价而沽。

突然，有三个晒得黑黝黝的男性蛮人挣脱绳索，朝不同的方向拼命逃跑。

人贩子的保镖立刻骑着马向外追去。

蛮人逃得飞快，但谅你疾步如飞，也不可与快马相比。就在保镖快要抓到时，那蛮人竟像猴子一样，快速爬到一棵树上。赶来的几个保镖立刻将树围住，但见那蛮人快速地攀着树枝，爬到旁边的一根竹的顶部，利用竹子良好的弹性，又攀到另一根竹顶，眨眼间，竹海之中，只见一道绿波闪过。

几个保镖立即搭箭张弓，对着绿浪的深处一阵狂射。只听得"哎呀"一声，绿浪立即消失，竹林恢复常态。不一会儿，只见保镖拖着那个受伤的蛮人从竹林深处走出。

李德裕和边备组的李蟾等人穿着便服，恰好从山路上方看到保镖捕捉蛮人的整个过程。

李德裕立即带领李蟾，跟着保镖，来到人口市场。另外两个蛮人也被拎了回来，被保镖踩在地上。

人贩子怒气冲天，拿着皮鞭，冲上去对着三人就是一顿毒打。

"慢着，你这人是卖的吗？"李德裕上前对着正抡起皮鞭的人贩子说。

"是的，这三个蛮奴力气大，会干活，就是有点桀骜不驯。"人贩子介绍。

"你要多少钱才卖？"

"十两银子一个。"人贩子开价并不高。

"那我三个一块买下。管家，付钱。"李德裕对李蟾说。

人贩子将三个蛮奴绑得结结实实，生怕煮熟的鸭子飞掉。李蟾付了钱之后，人贩子将拉着蛮奴的三根绑绳交给李蟾。

"钱货两清，祝老板好运！"人贩子没有想到老板价都没还就成交了，心里美滋滋的，"老板发财！"

李蟾接过绑绳，走出人口市场。

"到店里给这三个人弄点吃的。"经过一个饭店时，李德裕吩咐李蟾。

"绑着怎么吃？"李蟾问。

"松掉，全部松掉。"

三个蛮人经过一逃一捉之后，已经没有什么精力了。可能是饿得慌，三人将饭一下子狼吞虎咽而尽。

吃完之后，三人不约而同，一齐向外冲去。李蟾正要命人追赶，李德裕摇了摇手，李蟾便停止了追捕。

那三人狂奔了一会儿，见无人来追，感到十分奇怪，便在那里呆着，盯着李德裕等人。

李德裕没理会那三人，拿起太阳帽，继续往嶲州南边走去。那三人跟在后面，若即若离。当天晚上，李德裕等人宿在路边的静南寺里。

寺里有位高僧，年纪70多岁，须发皆白。

"大师驻宝刹多久了？"李德裕拜谢过高僧后，轻声地问道。

"贫僧在此已五十余年了。"老僧声若洪钟。

"大师到过南诏没有？"

"年轻时到过。"老僧对李德裕的提问感到惊讶。

"近水知鱼性，近山识鸟音，不知大师对南诏是否了解？"

"贫僧略知一二。"

"在下愿听大师教诲。"李德裕的谦虚，让老僧感到不可不言。

"贫僧孤陋寡闻，不知是否能解施主之乏。南诏也信奉佛教，与大唐友好的时期，敝寺与南诏佛教界交往密切，因此，贫僧对南诏有些了解。南诏原有很多部落，就如中原地区的春秋诸国一样。后来经过兼并，形成了六个实力较大的部落，分别是蒙嶲诏、越析诏、浪穹诏、邆赕诏、施浪诏、蒙舍诏，被称为'六诏'。蒙舍诏在诸诏之南，称为南诏。这南诏，就如战国中的秦国，出个了不起的人物，叫皮逻阁。在大唐的支持下，皮逻阁逐步兼并其他五诏，统一了云南，被玄宗封为'云南王'。

"天宝年间，我大唐为了加强对云南、安南的控制，准备在南诏境内开修直接连通安南的步头路，筑安宁城。通过步头路与安宁城，将姚州、戎州和嶲州等军事重镇打通成互为犄角的防御体系，使剑南诸州、南宁州都督府和姚州都督府连成一气，南抚南诏，西抗吐蕃，东控爨氏，南遏安南，形成大西南防控一体的战略格局。

"大唐修路筑城，南诏便不乐意了，于是，它便转而连结吐蕃，与唐为敌。由于大唐用人不当，南诏乘机占领安宁城，并北上夺取嶲州。大唐大西南的战略没能实现，不仅失去对南诏的控制，而且还丢失了大渡河以南的地区。

"贞元年间，大唐任用韦皋守西川，才从南诏手中夺回嶲州。

"前几年，大唐又用所非人，剑南节度使杜元颖不懂军务，武备废弛，且苛待士卒，导致士卒倒戈引南诏入侵，攻入成都。现在，新任府使若不改弦更张，嶲州必将成为险地。"

"大师博闻强记，对南诏了如指掌。"李德裕不禁赞叹。

"贫僧不过偶尔听闻，粗鄙之言，仅博施主一笑。"老僧十分谦虚。

"大师认为如何才能保得西川安宁？"

"贫僧是方外之人，怎敢妄言世间大事。"

"度己度人是佛教宗旨，西川众生安宁，难道不是佛之所愿吗？"

"施主心中皆佛，是在世之佛。西川安宁，得从大唐、吐蕃、南诏诸方考量。敝寺与吐蕃喇嘛交流甚多，近年吐蕃穷兵黩武，灾害频发，内部四分五裂，已不足为患。而南诏国力则正处于上升时期，虽然相对大唐来说，它是国小力弱，但若遇如嵯巅之类的好战者当权，让我朝劳师糜饷，也是麻烦。若是我们能整军备武，不战而屈人之兵，则上之上者矣！"老僧侃侃而谈，见解十分独到。

"大师对吐蕃与南诏之势洞若观火，我今天算是遇到了度人之佛了。"李德裕不禁对老僧又添几分敬意。

"哪里，哪里！承施主谬赞了……"

第二天，李德裕继续南行。老僧派一年轻僧人作为向导。

"再往南就到南诏的会川府了。"向导指着前边的一座小山对李德裕说。

"前面没有关卡？"

"因为前边无险可守，只有一个哨所。"李蟾知道李德裕会问这里的边防情况，早就做了调查。

正当他们说话之间，突然响起一阵"呜——呜——"的角声。"不好，遇上南诏的兵匪了。"向导有些慌张。

十五六个身着白衣的汉子向他们围攻过来。

李蟾将手一指，做了个"杀"的动作。他身后的四五个身着便装的保镖立刻像箭一样射出。

好汉难敌三双手，何况对方也非等闲之辈。以一敌三，场面十分惊险。

正在这时，三团黑影飞也似的向对方袭去，将李蟾与为首的南诏兵匪隔开。一阵叽里呱啦的土语之后，南诏兵匪全都放下武器。李德裕定睛一看，那三团黑影竟然是他在嶲州人口市场买来的蛮奴！

老僧派来的向导懂蛮语，他立即上前询问。

原来，那三人与这兵匪是一伙的，后被嶲州武装商队捕获，转卖到人口市场。

三人中，功夫最高的叫岩思，另外两个分别叫依嵯峒、刀佚洛。那十多人的头领叫召罕炯。他们都是会川府人，会川原属于大唐的嶲州，南诏占领后，改会川府。

这些兵匪原来都是南诏的正规军，南诏投靠吐蕃后，吐蕃视南诏为藩属。吐蕃经常强征南诏的军队随同作战，南诏官兵一旦进入吐蕃，吐蕃便不让他们回来，企图长期驱使他们。吐蕃气候寒凉，他们无法适应，一年之后，他们偷偷地逃回南诏。南诏统治者害怕吐蕃追究，对逃兵予以严刑处罚，他们不得不在南诏边境落草为寇。

岩思原来是他们的副首领，双方住手后，他向召罕炯讲述了被李德裕解救的经历。

"既然你们原是我大唐子民，是否愿意随我为大唐效力？"李德裕温和地问。

"我们现在已经走投无路，承蒙大人不弃，我们愿意拼死为大人效力。"在岩思、召罕炯的带领下，十八个人一起投奔了李德裕。

从召罕炯、岩思那里，李德裕对南诏和吐蕃的军情进行了详细的了解。

随后，李德裕又到西川最西和最北的地方进行考察。他深入当地的山川、城邑、道路、关隘进行调查研究，认真听取官兵和老百姓的建议，了解边备状况，绘制军事地图。

经过一番酝酿之后，在边防组和地方组的协助下，李德裕采取了以下措施：

第一，改变军事战略，建立防御体系。

鉴于南诏、吐蕃的攻防情况已发生变化，李德裕决定将防御重点放在南诏上。

杜元颖任西川节度使时，曾将嶲州的兵力主要置于南部的邛都。这完全不符合用兵之道，因为如果南诏一路从姚州北上主攻，一路由九龙道东出切断嶲州后援的话，邛都便成了孤军，很容易遭到南诏的毁灭性打击。因此，李德裕将防御重点由邛都移到大渡河北岸、黎州（今四川汉源）以南修筑城堡，集中兵力予以驻守，防止南诏军从清溪关道（姚州道）入川。

在西北面，他派军在维州东面的黎州、雅州修筑要塞，以防吐蕃的入侵。

这样，大渡河北岸防线与黎州、雅州互成犄角，可集中兵力西防吐蕃，南控南诏。

第二，建立常备军，镇守要害之地。

当时，军队的状况是"向者蛮寇已逼，元颖始募市人为兵，得三千余人，徒有其数，实不可用。郭钊募北兵仅得百余人，臣复召募得二百余人，此外皆元颖旧兵也"。这些人"新为蛮寇所困，皆破胆，不堪征戍"。"蜀兵脆弱，若北兵尽归，则与杜元颖时无异，蜀不可保。"李德裕向朝廷表请留下郑滑军五百人、陈许军一千人，继续镇守西川一带。

当时，朝中许多大臣认为，四川地势险要，一夫当关，万夫莫开，只要将一些不必要的道路封填，派少数人在重要的关口把守就行。李德裕上表驳斥："西川和南诏、吐蕃等相通的小路很多，不可能完全堵塞，只有派遣精锐的军队镇守，方可保证平安无事。黎州、雅州可募得一万人，成都可募两万人，只要认真加以训练，形成战斗力，南诏和吐蕃就不敢轻举妄动。边防之兵要有，但又不应太多，必须选用有能力的将领指挥和节制他们。"

第三，加强训练，提高官兵战斗力。

边疆应征青壮年被称为"雄边子弟"。李德裕从边塞"雄边子弟"中，大致每二百户人家选拔一人，组建了一支精锐部队，让他们农忙时耕种，农闲时训练，战时投入战斗。为增强军队的战斗力，李德裕加强对蜀地旧军进行改造，"蜀兵羸疾老弱者，从来终身不简，臣命立五尺五寸之度，简去四千四百馀人，复简募少壮者千人以慰其心。所募北兵已得千五百人，与土兵参居，转相训习，日益精练。"

第四，改良兵器，提高武器性能。

李德裕发现西川一带工匠制作的兵器质量不行，外表华丽却不够锋利，盔甲笨重不够精良坚固，在战场上不堪使用。于是，他专门聘请善于制作兵器和盔甲的匠人，还从浙西聘来善于制作弓弩的良匠，让他们制作大批精良的兵器，替换军队中的粗劣兵器。经过李德裕的整治，西川一带军队的武器装备得到大幅提升。

第五，建立保障体系，提高后勤保障能力。

李德裕还积极改善汶川到理县一带的粮草供应方式，在保证车夫马帮安全的同时，还提高了他们的薪酬，调动他们工作的积极性。同时，每年从内地运输大量的粮食到边疆地区，分发到各边镇要塞，减轻边关百姓供粮的负担。

第六，组建情报网络，及时掌握南诏、吐蕃的动态。

李德裕在郑亚负责的地方组下设情报部，由召罕炯、岩思负责，派依嵯峒、刀佚洛等熟悉边地情况并精通南诏语、藏语的人充任斥候（特工）。随时掌握南诏、吐蕃的动态，做到知己知彼，不打无准备之仗。

稳定了军队，巩固了边防，百姓生活有了一个安定的环境，李德裕又把改革的目光投向民生领域。在政务组、地方组、财赋组的协助下，他在民生领域采取了下列措施：

第一，派人开展外交活动，解救南诏掳掠的僧道士人和能工巧匠。南诏攻入成都后，曾掠走僧道士人、能工巧匠上万人。僧道士人、能工巧匠是一个地区学校文化、手工业生产发展的支柱。李德裕到四川后，立即派人去南诏访查被掳掠的人，敦促南诏将掳掠的人口放还。在李德裕的外交和军事的双重压力下，南诏不得不下令让僧道工匠约四千人回归成都。

第二，打击佛教势力，把寺庙霸占的土地分给农民。佛教主张忍耐，符合缓和社会矛盾的需要。唐王朝为了提倡佛教，给予寺院赋税豁免的特权。西川的佛教势力尤其兴盛，大小寺庙都接受老百姓的土地投寄，僧侣们不劳而食，而广大农民却无田可耕。鉴于寺庙严重影响到了赋税和社会的稳定，李德裕下令拆毁浮屠、私庐数千所，把土地分给老百姓。

成都蜀汉时的先主祠旁有个叫猱村的地方，那里剃度的和尚还可以随意蓄养妻子儿女，这不仅大大降低了皈依佛门的门槛，还使佛教失去了神圣感，严重损害了国家利益，李德裕于从严治佛的角度出发，下令予以禁止。

第三，创造条件，让成年男女能正常嫁娶。西川百姓因家庭贫困，多把女儿卖给他人做妾。李德裕为此制定法令：凡是年满13岁以上的女孩，服劳役三年；13岁以下的，服劳役五年，由政府提供"就业"机会，让她们能自食其力，不再依靠父母养活，等她们服役期满成年后，再行婚配。这一措施使贫困家庭的适龄女子摆脱了随意被卖，充作人妾的厄运，让更多的成年男子能娶妻生子，这无疑为西川人口的增长创造了良好的条件。

第四，成都新繁地区，由于地势较高，土地得不到水源灌溉。李德裕到这里不久，就命人挖渠修湖，引青白江之水入园，建起了一座大型园林水利工程。因园林选址在原县署之东，故称东湖。这一工程的修建，不仅使成都的环境得到了改观，而且使周围的土地得到灌溉。

第五，大力扶持康藏高原的茶马互市。唐大和六年（832年）初，李德裕斥资修缮了从松潘到丹巴一带的石板路，率先在康藏高原实行"贡马折银"新制度，规定每匹马折银八两，每户征银八分，对茶叶改征"茶封税"，提高了康藏马帮、背夫的劳作待遇。

李德裕离开西川前，还专门设立了商务机构——茶马司；并在与吐蕃交界的各州地设立"市马"场所，让吐蕃用马、牛等农畜产品，交换成都、雅安、邛崃、汶川的茶叶、丝绸、粮食、瓷器、皮革等物品。这些办法，降低了边境地区商品交易的成本，促进了西川地区商品经济的发展。

担任剑南西川节度使期间，李德裕以世人罕有的见识与魄力，竭力消除边患，发展生产，繁荣经济，增殖人口，使人民得以安居乐业。这对巩固中央政权、恢复与发展西川的社会经济起了重要的作用。

李德裕治蜀的功绩得到了人们的高度评价。张次宗在《请立前节度使李德裕政碑文状》中称他"自授任坤方，镇安全蜀，亭戍多警，灾害相仍。外有定戎之功，则城栅相望；内有伤完之备，则器甲维新。强寇将罢其东渔，邻敌自止其南牧。况令行属郡，威肃连营。来暮之谣，已章于昔岁；去思之美，无谢于古人。今合境同词，诸郡献状"。《旧唐书》卷一百七十四《李德裕传》也这样记载："德裕所历征镇，以政绩闻。其在蜀也，西拒吐蕃，南平蛮蜒。数年之内，夜犬不惊，疮痏之民，粗以完复。"

在李德裕的军政方略下，唐大和五年（831年）九月，吐蕃维州守将悉怛谋率部到成都投诚。

维州即现在的四川理县，位于四川省西部，青藏高原东部，它南接江阳，北望陇山，东眺成都，西依岷山，是青藏高原通往四川的要地，位置十分重要。唐朝建立后，当地的羌族归附，唐朝在姜维故城设置维州。唐高宗时期，吐蕃逐渐强大起来，开始与唐朝争夺安西四镇与四川地区。安史之乱以后，吐蕃北攻西域，从唐朝手中夺取了河西、陇右地区；南窥巴蜀，占领了四川西部十二个羌族居住的边境州县，只有维州还掌握在大唐手中。

维州是扼制吐蕃入川的重镇，吐蕃便千方百计得到它。因为维州是边城，女性很少，官兵三四十岁还找不到老婆是正常现象。吐蕃人于是放长线钓大鱼，他们将一名女子嫁给维州守城门的人。二十年后，这名妇女所生的混血儿长大成人，吐蕃军便利用这名混血儿做内应，来攻打维州城，维州因此失陷。吐蕃得到维州后，改名为"无忧城"。

吐蕃占领维州城后，打开了通往西川的通道，经常侵扰西川。从此，安宁的西川被吐蕃搅得再无宁日了。掌握了南线战场的主动权后，吐蕃便集中力量，攻击唐朝的西部边境，连年袭扰唐朝的京畿地区，弄得唐朝廷寝食难安。韦皋出任西川节度使后，曾多次率兵攻打吐蕃，取得了一系列胜利，虽然没有夺回维州，但沉重地打击了吐蕃嚣张的气焰，使它不得不遣使求和。由此，维州成了大唐的心头之痛。

吐蕃战败后，南诏又兴兵作乱，成为唐朝西南边境的又一心腹之患。李德裕上任西川节度使后，整顿边军，加强边备，唐朝西南地区边防又强大起来。

当时，吐蕃出现了内乱。戍守维州的吐蕃守将悉怛谋在李德裕的感召下，决定率部归附唐朝。这是收复维州千载难逢的机会，李德裕马上派部将虞藏俭接替悉怛谋镇守维州，不费一兵一卒，使沦陷四十年之久的维州城重归大唐版图。

李德裕派兵进驻维州后，立即向朝廷上疏陈述维州对防御吐蕃的重要性，并建议"以生羌三千，出戎不意，烧十三桥，捣戎之腹心，可以得志矣"。这一策略，如果朝廷支持，可以取得对吐蕃战略性的胜利。

但是，正当李德裕精心筹划解除吐蕃威胁的时候，把控朝政的李宗闵、牛僧孺却打起了小算盘。

"如果让皇上认为李德裕收复维州是件不世之功的话，李德裕很快就会被召回，李德裕回朝之日，便是我们失势之时。因此，我们得想办法，不能让皇上认为收复维州是件很大的功劳。"李宗闵本来就对李德裕这么快就将西川这个烂摊子收拾得整整齐齐十分妒忌，对收复维州更加忌恨。他立即将李德裕收复维州的奏疏，送到牛僧孺手中。

"这个很容易，吐蕃已与我们签订和约，悉怛谋献城归顺，如果我们接纳，是我们背弃了盟约，如果吐蕃报复，我们的长安会受到威胁，因此，收复维州城是小事，维持与吐蕃的盟约是大事。"牛僧孺已经想好了办法。

唐文宗看到李德裕的奏疏后，立即召集大臣商议对策。朝中大多数人同意李德裕的建议，正当唐文宗要拍板的时候，牛僧孺站出来反对："我认为李德裕的建议切不可行。吐蕃国土绵延万里，兵强马壮，失掉维州，力量不会受到削弱。现在我们正与吐蕃议修和好，如果我们接受悉怛谋归顺，就是我方背盟，如果吐蕃以此为借口，三日内便可从西面兵临长安。首都危急，收复一百个维州有什么用？因此，李德裕这是将朝廷拖入战争深渊的一着臭棋，陛下切不可被收复维州这小利所动。"牛僧孺睁眼说瞎话，完全以朋党之私利，置国家民族利益而不顾。

"陛下，我认为李大人的意见可行。南诏在韦皋任西川节度使时，已摆脱吐蕃的控制。并且我们已与南诏多次联合对吐蕃作战，吐蕃节节败退，军事实力远不如前。目前吐蕃外交处于孤立状态，内部各方又争斗不已，内外交困，悉怛谋就是瞧准这个时机来归附的，如果我们不接纳，今后就无法瓦解吐蕃各部。同时，也无法收回河西地区。况且，吐蕃去年已经在安西地区发动针对我们的战争，实际上早已背弃盟约，同这样不守信的藩属打交道，还有什么信用可讲？"薛元赏对牛僧孺的观点提出异议。

唐文宗本来就是个"有帝王之道，无帝王之才"的人，被牛僧孺的"收复维州可能会拖入战争深渊"这么一吓，便严令李德裕将悉怛谋等三百余名降众交还吐蕃。

"陛下啊！这是什么人的馊主意？我们这样软骨，今后谁还会看得起大唐？"李德裕的心里在滴血，他再次上表，希望文宗改变策略。他在表中几乎可以说是哭诉："臣受降之初，指天为誓，宁忍将三百余人性命弃信偷安，累表陈论，乞垂矜舍。"

然而，得到的却是"答诏严切，竟令执还"。

没有办法，李德裕只得违心地将悉怛谋等人全部遣返。在遣返上路时，归附的将士齐声喊冤。西川的将士目睹这一情景，无不为他们流泪哭泣。悉怛谋等三百余人被送回去后，吐蕃首领将他们全部杀害，连婴儿都没放过，目的是吓唬那些企图背叛的部落。

收复维州，防御吐蕃的大好局面遭到牛僧孺破坏，李德裕只好将州治所迁至台登城，重修邛峡关以抵御吐蕃进犯。

维州得而复失，本来就让李德裕郁闷，这个时候，又传来了元稹去世的消息。在李德裕心里，元稹虽说在个人感情上有点放纵，但他为人正直，疾恶如仇，办事雷厉风行，敢挑重担，是志同道合的兄长加同志。元稹担任监察御史时，不到一年，所奏数十余事，件件针对中央和地方的不法行为；他任翰林学士、知制诰时，改革制诰文体，从此以后，唐朝的制诰文体全用元稹版的新体；在任同州刺史时，为百姓均田赋，祈雨抗旱，有惠政于民，老百姓不忍他离去；到越州后，他下车伊始，奏罢岁贡海味，后又均定浙东税籍，同时"命吏课七郡人，冬筑陂塘，春储雨水，夏溉旱苗，农人赖之，无凶年，无饿殍"；任尚书左丞后，他"振举纲纪，出郎官颇乖公议者七人"。他的这些政绩在病入膏肓的晚唐时代，足以振聋发聩，足以担当更大的使命。然而，令人不解的是，元稹、李绅以及更多和他们一样以中兴大唐为己任的朝臣却不时受到打击，从同为翰林学士起，十余年来，他们总是一边为国尽忠扎扎实实干事业，另一边却受到当政者的指责甚至是贬斥。

李德裕真想不通，为什么李逢吉、李宗闵、牛僧孺这样尸位素餐的人能高踞朝堂之上？为什么那些能干事的人却要受到指责和贬斥？壮志未酬身先死，长使英雄泪满襟！"元稹兄啊，只要给我机会，我一定要努力实现我们的理想！好兄弟，你走好吧！"为纪念元稹，李德裕一连几天都没出门，为好友默哀。

大和六年（832年）十一月，担任西川监军的宦官王践年回朝，向唐文宗详细汇报了悉怛谋等人被遣返后惨遭杀害的情况："陛下，不知是谁帮您出了这么个馊主意，既然诚心归降的人得不到保护，今后还有谁会归附大唐呢？"

"这确实是我的决策不明啊！"文宗感到十分后悔，开始讨厌起牛僧孺来。

"李德裕这个人虽说性情有点古怪，但的确是个人才啊！他到西川时，从社会治理到边备工作到处一团糟，但不出一年，西川便社会安定，百姓乐业，特别是边备得到大大加强，现在吐蕃、南诏都畏他三分，规规矩矩了，悉怛谋就是在这种情况下归顺的啊！"王践年也禁不住说李德裕的好话。

文宗内心的天平开始向李德裕倾斜。

牛僧孺觉察到了文宗态度的转变，内心感觉不安。过了几天，文宗到延英殿议事，对几位宰相说道："天下何时能够太平，你们是否考虑过呢？"

"现在四周没有外敌前来侵犯，黎民百姓不至于离散流亡，虽然不是极盛的治世，也可以说是小康了。皇上如果想谋求太平盛世，恐怕不是我们这些人能办到的啊。"牛僧孺对当前的形势是睁着眼睛说瞎话，但对自己的能力倒还是有自知之明的。

退朝后，牛僧孺对其他几位宰相说："皇上今天这样抱怨，是说宰相不称职啊，我们还有什么理由在这里尸位素餐呢？"在李宗闵一党中，牛僧孺的私欲不算最强的，但他是最懂进退的，他接连上表，请辞相位。

大和六年（832年）十二月，文宗同意了牛僧孺的请求，让他以同平章事之衔，出任淮南节度使。

初登相位

不久，文宗任命李德裕为兵部尚书。诏书到达西川时，当地官民十分不舍。特别是召罕炯、岩思、依嵯峒、刀佚洛等人，他们深切地感受到李德裕的人格魅力，希望他继续留任西川，万一留不住，他们愿跟随左右，为他效力。但李德裕谢绝了他们的好意，表示若有需要，一定会召唤他们的。

李德裕回朝，李宗闵千方百计地加以阻扰，但文宗不为所动。京兆尹杜惊是李宗闵的同党，他看到李宗闵满脸忧色，一下猜中了李宗闵的心思："李相国的忧虑，一定是因为朝廷刚任命了李德裕这件事吧？"

"正是，你认为怎么才能挽回这个局面？"李宗闵叹了口气说。

"我有一计，可以消除旧恨，就是怕你不能用。"

"什么计策？快快请讲！"

"李德裕有文学才能，但却不是科举出身，对科举考试的内容有不同的看法。如果让他主持科举，他一定会很高兴接受这个职务。科举制度一直是我朝选拔人才的主要渠道，如果他接受这个职务，一定会对科举制度进行改革，这样，他就会得罪所有的士子而遭人非议，到时自然会干不长久。"

"皇上恐怕不会以我们的意志而转移，再想一个更好的办法吧。"李宗闵沉默了半天，叹了口气说。

"要不就推荐他为御史大夫吧。"

"我看可以，就让他去得罪百官吧。"李宗闵点了点头。

得到李宗闵的同意后，杜惊登门拜访了李德裕："李大人好啊！"

"是什么风将杜大人吹到了我的寒舍？"李德裕心里非常惊讶，没想到京兆尹来拜访他。

"李宗闵李大人让我来转达一件事。"

"有什么事劳烦李相国关心？"

于是，杜悰就把李宗闵有意推荐李德裕出任御史大夫的事转告了他。李德裕听罢，感动得流下了眼泪，对杜悰说："御史大夫是大门官，我怎能担当这个重任呢！"并再三请杜悰转达他对李宗闵的谢意。

后来，李宗闵与给事中杨虞卿商议过提拔李德裕为御史大夫的事，然而，李宗闵等还是担心李德裕坏他们的事，没有动议。

大和六年（832 年）二月，朝廷任命李德裕为宰相，晋封为赞皇伯，食邑七百户。这一年，李德裕 47 岁。

京城一直干旱，李德裕拜相这天，大雨瓢泼。枢密使说："喜降大雨，老天爷在相公李德裕名下讹了一字，叫李德雨。"有人说京师久旱是因朝中有奸臣，天降大雨，说明忠臣降临了。久旱逢甘露，当时的政坛与天气，不得不说是一种应景的巧合。

文宗对李德裕进入朝廷担任宰相进行了一次民意调查，征询大臣们的意见，朝臣们对李德裕的评价都很高。老臣王涯说："李德裕当宰相，会让忠臣良将感到高兴，让小人感到害怕！"

李德裕被任命宰相后，按照惯例入朝向皇帝拜谢。文宗和他谈起了朝廷里朋党之事。当时在朝廷担任要职的给事中杨虞卿与他的堂兄中书舍人杨汝士、弟弟户部郎中杨汉公、中书舍人张元夫、给事中肖浣等人拉帮结派，依附权贵，谋取私利，对上干预国家朝政，对下扰乱国家司法。唐文宗很厌恨他们，所以在和李德裕谈话时首先提到了朋党的问题。

李德裕认为："致理之要，在于辨群臣之邪正。夫邪正二者，势不相容。正人指邪人为邪，邪人亦指正人为邪，人主辨之甚难。臣以为正人如松柏，特立不倚；邪人如藤萝，非附他物不能自起。故正人一心事君，而邪人竟为朋党。"李德裕第一次阐述对于朋党的认识，希望文宗从国家治理的高度来认识朋党这个问题。

几天后，文宗再一次与李德裕等人谈起朋党问题，文宗突然问："你知道朝廷有朋党吗？"

"当今朝廷之中大概三分之一的人是朋党。"李德裕据实而答。

"人们都说杨虞卿、张元夫、肖浣是这些朋党的首领。这些人拉帮结派，营私舞弊，将朝廷弄得乌烟瘴气。对这个问题，朕还真不知道如何应对！"

"皇上如果能提拔一些中正无私的大臣，那么，朋党为恶的团伙就可以土崩瓦解了。"李德裕总是能抓中要害。

文宗明知杨虞卿是李宗闵的党徒，他这么说是故意敲山震虎的。李宗闵怕皇帝责怪，连忙辩解说："李大人常年在外做官，他所了解的情况不如我多，我也正在想办法消除朋党，所以没有给予杨虞卿等人重要官职。"

李德裕严肃地说："给事中是正五品官阶，负责朝廷的文书审核处理；中书舍人也是正五品官阶，负责皇帝诏敕起草，这不是重要的官职又是什么？"李宗闵无言以对，脸色一下子变了，心里非常恨李德裕不给他面子。

文宗多次主动提出这件事，说明对李宗闵、牛僧孺等人结党已是严重不满，李德裕决心借助文宗的支持，清除这些尸位素餐的人，以推行于国于民有利的改革。

李德裕于是申请把杨虞卿、张元夫、肖浣、杨汝士、杨汉公、萧瀚等人贬出京城。同时也提拔和引荐了李回、郑覃、沈传师、韦厚、王质等一批官声好、能力强的人才；将被李宗闵打压担任太子宾客，分司东都的李绅调任浙东观察使。

李宗闵身边的人接连被贬，李德裕继而又引荐了一批志同道合之士，李宗闵越发感到惶恐不安。大和六年六月，朝廷任命工部尚书郑覃为御史大夫。郑覃和李德裕关系不错，李宗闵因此而不喜欢郑覃。当初，李宗闵以郑覃在皇宫之中多次议论政事，奏请罢免郑覃翰林侍讲的职位，李宗闵在文宗面前诋毁郑覃："郑覃、殷侑的经学之术确实可嘉，但他们所发表的朝政议论却十分荒谬，不值得一听。"

"郑覃、殷侑的议论别人是不想听的，只有皇上想听！"李德裕对李宗闵用人唯亲十分反感，便直言批驳。李宗闵哑口无言。十天之后，文宗直接下诏任用郑覃为御史大夫。

李宗闵得知后，又企图找宦官来干预。他来到枢密院，对枢密使杨承和、崔潭峻发牢骚："所有事情都由皇帝自己直接宣布，那还要朝廷中书省干什么？"

"文宗皇帝做了八年的天子，我们听从他的决策不是没有道理的。"崔潭峻知道李宗闵的意图，不以为然。

李宗闵听罢，面色沮丧，黯然离开。他心里明白，文宗现在也在防着宦官，宦官们也不想引火烧身。

随后，李宗闵这个善于耍手腕的权臣，终于也被贬离京城，出任兴元尹、山南西道节度使。

李宗闵罢相后，左散骑常侍张仲方自请离开朝廷到地方工作，文宗任命他为太子宾客，分司东都。

这时，王起任河中节度使。他上任的时候，河中地区正逢蝗旱灾害，许多农田颗粒无收。晋绛地区的富商乘机囤积粟米，谋求暴利。王起严令富商不得囤米，如敢囤积粟米的，将依法论处。起初，有一部分富商不信邪，照旧囤米。王起严惩了这些目无法纪的富商，其余的富商再也不敢囤米了，河中地区米价得以稳定，百姓得到救济。这年秋天，兵部尚书出现了空缺，李德裕提议让王起担任兵部尚书，文宗同意了李德裕的提议。

李宗闵离开京城后，朝廷又任命李德裕代为中书侍郎、集贤殿大学士。李德裕在朝廷中站稳脚跟后，便开始革新朝政。

一、改革朝制，提高宰相的权威。

李宗闵担任宰相时，他的亲朋好友经常出入政事堂。有一次，太子太傅李听召集了一帮与李宗闵关系密切的人，叫外卖送来了酒菜，在宰相办公的地方召开宴会，一个个喝得酩酊大醉，将办公室弄得乌烟瘴气。为了杜绝这类事情的发生，李德裕让御史台在中书省衙门口张贴文告：凡是朝廷有公事见宰相的，先投名帖通报，然后照次序接见，不得擅自进入；朝臣们退朝之后，全部从龙尾道离开，不得随意进入中书省的兴利门。李德裕还免去了护卫宰相上朝的卫兵。

二、禁抑两淮大贾。

以前，门下省、中书省两个衙门的堂厨，是官府用公款交给江淮一些大商人去承办的。这些商人因此冒借门下省、中书省的名头，到地方招摇撞骗。地方官府知道他们与朝廷关系非同一般，不敢得罪他们，将他们待为上宾。这些商人拿着朝廷颁发的文牒，趁机搭车做些其他生意，大发横财。李德裕上任后，取消了商人的经营权，废除了这项积弊。

三、改革进士科的考试。

隋唐以来的科举制对养成社会读书之风，提高官员素质，开辟庶族上升的通道，缓和社会矛盾等方面起了不可估量的作用。但是，科举制到中晚唐时，没有根据实际情况进行相应的改革，存在不少弊端。进士科始于隋朝，在初唐时期，考试的内容为经义、策论和诗赋。经过开元、天宝之后，经义和策论逐渐减省，考试内容逐渐过渡到以诗赋为主，偏向录取文学才能出众的人员。这些人入仕后，眼高手低，多缺乏政治才干，没有治国安邦的实际能力。安史之乱彻底打乱了人们的生活，造成了灾难性的后果。经历了乱离生活的人们，开始反思过去的教训。

唐肃宗时，大臣杨绾曾上疏指出进士科考试不重经义策论而偏重诗赋，取士不以实艺而尚浮文，要求停止进士科的考试。与李德裕同一时期的舒元舆也曾指责："及睹今之甲赋律诗，皆是偷折经诰侮圣人之言者……试甲赋律诗，是待以雕虫微艺，非所以观人文化成之道也。有司不知，其为弊若此。"由于科举制度改革牵一发而动全身，到底怎样改，谁也没有这个勇气。

李德裕是第一个敢吃螃蟹的人。他奏请文宗，对科举制进行改革。"（大和）七年八月制：……其进士举宜先试帖经，并略问大义，取经义精通者，次试议论各一道，文理高者便与及第。所试诗赋并停。"他所谓试经术，是希望根除进士的浮薄之风，提倡读书人关心当世要务，以提升进士定国安邦，经世致用的能力。

大和八年（834年）正月，李德裕作《请罢呈榜奏》，奏请废除进士名单先呈宰相以定取舍的旧例。原来旧例是礼部决定录取的名单之后，在放榜之前先要到宰相私第呈榜。本来这个程序有利于减少对录取结果的争议，但后来却成为宰相谋私的途径。以至李宗闵任宰相时，与杨虞卿、杨汝士等人利用这一制度的缺陷，"为士人求官及科第，无不如志"。

史载李德裕"尤恶进士"，而从他推行的科举制度改革举措来看，他不是要废除进士考试，而是要避免取士不公，避免"虽后来者，趋利而靡，往往陷之"的现象。他站在国家取材用人、公平公正的角度，改革先从限制宰相不正当的特权，从自己改起，体现了他作为一个以国家中兴为使命的政治家的独特视角和宽阔胸怀。

四、抑制藩镇，加强中央集权。

大和七年（833年）七月，宣武节度使杨元卿因病解职，李德裕向文宗建议，将泽潞节度使刘从谏调往宣武。泽潞节度使的辖区在河北省西部，宝历元年（825年）节度使刘悟病逝，刘悟去世前上表请求让他儿子继任。当时宰相李降持反对态度，认为泽潞与河北三镇情况不同，如果朝廷同意，会引起其他藩镇效仿。由于宰相李逢吉、中尉王守澄收受了刘从谏的贿赂，不顾国家利益，敬宗又不理朝政，最后，让刘从谏得逞。李德裕提出这个建议，是从一贯的加强中央集权，抵制藩镇割据，维护国家统一的思想出发，但是，因文宗的优柔寡断，这个建议没有被采纳。

五、建议宗室到地方任职。

在安史之乱中，叛军把聚集在皇宫里的宗室全都杀害了。为了防止宗室被一锅端掉的危险，李德裕向唐文宗进言："昔玄宗以临淄王定内难，自是疑忌宗室，不令出阁。天下议皆以为幽闭骨肉，亏伤人伦。向使天宝之末、建中之初，宗室散处方州，虽未能安定王室，尚可各全其生。所以悉为安禄山、朱泚所鱼肉者，由聚于一宫故也。陛下诚因册太子，制书听宗室年高属疏者出阁，且除诸州上佐，使携其男女出外婚嫁。此则百年弊法，一旦因陛下去之，海内孰不欣悦！"

后来，因为朝廷分授各宗亲人员的官职难定，加上父母舍不得孩子远走，李德裕这个建议，最后也没能施行。

这些改革，表现了李德裕心系百姓、刚正无畏、廉洁奉公、大胆革新、雷厉风行、矢志不移的鲜明个性和以国家复兴为己任的儒家知识分子的家国情怀。

李德裕当年还主持修撰了《大和辨谤略》三卷，并为该书作序。第二年又撰写了《御臣要略》及《次柳氏旧闻》。

大和七年十二月，唐文宗突然中风，造成言语障碍，一个多月无法说话。

令人没有想到的是，文宗这一病，却引来了一个人，因为这个人，历史又突然向着意想不到的方向发展。

大和八年（834年）正月十六日，文宗强撑着病体在紫宸殿召见了朝廷百官。退朝后，宰相们向皇帝问安："陛下的龙体日见强健，是大唐的福气啊！"

"太医简直是一群废物，偌大一个大唐竟然没有一个真正能妙手回春的医生。"文宗气不打一处来。

"陛下，微臣向您推荐一个人。"

"什么人？"唐文宗有点怀疑。

"此人陛下是知道的，他叫郑注。"正在大家不知所措的时候，宦官王守澄向皇帝推荐昭义行军司马郑注，说他擅长医道，得到扁鹊、张仲景、华佗等人的真传。

"他会看病？当年若不是他跑得快，早成刀下之鬼了。"文宗有点生气。文宗之所以憎恨郑注，是因为有过一段往事。

郑注是绛州翼城人，出身微贱，身材矮小，为人诡谲狡险，任官以前，是个江湖游医。

元和十三年（818年），郑注用偏方治好了襄阳节度使李愬的怪病，取得了李愬的信任。因郑注能言善辩，李愬便延他入幕，任命他为节度衙推。后来，李愬移镇徐州，也让郑注随同前往，凡军政之事，都让他参与。

当时宦官王守澄为徐州监军，听说郑注凭江湖医术成为李愬的幕僚后，很看不起他。李愬却对王守澄说郑注是不可多得的人才。"既然节帅说他是天下奇才，我倒想见识见识。"王守澄有些好奇。

李愬随即让郑注去拜见王守澄。

"王公公好！"郑注踏进王守澄的家门时，王守澄二郎腿都没有放下，摆着一副官架子。郑注知道，没有两下功夫，王守澄是不会待见他的。他便不管三七二十一，纵论起天下大势来。王守澄本来文化不高，听罢郑注的一番高谈阔论之后，觉得他"机辩纵衡"，便慢慢地把腿放下，侧过身子去听。再过了一会儿，又觉得他切中时弊，有王佐之才，便把他请入内室，倾心交谈。又谈了一会儿，竟不知不觉地产生了相见恨晚的感觉。

"人不可貌相，真是个奇才！"王守澄赞不绝口。从此，郑注常出入王守澄府上，两人无话不谈。

李愬去世后，郑注随王守澄到了长安任职。郑注凭借着王守澄的关系，投机钻营，交结朝臣，"数年之后，达僚权臣，争凑其门"，他的职位也不断提升。

唐文宗即位后，一心想铲除宦官势力，夺回军队的控制权。大和四年（830年），唐文宗与宰相宋申锡密谋铲除掌握神策军的王守澄及郑注。大和五年（831年），宋申锡推荐王璠任京兆尹，并将文宗的计划向他透露，希望得到他的支持。谁知王璠竟背叛宋申锡，将信息泄露给郑注，郑注因此得以逃脱。

"既然你不仁，就别怪我不义！"王守澄咬牙切齿。他叫来部将，与他们密谋一番。

第二天一封举报宋申锡与漳王谋反的信件便到了文宗的案头。愚蠢的唐文宗以为宋申锡真的有能耐出演"螳螂捕蝉，黄雀在后"的把戏，下令处死宋申锡和漳王。当时，许多朝臣认为宋申锡不可能谋反，请求由相关部门来审理。"对待叛臣就得用雷霆手段。"文宗担心一旦有司介入审理，铲除宦官的计划反而泄露，坚决要处死宋申锡。

"陛下，我们处死一个平民百姓都要经过三审三验，何况这件事涉及宰相。有人认为他参与怂恿漳王谋反，我看不会，为什么呢？宋大人位居宰相，就算谋反成功，他仍然只能做宰相，他有这个必要吗？"崔玄亮跪在地上，哭着对文宗说。

最后，漳王李凑被贬为巢县公，宋申锡贬为开州（今重庆）司马。

郑注逃出长安，但在文宗的心中却留下了极不好的印象。

王守澄似乎看透了皇帝的心思："微臣知道皇上恨不得将他乱棍打死，不过，这小子治病确实有两下子。我看这样，先把他叫来给皇上治病，如果治不好皇上的病，再算账也不迟。"

"好吧，治不好朕的病，朕就叫他上西天。"唐文宗点了点头。

大和八年（834年）九月，唐文宗于浴堂门召见郑注。郑注一边给文宗看病，一边又天花乱坠地论起天下大势来。

"你认为国家应该怎样才能稳定？"文宗看到郑注有点见识，便随便出了个题目问问。

"陛下，只要将神策军掌握在自己人手中，皇宫就太平了，皇宫太平天下就太平了。"虽然郑注答得不怎么样，但也算别具一格。

"那怎样才能让国家富裕起来呢？"

"陛下，国家富裕，首先要保证国库充盈，现在国库支出远远大于收入，我建议恢复榷茶政策，以增加国库收入。"榷茶，即国家对茶叶实行专卖，征收茶叶税。当时饮茶盛行，茶叶生产有很大的发展前景，通过榷茶以增加朝廷的财政收入确实是个不错的办法。

"你是怎么想到这个办法的？"

"陛下，这很简单，因为上至王公，下至百姓都要喝茶，茶叶销量很大，实行茶叶专卖税源充足；其次，茶叶又不像粮食，家庭困难的不喝茶也没关系，不会严重影响生活质量。"郑注俨然成了一个财税专家。

"这确实是个好办法。"文宗采纳了郑注的建议，以宰相王涯兼榷茶使，并赐给郑注锦彩若干。

唐文宗服了郑注调制的药后，效果明显，于是，他便放下了对郑注的成见，郑注很快得到了唐文宗的宠幸。

郑注受宠后，又向宦官王守澄推荐了李训。

李训原名李仲言，后改名李训，是李逢吉的亲侄子。李训年轻时就考中进士，后来曾任河阳节度使幕僚。他能言善辩，阴险狡黠，深得叔父李逢吉的信任。李吉甫当权时，李训与张又新、李续等人依附李吉甫，把握朝政，被称为"八关十六子"。宝历元年（825年），李逢吉制造冤案，迫害裴度，李训是最得力的帮凶。真相大白后，李训被流放象州。宝历二年，唐文宗继位，大赦天下。李训遇赦得以回到长安。当时，郑注得到大宦官王守澄的厚遇，李训希望通过攀附郑注重新求得一官半职，便不惜觍颜求见。俗话说物以类聚，人以群分。两人一经接触，就一见如故，结为死党。

李逢吉罢相后，托尽人情才没有贬至远方，最后去了洛阳任东都留守。李逢吉年近七十，但他老当益壮，功利心不减，希望重登相位，再到权力的巅峰享受万人景仰的快意。他得知李训通过郑注接上王守澄这根天线后，也想赌人生的最后一把——将价值数百万的金银珠宝交付李训，托他送厚礼结交郑注。有钱能使鬼推磨，郑注得到这大把财物后，将李训引荐给王守澄。

李训善于逢迎，王守澄则愿意听奉承话。于是，王守澄的名下又多了一名吹牛拍马、功名利禄之徒。王守澄以李训善讲《周易》为由，将他引荐给文宗。李训精通诸子百家，有诡辩之才，加上他又会察言观色，揣摩皇帝的心思，很快得到文宗的信任。

文宗本来就是个没主见的人，经王守澄、郑注这一吹，也觉得李训能量大大的，欲任命他为谏官兼翰林学士。

"李训的所作所为，陛下不是不知道。像他这种阴险的小人怎能充当陛下身边的近臣呢？"李德裕不知文宗吃错了什么药，感到十分意外。

"人无完人，只要他改过自新，难道不可以任用吗？"唐文宗有些不高兴。

李德裕说："微臣听说古往今来只有孔子的学生颜回不犯二过，他的过错那是属于圣贤的过失，是由于考虑问题不周密，偶尔偏离中庸之道罢了。李训这种人，怎能跟颜回相提并论呢？罪恶已根植于他的内心，甚至渗透到骨髓里面去了，怎么可能悔过自新呢？"

"李训是前朝宰相李逢吉推荐的，朕已答应了，你难道想让朕违背诺言吗！"唐文宗已被李训巧言迷惑，听不进李德裕的忠告了。

"李逢吉曾担任国家的宰相，却推荐邪恶的小人来祸害国家，扰乱朝廷，也是一个有罪的人。魏征因直言进谏，辅佐唐太宗共同创建'贞观之治'的大业，微臣也希望皇上以此为镜啊。"李德裕毫不客气地回应文宗。

"既然李训不适合做谏官，那么就另外授给他一个官职吧！"唐文宗有些恼火。

"陛下，绝对不可以！李训这种人好说大话，阴险善谋，我还是那句话，千万不能授给他任何官职。他这种没有底线的人一旦得势，将来什么漏子都捅得出来。"李德裕态度依然十分坚决。

唐文宗看了王涯一眼，想寻求他的支持。王涯左顾右盼，内心十分纠结。当初听说朝廷要重用李训时，他是持反对意见的。这次皇帝启用李训的态度明确，他既不愿违背皇帝的心意，又惧怕李训、郑注等人的朋党势力强盛。于是，他便见风使舵，中途变卦，违心地顺着文宗的杆子爬："一个人也掀不起大风浪，既然陛下已经表态了，就让他担任这个职务吧。"

李德裕见状，急忙挥手制止他。恰在这时，文宗回头看见了这一幕，脸上顿时露出了不悦的神色。

郑注给文宗熬制长生不老的金丹，李德裕也多次反对，希望文宗吸取前任皇帝的教训，不要服用所谓的金丹，更不要重用郑注。

由于李德裕的坚决反对，文宗只好作罢。

不久，文宗绕过李德裕，下诏任命李训为四门助教，赐绯衣、鱼袋。几天后，唐文宗又改任李训为国子监周易博士、翰林院侍讲学士。给事中郑肃、韩佽等人极力劝谏，认为李训是天下皆知的奸佞之徒，不宜留在皇帝左右，将皇帝任命李训的敕书驳回。

李德裕从中书省出来，遇见王涯，他担心王涯像上次一样首鼠两端，便对他说："给事中恪尽职守，驳回李训的任命敕书，值得表扬啊！"

王涯默不作声，等李德裕走后，召见了给事中郑肃、韩佽，对他们说："德裕宰相临走时让我转告你们，不要再将敕书驳回了。"郑肃、韩佽听罢很是吃惊，认为既然宰相已经同意了，就没必要再反对，便立即下达了李训的任命敕书。

第二天，郑肃和韩佽向李德裕汇报此事。李德裕知道王涯从中做了手脚："我不想驳回敕书，肯定会当面告诉你们的，何必派人传话。况且，主管官吏已经驳回敕书，怎么可以按照宰相的意图行事呢？"郑肃和韩佽听李德裕这一说，才知道上了王涯的当，两人追悔莫及，怅然离去。

李德裕在朝中反对李训和郑注做官的事，很快传入他们的耳朵。俗话说，宁得罪君子，莫得罪小人。李训和郑注知道，只要李德裕在，他们便成不了大气候。于是，就开始合计着如何整垮李德裕。他们也清楚，仅凭自己几下三脚猫的功夫，根本不是李德裕的对手。经冥思苦想，终于想出了一个借刀杀人的计策。"让李宗闵和李逢吉来，只有他俩才能将李德裕撵走！"李训不愧是李逢吉的亲侄子。他们立即找到王守澄，让他想办法提拔李宗闵。李德裕一贯主张打击宦官势力，王守澄也非常憎恨李德裕，一直在想办法拆李德裕的台。三人一拍即合，于是，唐文宗手下的忠奸力量对比迅速反转。

在李训和郑注的运作下，大和八年九月，任山南西道节度使的李宗闵很快调回了京城。十月，朝廷任命李宗闵为中书侍郎、同平章事。

大和八年（834年）十月初五，文宗任命李德裕为检校兵部尚书、同平章事、兴元尹、山南西道节度使。罢免了他的宰相之职，这时距他上任执政只有一年七个月零七天。

这件事发生得太突然了，李德裕没有一点心理准备。更让他没有想到的是，哥哥李德修和弟弟也受到牵连，纷纷被贬。

李德裕执政期间，清除了李宗闵的党羽和一些贪官污吏，实行了一系列政治改革，取得的成绩有目共睹。他为了大唐不计较个人得失，忠心耿耿，鞠躬尽瘁。在他的努力下，社会风气明显有了好转，百姓生活开始走向安定。就在他准备放开手脚大干一场时，却遭小人陷害，朝廷突然罢免了他的宰相。

李德裕向文宗上书，请求留在长安。文宗将李德裕改任为兵部尚书。李德裕留在长安，是李宗闵等人不愿看到的。李宗闵对文宗说：李德裕外调的诏书已经下达，不宜让他留在长安。不过，可以让他换一个地方。十一月，文宗调李德裕为浙西观察使。

这年，正值浙西六郡遭受百年一遇的旱灾，土地大都绝收，浙西饿殍遍野，逃荒的人相望于途。而浙东却风调雨顺，粮食丰产。为了解浙西之困，浙东观察使李绅收储五万斛粮食，低价卖给浙西百姓。浙西观察使王璠却不向朝廷上报灾情，反与王涯合谋诬陷李绅贩卖粮食，谋取私利。

李绅上书申述，在这种情况下，文宗将王璠调回长安，让他担任尚书右丞，将浙西这个烂摊子丢给李德裕去收拾。

李德裕赴浙西任，路过汝州。汝州刺史刘禹锡设宴为李德裕接风，两人谈起朝廷，感慨良多。

"如今李宗闵当了宰相，他的狐朋狗友肯定又会被他弄回京城。而您推荐的那些有才干的人，又要受排挤了。"刘禹锡对李德裕说。

"那是肯定的。他们都是有用之才，可惜又要遭打压贬斥了。"李德裕叹了口气。

"我听说，李宗闵想请白居易出山，被白居易拒绝了。"

提到白居易，李德裕就不愿多说。看到李德裕沉默，刘禹锡立即说："把酒言欢，别提这些不高兴的事了。"两人开始喝酒。酒酣之际，刘禹锡诗兴大发，挥笔为李德裕壮行：

> 建节东行是旧游，欢歌喜气满吴州。
> 郡人重得黄丞相，童子争迎郭细侯。
> 诏下初辞温室树，梦中先到景阳楼。
> 自怜不识平津阁，遥望旌旗汝水头。

"建节东行是旧游，欢歌喜气满吴州。郡人重得黄丞相，童子争迎郭细侯"指的是浙西百姓听到李德裕再次前来任职的消息时那种欢欣鼓舞的心情，对李德裕以前在浙西的政绩给予了充分的肯定，给李德裕以巨大的精神鼓励，也表达了刘禹锡与李德裕深厚的情谊。

辞别刘禹锡后，李德裕在越州又见到了李绅。翰林三俊中，元稹已经去世，只剩下他俩，两人相见，不禁想起元稹。"微之（元稹字微之）走得太早了，他一走，我们更加孤单。"李绅的情绪有些低落。

"好在还有你这位兄弟在！公垂（李绅字公垂）不要悲观，我相信一定会有理想实现的那一天！"两位兄弟紧紧地将手握在一起。

"我听你的，拼将一腔义士血，直向云天逞英豪。"李德裕的话让李绅感到了强大的力量。

李德裕离开长安后，李宗闵将张仲方从洛阳调回长安，仍担任左散骑常侍的职务。

再遭暗算

浙西的老百姓知道李德裕回来了，敲锣打鼓欢天喜地迎接这位当年造福浙西的大英雄。看着这些老百姓，李德裕感触很多，他强忍住泪水，下定决心要继续造福百姓。

新的幕府很快组建了起来，杜牧之弟杜凯被任命为巡官。杜凯25岁举进士，次年参加制考，一举登上第。当时，牛僧孺为淮南节度使，杜牧在他的手下任节度使推官，牛僧孺很希望杜牧兄弟俩一同进入他的幕府，但遭到杜凯的谢绝。由此可见，杜凯无论在政见还是私人情感上，与李德裕是十分契合的。

对李宗闵、郑注、李训来说，李德裕始终是鲠在他们心中的一根刺。他们升官发财，必须依附宦官或巴结皇帝，而李德裕却不需要这样，他出将入相，每到一处，无论是中央还是地方，都留有让人刮目相看的政绩。国乱思良将，朝廷一旦出了什么乱子，皇上马上想起李德裕。如果不将李德裕整死，说不定哪天他又来个咸鱼翻身，让自己死无葬身之地。

"得干掉李德裕！"这是他们共同的心声。怎样才能干掉他呢？于是一个无中生有的谋反案便策划出来。

大和九年（835年）初，王璠、李汉在李宗闵授意下，上表诬告李德裕第一次任职浙西时，厚贿杜仲阳，结托漳王，图谋不轨。

杜仲阳是何许人也？与漳王又是什么关系？这得从头说起。

杜仲阳，别名杜秋娘，生于贞元七年（791年），江苏润州（今江苏镇江）人。她的出身已无从考究，只知她貌若天仙，舞似翩鸿，能诗善文，多才多艺。15岁时，杜秋娘就被镇海节度使李锜看中，纳入府中为歌舞伎。

杜秋娘不仅是歌手，而且还是一个原创型的歌手。她能根据不同的情景，创作不同的歌曲，演唱不同的曲目。在李锜组织的一次宴饮中，杜秋娘声情并茂载歌载舞地演绎了她精心编排的《金缕衣》：

> 劝君莫惜金缕衣，劝君惜取少年时。
> 花开堪折直须折，莫待无花空折枝。

她那动听的歌喉，优美的舞姿，把人们对青春和爱情的美好追求表现得淋漓尽致。李锜着迷得一塌糊涂，当下就把她纳为侍妾。

唐德宗喜好财货，李锜通过厚奉德宗，获得荣宠。唐宪宗继位后，试图削弱李锜的权力。李锜不满，举兵反叛。叛乱平定后，杜秋娘被没入皇宫为奴，重为歌妓。有一次，杜秋娘为宪宗表演了《金缕衣》，宪宗为之动容，当下便巫山云雨了一番。不久，杜秋娘珠胎暗结，生下了皇子李凑，杜秋娘因此被封为秋妃。

春宵苦短。元和十五年，宪宗突然不明不白地死在宫中。此后继位的两位皇帝穆宗和敬宗，都沉迷于声色犬马，当皇帝总共不到六年时间。唐敬宗被刺后，文宗继位，李凑被封为漳王，杜秋娘为皇太妃。

眼见三位帝王连续被宦官所杀，文宗与宰相宋申锡密谋，决心除掉宦官王守澄。因京兆尹王璠告密，计划被宦官王守澄获悉。王守澄利用文宗寡断多疑的弱点，反诬宋申锡勾结漳王谋反。这一漏洞百出的骗局，文宗竟然相信了。案件还没有进入审理程序，文宗便将李凑贬为庶民，将宋申锡贬为江州司马，将杜秋娘削籍为民，遣送回乡。

本来，李德裕第一次离开浙西时是大和三年，第二次到浙西时是大和九年（835年），而所谓的宋申锡勾结漳王谋反是大和五年发生的事，明眼人一看便知。

文宗收到王璠、李汉的表章后，非常震惊，召集王涯、路隋、王璠、李汉、郑注等大臣，当面对证。

王璠和李汉极力诬陷，语气异常坚定，他们还添油加醋说杜秋娘不是好东西，当年她迷惑镇海节度使李锜，结果李锜举兵反叛。后来又仗着几分姿色，迷惑了宪宗，成了漳王的傅母，结果漳王反叛。现在又勾结李德裕，图谋不轨，想要卷土重来。

郑注趁机煽风点火："李德裕头生反骨，蜀汉时诸葛亮认为魏延日后必定谋反，后来果然反了。安禄山也有反骨，当时张九龄曾提醒过唐玄宗，可是当时的唐玄宗根本不相信,结果养虎为患,酿成了安史之乱。"

人走茶凉,其他朝臣也纷纷落井下石。正当舆论一边倒的时候,路隋站了出来:"我认为这是无中生有。李德裕向来主张平定叛乱,在浙西的时候,他手里无兵权,朝中无同党,怎么会犯上作乱呢?再说杜秋娘一个女人,能有多大的本事?李德裕用得着厚贿她吗?"路隋属于那种知识渊博、正直诚实而又不爱说话的人。他一旦开口,还有分量的。

"武则天不也是一个女人……"武则天是大家都忌讳的一个话题,王璠见皇帝脸色变了,立即把后面的话咽了回去,自己也吓出一身冷汗。

"李德裕对大唐一直忠心耿耿,他绝对不是这样的人,怎么会图谋不轨呢?"路隋进一步强调。

"知人知面不知心,你一个负责修撰国史的人不懂人情世故,敢为自己所说的话负责吗?"李汉态度十分坚决。

"如果真的像王璠、李汉所说的那样,那我路隋也应当有罪?"既然已经出了头,路隋也就不考虑退路了,他没有让步。

因路隋的坚持,李宗闵诬告李德裕的计谋没有成功。但没想到的是,路隋的这番话得罪了王璠、李汉、郑注。

很快,路隋莫名其妙被贬为镇海军节度使,并让他立即赴任,不得当面向皇帝辞行。路隋为李德裕说了几句公道话就遭到郑注等人的算计,其他大臣也就不敢替李德裕说话了。

正当李德裕被这伙人诬陷的时候,王涯为了向李宗闵、郑注等人示好,不惜歪曲事实,落井下石:"陛下患病期间,臣本想招呼李德裕一同来向陛下请安问好,但李德裕却无视陛下的病情,没有搭理臣。""臣还听说李德裕在担任浙西观察使、滑州刺史、西川节度使时,大量贪污挪用朝廷的经费为自己修建豪华别墅。"文宗听后更加愤怒,再次下诏贬降李德裕为袁州长史。不过,文宗还没有昏庸到完全让人摆布的地步,他多疑的特点促使他暗中派人对李德裕进行调查。

在贬李德裕为袁州长史的同时,文宗再次将浙东观察使任上的李绅调任太子宾客,分司东都这一闲职。

兵部尚书王起也受到牵连,被贬任山南东道节度使。山南东道所属的江汉平原的水田,因官员渎职营私,塘堰无人管理,失去了灌溉功能。王起到职后,将兴修水利、稳定社会治安作为考核官员的重要标准,并命从事李业组织督查,同时订立用水法令。不出一年,江汉地区的抗灾能力得到很大的提升,老百姓因而免除了灾荒的危害。

李训和郑注得到文宗皇帝宠信后，开始变得无法无天，胆大妄为了。郑注没有真才实学，却被任命为工部尚书，充翰林侍讲学士，但他还不满足，想要做中书、门下两省的官员。李宗闵任宰相后，被李德裕罢免的贪官庸官纷纷官复原职。郑注也想插手中书、门下两省，不料遭到李宗闵的拒绝。

这下，郑注便不高兴了。李宗闵能顺利回来当宰相，他有再造之功。如今李宗闵的翅膀又硬了起来，便不搭理郑注、王守澄了。

"留着李宗闵有何用？"李德裕被收拾了，他也就失去了利用价值。于是，郑注和李训、王守澄一合计，想把李宗闵赶走。

就在此时，京城四处传言郑注为皇帝配置的金丹，需要用婴儿的心脏做药引，民间百姓非常害怕，有婴儿的家庭纷纷逃离京城，或者关起家门保护孩子。文宗听说后感到十分恶心，甚至开始呕吐，他立即派人严查此事。

文宗开始排斥金丹，郑注的压力一下子大了起来。他与京兆尹杨虞卿一直关系不好，杨虞卿瞧不起他这种靠江湖本领而得到皇帝宠幸的人，多次在公开场合不给他面子。于是郑注就与李训商量，决定利用这个谣言栽赃杨虞卿。郑注与李训上表一致咬定，这个谣言是从杨虞卿家传出来的，通过京兆尹的侍从流传到京城。文宗立即命御史大夫李固彻查这件事。正巧李固也历来与杨虞卿不和，巴不得杨虞卿倒台，于是他向文宗报告，事情确实如李训、郑注所言。文宗大怒，将杨虞卿关进监狱。

杨虞卿与李宗闵关系非同一般，李宗闵视他如骨肉。杨虞卿出事，李宗闵赶紧来求情："陛下，杨虞卿真是冤枉的啊！"

"以往你总说郑覃有妖气，我看郑覃没有作妖，作妖的是你和杨虞卿这一伙人啊！"正赶在文宗的气头上，怎么说文宗也不信。

第二天皇帝就罢免了李宗闵的宰相职务，贬他为明州刺史。过两天文宗觉得还不解恨，再贬李宗闵为处州长史。杨虞卿被贬为虔州司马，后来又改为虔州司户。

左神策军中尉韦元素、枢密使王践言、杨承和长期在宫中掌权，与王守澄因争权夺利而不和，郑注和李训为了瓦解他们的权力，将杨承和调至西川，韦元素调至淮南、王践言调到河东，都担任监军。

大和九年七月，郑注检举李宗闵攀附沈立义、宋若宪谋求担任宰相职务的事。杨承和、韦元素、沈立义及宋若宪等受株连被贬官的有十余人，李宗闵再度被贬为潮州司户。

李宗闵的同党李汉、肖浣、萧瀚等等，要么被牵连治罪，要么被贬，纷纷离开京城。

　　春风得意的郑注和李训大耍阴谋手段，一口气接连赶走了李德裕、路隋、李宗闵三位宰相，威震天下，权倾朝野。他们两人靠着皇帝的宠信，睚眦必报。沈立义、杨承、韦元素、王践言已经遭贬。他们还不解恨，又派使者追上他们，赐杨承和、韦元素、王践言死罪。当时，已去世的崔潭峻，也被开棺鞭尸。

　　被李训和郑注所厌恨的朝臣，要么被指控为李德裕的党羽，要么被指控为李宗闵的党羽，每天不停地遭贬斥和排挤。同时李、郑二人提拔一些对自己言听计从的庸官，甚至还有贪官。朝臣的班列中几乎无可用之人，朝中人心惶惶、动荡不安，文宗也感觉做得有点过了头。

　　这时，文宗派去秘密调查李德裕的官吏回来如实给皇帝作了汇报，说李德裕厚赂杜仲阳，阴结漳王，图谋不轨等等，纯粹是造谣诽谤。李德裕贪污挪用朝廷公款也属子虚乌有，老百姓对李德裕评价相当高，他所取得的政绩有目共睹。

　　人心不稳，李训和郑注担心权位不保，不得不劝皇帝下诏："对于李德裕、李宗闵的亲朋故友以及门生故吏，除了已经被贬斥的人之外，其余一概不再问罪。"人心才逐渐安定了下来。

　　文宗如此重用李训和郑注，是有自己的打算的。宦官专权一直是唐文宗的心病，他的父亲和两位哥哥都死在宦官手上，所以，他从心底里痛恨宦官。他之所以从下层提拔了郑注、李训分别担任御史大夫和宰相，是想把他们发展成自己的心腹，来铲除宦官势力，夺回政权。

　　晚唐的宦官势力为什么如此嚣张？这里有必要探究一下其中的原因。

　　唐代宦官萌芽于武则天时期，成气候于中宗复位。唐初，宦官人数不多，权力也不大，他们只管理宫内杂事，不得参与国家大事。尤其是唐太宗吸取汉朝宦官外戚干政的教训，对宦官的任用相当谨慎，他给宦官划定了圈子："门阁守御，廷内扫除，禀食而已"。唐高宗也坚持了父亲的做法。直到武则天时期，有些事她不便于出面，于是便让宦官来牵制外朝的功臣宰相，防止他们有外心。

　　中宗生性懦弱，他复位后，韦后趁机干政。由于韦后在朝廷内外没有广泛的人脉，为了控制政局，她不得不依靠宦官扩大内廷权力，她授予宦官以官品爵位，开启了宦官监军的先河。

　　安史之乱爆发后，唐朝皇帝一朝被蛇咬，十年怕井绳，对武将产生一种天然的不信任。为了加强对军队的控制，肃宗派宦官内掌军队，外监诸将，宦官开始控制军队。

　　代宗时，又设立枢密使，将执掌国家机要的功能，从宰相的职权中分离出来，划归枢密使负责，并规定枢密使由宦官担任。枢密使的设置，使宦官可以名正言顺地参与国家管理。

德宗时，朱泚、李怀光等将领先后叛乱，统率禁军的朝臣白志贞又统军无方，德宗认为文臣武将都不堪信赖，只有宦官最为可靠。于是将神策军扩充到十五万人，设置护军中尉二人，中护军二人，都由宦官担任。这样，两枢密使和掌管禁军的两中尉合称"四贵"，掌握了中央政府的军政大权，实际权力超过宰相。

在安史之乱以前，皇帝通过武将掌握军队，文官掌握朝政，任命地方官吏来控制地方，宦官仅仅是宫廷内部的服务人员。安史之乱后，宦官作为独立的力量开始走上政治舞台，逐步掌握朝廷军政要务。宦官的地位巩固之后，出现了皇帝、文武官员与宦官之间的深刻矛盾：一方面，宦官不断借助手中的权力排除异己，左右朝政甚至皇帝的废立生死；另一方面，宦官专的权力是皇权的一部分，当他影响到皇权的时候，皇帝便会产生铲除宦官的想法；最后，宦官专权不仅造成政治腐败，而且严重挤压了文官集团的生存空间，又不可避免地与文官集团发生冲突。

掌管军政大权是宦官干预朝政的资本。唐文宗李昂能当上皇帝，当然应该归功宦官王守澄、梁守谦等人。他在位初年，可谓励精图治，放出宫女三千余人，减省冗员，抑制藩镇，有大治天下的想法。但求治的文宗却时时受制于王守澄等宦官。

文宗与宰相宋申锡暗中策划除掉宦官，结果被王守澄略施小计予以破解，宋申锡被贬黜，王守澄的权力未减反增。文宗为此懊悔不已，下决心要铲除宦官势力，夺回政权，这是他提拔郑注、李训的原因——想借他俩之手来铲除韦元素、王守澄、仇士良、鱼弘志等大宦官。

唐文宗认为，郑注和李训是王守澄引荐的人，与他们谋事不易引起宦官们的警觉。郑注、李训获文宗宠信后，野心开始膨胀，也想脱离王守澄的控制。善于察言观色的他们很快发现唐文宗的心思，双方一拍即合，密谋诛灭宦官。

为了分化王守澄的军政大权，郑注故意激起王守澄和仇士良之间的矛盾，然后让素与王守澄有嫌隙的宦官仇士良担任左神策军护军中尉，命王守澄为左右神策军观军容使，明升暗降，彻底剥夺了王守澄的兵权。

大和九年（835年），唐文宗以李训之谋，杖杀曾参与杀害唐宪宗的宦官陈弘志。

王守澄的兵权被解除后，李训、郑注秘密地向文宗建议，请求诛杀王守澄。李训、郑注本来是通过王守澄的推荐才被提拔的，但王守澄到死都没弄明白，自己竟然死在两个最信任的人手上。百官都为王守澄国之奸佞被杀而拍手称快，同时也领教了李训、郑注的阴险狡诈。

除掉王守澄后，唐文宗想趁机把专权跋扈的仇士良等一网打尽。九月，文宗将李训升为宰相，把郑注派到外地任凤翔节度使，作为外援。

唐文宗和李训、郑注密谋，待郑注到凤翔上任后，挑选几百名壮士，于二十七日趁朝廷在河旁埋葬王守澄时，由郑注奏请文宗批准率兵护卫葬礼，命神策军护军中尉以下所有宦官都到河旁为王守澄送葬。届时，郑注下令关闭墓门，命亲兵用利斧砍杀宦官，全部诛除。

但是，计划还没有实行，李训便开始争功。郑注启程去凤翔后，李训怕郑注抢了功，干脆一不做二不休，与宰相舒元舆合谋改变了事先订好的计划，决定提前行动。郑注任命大理寺卿郭行余为邠宁节度使，户部尚书王璠为河东节度使，让他们多招募壮士，作为亲兵。同时调动韩约统领的金吾兵和御史台、京兆府官吏和士卒，先于郑注一步，在京城诛除宦官。

十月二十一日，唐文宗亲自来到紫宸殿。百官列班站定后，左金吾卫大将军韩约不按规定报告平安，直接向皇上奏报："左金吾衙门后院的石榴树上，昨晚发现有甘露降临，这是祥瑞的征兆，昨晚我已通过守卫宫门的宦官向皇上报告。"原来，封建王朝是最讲迷信的，天降甘露被认为是好兆头。李训当即带领文武百官向文宗庆贺，还请唐文宗亲自到后院观赏甘露。

唐文宗命令宰相李训先去察看。李训装模作样去院子里兜了一圈回来，说："我去看了一下，恐怕不是真的甘露，请陛下派人复查。"

唐文宗又命令仇士良带领宦官去观看。仇士良叫韩约陪着一起去。韩约走到门边，神情紧张，脸色发白。仇士良见状，觉得奇怪，问韩约："韩将军，您怎么啦？"

话刚落音，一阵风吹来，吹动了门边挂着的布帘。仇士良发现里面埋伏了不少手持武器的兵士。

仇士良大吃一惊，知道有人准备政变。姜还是老的辣，他认为只有控制住皇帝，局势才能掌握在自己手中。他连忙退出，直奔唐文宗的软轿。看到仇士良逃走，李训立刻命令埋伏的卫士追过去。哪知仇士良已指挥宦官把文宗推进软轿，抬着向宫内急奔。

李训急呼金吾卫上殿保驾，一面拉住文宗的轿子高呼"陛下不可入宫"。一个宦官抢前一步，朝李训劈胸一拳，把他打倒在地。仇士良趁机扶着文宗的软轿，进入内宫。

李训预谋失败，只好从小吏身上讨了一件便衣，乔装逃出长安，途中被杀。

仇士良立即派兵出宫，逮捕了王涯、王璠、韩约、贾餗、舒元舆、郭行余、罗立言、李孝本等一大批官员。其实，当时除郑注、李训、舒元舆等少数人外，王涯、王璠等朝臣对政变的事一概不知。仇士良把仇恨全部撒在朝官的身上，对王涯等人施以酷刑。王涯这时已70多岁，被戴上脚镣手铐，遭受毒打，他无法忍受，因而违心地承认和李训一起谋反，企图拥立郑注为皇帝。

王璠被抓来时对王涯说："你们参与谋反，为什么要牵连我？"

"你过去担任京兆尹时，如果不把宋申锡诛除宦官的计划透露给王守澄，哪里会发生今天的事！"王涯对王璠早已充满了怨恨。

恶有恶报，王璠被呛得哑口无言。

仇士良把他们全部杀害。

郑注正从凤翔带兵进京，得到政变失败的消息后，准备退回凤翔，也被宦官监军杀死。

唐文宗和李训、郑注策划的铲除宦官的计谋彻底失败，在这次事变后受株连被杀的一千多人。历史上把这个事件称为"甘露之变"。

甘露之变是宦官集团与文官集团为了争夺最高权力的一次争斗。唐文宗志大才疏，识人不明，导致计划失败。甘露之变后，宦官一直牢固地掌握军政大权，君主的生死废立也被宦官控制，"天下事皆决于北司，宰相行文书而已"。宦官"迫胁天子，下视宰相，陵暴朝士如草芥"。

此后很长一段时间，中书省、门下省官员入朝时都要与家人辞别，因为说不定什么时候会被宦官杀害。

仇士良等人知道唐文宗参与了谋杀，从此恨由心生，加强了对文宗的控制。文宗对此一筹莫展，只能饮酒赋诗，打发时光。

一次，文宗问当值学士周墀："朕可比以前的哪代君主？"

"陛下可比尧、舜。"周墀回答。

"朕怎敢与尧舜比呢？简直和周赧王、汉献帝没有两样！"文宗叹息着说。

"那些都是亡国之君，他们怎么能跟陛下的圣德相比呢？"

"爱卿快别说了，周赧王、汉献帝受制于诸侯，现在朕却受制于家奴，从这方面看，朕的处境比他们还不如！"说到这里，文宗不由得涕泪沾襟。主忧臣辱，文宗如此痛切，周墀也禁不住泪如雨下。国家到了这个地步，自己又无能为力，周墀觉得再也没面子上朝视事了。

庆幸的是，李德裕于甘露之变前已贬袁州了。

袁州位于江西省西部，处于罗霄山脉中段的东面，南、西、北面群山环抱，峰峦叠嶂，地势较高。中、东部地势较低，袁江从中部流蜿蜒而过，向东流入赣江。袁州境内带江缘岭，绿树成荫，白鹭翔集，锦鳞游泳，风景优美。前面提到过，长史是地方官，在中晚唐时期，地方政权尽归节度使及州刺史，地方长史基本属于闲职，没有什么职权。对于李德裕来说，这既是政治生涯中的一次挫折，也为他提供了一次难得的"假期"。他居于"峰岑之上"，屋前有石榴、桃李，屋后有梧桐、香樟，春天来临，百花争艳，相错如锦。他有时"临眺一川，玩其往来，有以自适"；有时"杖策独游，见芦人渔子，则乐而忘返"；有时"以斑竹毛管"，"吟咏著述以自适，不以迁谪介意"。他利用这闲适的时间，一边赏景休闲，一边教儿子李烨读经作赋。

甘露之变，李德裕关于郑注、李训"一旦得势，非常可怕"的预言得到印证，文宗追思往事，对李德裕有了更深的认识。"'君子和而不同'。原来所谓的李德裕结党，不过是李宗闵、郑注、李训之流打击李德裕的托辞。"文宗为此感到深深的后悔，如果他采用了李德裕的建议，情况绝对不会是现在这个样子。带着深深的愧疚，开成元年（836年）三月，文宗授李德裕为银青光禄大夫、滁州刺史。

这时，文宗用郑覃、李石为宰相。正当文宗改变对李德裕的看法时，郑覃、李石为了求平衡起见，也将李宗闵改为衡州司马，张仲方由华州刺史改任秘书监。

开成元年七月，李德裕由滁州刺史改任太子宾客，分司东都。在文宗打压宦官不成，反被权阉所制的情况下，整个官场都十分压抑，希望有铁血人物出来制约宦官，澄清玉宇。李德裕是坚决反对文宗任用郑注、李训的，因此，当时的士大夫对李德裕抱有很大的期望，从刘禹锡的《酬李相公喜归乡国自巩县夜泛洛水见寄》中可以看出：

> 巩树烟月上，清光含碧流。
> 且无三已色，犹泛五湖舟。
> 鹏息风还起，凤归林正秋。
> 虽攀小山桂，此地不淹留。

诗中的"鹏息""凤归""此地不淹留"等，都对李德裕复出表达了深深的期望。

九月，李德裕回到洛阳，居于平泉别墅。

平泉别墅位于离洛阳三十里伊阙西南一处山谷内，山谷周围群山环抱，谷底平地涌出无数泉眼，最大的有四处。泉眼日夜流淌，汇集成溪。冬春时节，由于水温较高，山谷间升腾起阵阵乳白色的薄雾，顿时像披上一件飘逸的白纱，山林在薄雾中时隐时现，有如仙境。因平地涌泉，人们称之为平泉。

李德裕到过无数地方，但他一到平泉，便被这里的独特景色吸引，顿生悠然心会，归去来兮的感觉。

平泉谷是李德裕梦想中的地方。这里原有几间茅舍，经打听才知道是一位乔姓处士的居所。乔处士于天宝年间为躲安史之乱，从长安来到这里，买下了这块宅基，建了几间草屋。乔处士去世后，他的后人居住在这里。因为习以为常了，他们并未觉得这个地方有什么特别之处。加上他们住在这里，生活并没有大的改观。现在，有人相中了茅舍，只要能出足价钱，他们乐得"拆迁"致富。这样，李德裕便从乔处士后人的手中买下了这块宝地。

平泉别墅是李德裕第一次镇浙西时开始建造，后来陆续完善的私家别墅。到这个时候，已成为一座具有相当规模的园林别墅。"平泉庄去洛阳三十里，卉木台榭，若造仙府，有虚槛，前引泉水，萦回穿凿，像巴峡洞庭十二峰九派迄于海门江山景物之状。""天下奇花异草，珍松怪石，靡不毕具。"

别墅建成时，李德裕本人还在江南，画工将别墅绘成图画给他观览，他通过想象，在《怀山居邀松阳子同作》中，对平泉别墅做出这样的描述：

> 我有爱山心，如饥复如渴。
>
> 出谷一年余，常疑十年别。
>
> 春思岩花烂，夏忆寒泉冽。
>
> 秋忆泛兰卮，冬思玩松雪。
>
> 晨思小山桂，暝忆深潭月。
>
> 醉忆剖红梨，饭思食紫蕨。
>
> 坐思藤萝密，步忆莓苔滑。
>
> 昼夜百刻中，愁肠几回绝。
>
> ……

虽说壮志未酬，但隐居在平泉别墅内，他感到无比轻松，有一种天人合一，回归自然的感觉。他写下了很多诗篇，来表达这种闲适愉悦的心情：

> 初归故乡陌，极望且徐轮。
>
> 近野樵蒸至，平泉烟火新。

> 农夫馈鸡黍，渔子荐霜鳞。
>
> 惆怅怀杨仆，惭为关外人。

文武之道，一张一弛。我们完全可以理解李德裕此时的心情——他是斗士，在出征前，他需要完全放松，然后组织力量，重新走上战场。

刘禹锡不愧是李德裕的知己，为他写下了《和李相公初归平泉过龙门南岭遥望山居即事》：

> 暂别明庭去，初随优诏还。
>
> 曾为鹏鸟赋，喜过凿龙山。
>
> 新墅烟火起，野程泉石间。
>
> 岩廊人望在，只得片时闲。

诗中指出李德裕的人气还在，到洛阳只是片时之闲，不久将会走向更大的政治舞台。

十一月，文宗又命李德裕为浙西观察使。十二月，李德裕到浙西赴任。这是他第三次到浙西，他拜会了浙西的一些老朋友，正准备将以前还未来得及实施的改革深入推进时，一纸调令，又让他离开了这个梦想起航的地方。

主政淮南

开成二年（837年）五月，淮南节度牛僧孺调任东都留守，李德裕由浙西观察使改为淮南节度使。得知李德裕来接替他时，牛僧孺连移交都没打，匆忙将工作交给节度副使张鹭，赴东都洛阳上任去了。

刚到淮南，李德裕就接到兄长李德修去世的消息。他只好向朝廷告假，回长安奔丧。

再回到淮南时，又发生了一件匪夷所思的事。史书记载：牛僧孺离开的时候，扬州府库账上有钱帛八十万贯匹。李德裕到任后，朝廷便收到李德裕的奏报：他仅领得四十万，另一半全被张鹭支用。牛僧孺获悉这个消息后，也上奏章说李德裕无中生有。朝廷诏令李德裕重新核查，果然是牛僧孺所报的数字。

李德裕又上表申述："历任节度使，按惯例都要拿出府库收入的一半用来防备水旱灾害、补充军费不足。""刚到任时，兄长去世，身体出现了点小毛病，没有深入调查，被下面的人隐瞒欺骗了，请求皇上处罚。"文宗下诏宽免。补阙王绩、魏慕、崔党、韦有翼，拾遗令狐朓、韦楚老、樊宗仁等人，觉得李德裕有意谎报钱帛之数，以此参劾牛僧孺，请求皇上对李德裕处罚，但文宗始终没有追究。

这件事，仅有《旧唐书·李德裕传》提及，其他史书"无一语道及"。如果我们仔细分析，也觉得漏洞百出。李德裕在赴淮南节度使前，已担任过浙西、郑滑、西川、山南西道、镇海等五地的节度使或观察使了，加上李德裕又是一个能干事、肯干事的人，从政经验十分丰富，难道节度使的钱多了少了还不知道？难道早不知道库收入的一半要用来防备水旱灾害发生、补充军费不足？他那样精明的人，关于府库钱粮的事，下属又怎么骗得了他？证据如此不足，他怎么会如此轻率？再者，牛僧孺走的时候，簿上还有八十万，即使少了，也不是牛僧孺贪污，顶多是不负责任罢了，李德裕向皇帝告状，既扳不倒牛僧孺，又会得罪二把手张鹭，他还怎么在淮南节度使这个位子上混呢？这与李德裕的处事风格相悖，这段史料的真实性足以令人生疑。"今查杜牧所作牛僧孺墓志铭及李珏所作牛僧孺神道碑，凡述及牛、李关系者，无不抑李而扬牛，甚至其事本无，亦不惜虚造而诬陷李德裕者，非独于淮南交割事则无一语道及。"

牛僧孺在淮南六年，没有可以值得称道的政绩。《旧唐书·牛僧孺传》载："僧孺嫌处藩镇，求归散地。"牛僧孺于开成初不愿意担任"据镇"大约是确实的，杜牧所作牛僧孺墓志铭也载他上章求罢任的话："臣惟退罢，可以行心。"不过，他的求罢只是出于一种庸人心理，而他在洛阳过的则是庸俗的生活，有白居易的诗《酬思黯戏赠》为证：

> 钟乳三千两，金钗十二行。
> 妒他心似火，欺我鬓如霜。
> 慰老资歌笑，销愁仰酒浆。
> 眼看狂不得，狂得且须狂。

诗中有白居易的小注，说明写诗的缘由。牛僧孺写诗嘲笑白居易身体太弱，说自己这些年一直服用钟乳，累计已经有三千两。钟乳能壮阳，服用后，他身边歌舞伎妾都能应付。

钟乳属于金石之药，通常用来配制药剂。孙思邈的《备急千金要方》中，钟乳被制成极细微的石末，应用到许多方剂之中，算是一种基础性的药材。孙思邈认为，服用石药，必须年过三十，五十岁以上可以三年服用一剂，六十以上两年服用一剂，七十以上一年服用一剂。又说：年过五十，精华消歇，服用钟乳，可以借力。六十以上再服用钟乳石，药效转弱，但依然可以让人"手足湿暖，骨髓充实举措轻便，复耐寒暑，不着诸病"。但过量服用钟乳石的危害也是有目共睹，所以孙思邈又有"宁食野葛，不服五石"的说法。

跟李德裕关系很好的唐代文学家柳宗元也曾服石钟乳，但他的态度十分谨慎。在一封《与崔连州论石钟乳书》中，柳宗元谈论自己对石钟乳的体会，颇为细致。柳宗元认为，石钟乳产地的土壤、气候和周围的环境等，都会影响到它的品质，而不同品质的石钟乳，药效差别很大，服用之前必须慎重区别。

柳宗元政治上受到排挤，被贬往偏僻小州任职，身体状况很差。他的朋友周君巢写信来，建议柳宗元饵药，可以健身益寿，而且他愿意分出自己的丹药给柳宗元。

柳宗元写了一封《答周君巢饵药久寿书》，婉言拒绝了朋友的好意："掘草烹石，以私其筋骨，而日以益愚，他人莫利，己独以愉。若是者愈千百年，滋所谓天也，又何以为高明之图哉？"

同样生活在洛阳，与牛僧孺相比，两人生活情趣的俗雅，相去何远。《旧唐书·牛僧孺传》云："僧孺识量宏远，心居事外，不以细故介怀。洛都筑第于归仁里。任淮南时，嘉木怪石，置之阶庭，馆宇清华，木竹幽邃，常与诗人白居易吟咏其间，无复进取之怀。"这段记载与之前白居易的诗比对，牛僧孺的所谓"无复进取之怀"，只不过对宦官专横不敢抗争，溺于声色，以保持其禄位而已。

不久，朝廷又发生了一件奇葩事——宰相李石上朝的时候被刺客杀伤。

甘露之变后，宰相掌控下的南衙官佐基本被宦官消灭，朝廷已经没有什么力量可以同宦官对抗。文宗任命郑覃、李石担任宰相。当时，仇士良、鱼弘志胁持文宗，左右朝政。上朝的时候，他们气焰嚣张，郑覃、李石建议干什么，他们就否决什么，并且，开口闭口"你们做的与郑注、李训如出一辙"，来扰乱宰相的正常办公。郑覃、李石还算有些骨气，当他们再次用郑注、李训的事来教训朝臣时，郑覃、李石异口同声地回击说："郑训本来就是要被皇上处罚的人，不知是什么人将他推荐给皇上，才闹出这么大的乱子。"这一招点了仇士良的痛处，他才讪讪地离开。从此，他俩招上了宦官的忌恨，特别是李石。

湖南、江西的地方官员担心文宗的安全，向他进献了大量的士卒、粮食和布匹。文宗准备安排一些士兵作为朝臣的护卫，李石担心这样可能会引起宦官的猜忌，激发再次兵变，因此，没有叫士兵护卫。建议文宗将这两处地方进献的士卒、粮食和布匹如数退回。

但李石的这一措施，并没有消除宦官的猜忌。宦官总是担心李石与文宗有什么密谋。宦官田全操、刘行深等人甚至放出风来，要诛杀朝中大臣。

这时，同为宰相的郑覃劝李石一起离京避祸。李石对此不以为然："宰相位高望重，世人瞩目，不应该随便出走。况且，这仅仅是传言，国家全仗我们来稳定，我们在，内乱或许可以消除。如果宰相一走，国家大乱，还有什么地方可躲呢？倘若一定有灾祸降临，就让它冲我来吧。是祸躲不过，命运如果注定这样，我也无所畏惧。"

李石越是沉着，宦官越仇视。"这个又臭又硬的茅坑石头必须搬掉！"仇士良下了决心。

开成三年（838年）正月初五早晨，北风呼啸，清霜满地，天气十分寒冷。李石的家在亲仁里坊，他怜惜轿夫受冻，决定一个人骑马去皇宫早朝。刚走出家门不远的地方，他即被一支冷箭射中。"不好，有刺客！"于是他掉转马头，奔回府邸。经过坊门时，又遭伏兵砍杀。好在马匹由于受惊过度而飞快地冲出了包围圈，杀手挥刀只砍中了他的马尾，他侥幸地捡回了一条命。文宗听到这一消息后也十分惊恐，连忙派中使去慰问他，赐给他金疮药治伤，同时严令京兆尹捉拿刺客，并加派了三十多个兵士去保护他。

几天过去，刺杀案竟然查不到一丝线索，最后只好不了了之。宰相被刺，刺客逍遥法外，引起百官惊恐，不敢上朝。偌大的朝堂，最后来上班的只有区区九人。李石回家后，不禁为身家性命担忧，于是上表请辞相位。虽然唐文宗估计是仇士良所为，但这时自己的性命也捏在仇士良等人的手中，凭他和一个手无缚鸡之力的李石，也奈何不了他们，最终只能让李石辞职。

李石辞去宰相之职，文官集团中，再也没有人敢与宦官斗争了，南衙力量进一步削弱。偏在这时，朝臣内部又发生分裂，闹得不可开交。

新任的宰相杨嗣复、李珏都是李宗闵的同党，他们都是通过结纳宦官，拉帮结派而取得高位的，特别是杨嗣复与李宗闵关系特别好，他一上台，就联络宦官，做通了文宗的工作，准备将李宗闵重新抬出来。一天，在上朝的时候，文宗对几位宰相说："李宗闵贬出长安已经好几年了，应该给他一个好一点的安排。"

"李宗闵担任宰相的时候，将郑注、李训委以重任，导致发生大乱，国家几乎葬送在他们手中。李宗闵对国家的祸害比李林甫还大，这样的人怎么能够再用呢？"郑覃坚决反对，陈夷行也支持郑覃的观点。

"话不能这样说，郑注、李训作乱，这是谁也没有料到的。大和末年，李宗闵、李德裕互相拆台，被皇上贬出长安，现在李德裕被任命为淮南节度使，而李宗闵还在贬所。凡事得考虑平衡，不可偏袒一方，我认为皇上考虑得比我们周全。"李珏在关键时候，抬出文宗来压郑覃、陈夷行。

"我看这样，长安就别让他回了，给他一个州郡的位置算了。"最后文宗来了个折中。

在杨嗣复、李珏的运作下，朝廷最后任命李宗闵为杭州刺史。

开成四年（839年）五月，在宦官强大的压力下，文宗罢免了郑覃、陈夷行的宰相，让杨嗣复、李珏掌管朝政，杨嗣复、李珏属牛党人物，他们又开始打击与李德裕关系密切的人，启用与李宗闵、牛僧孺关系密切的人。九月，杨汝士由剑南东川节度使调吏部侍郎；牛僧孺由分司东都改为山南东道节度使；李宗闵以杭州刺史分司东都。

不久，李逢吉病死。李逢吉是牛党人物，生前，他巴结宦官，结党营私，极尽投机钻营，排除异己之能事。他能在家中寿终正寝，算是幸运。

这时，李德裕正在淮南节度使任上。四月，文宗加任李德裕为检校尚书左仆射。

淮南节度使管辖现今江苏、安徽长江以北，淮河以南的地区。到了唐朝中后期，唐中央政府的财政收入主要靠江南供给，而江南的粮食、布匹要运到北方，必须通过运河的水运，淮南节度使的管辖范围，就包括以扬州为中心的运河交通枢纽地带，是国家十分重要的战略要地。李德裕这个时候，除了在辖区内积极组织老百姓兴修水利、发展生产外，坚决打击运河大盗，维护漕运安全，同时还积极发展对外贸易，促进中外友好往来。

开成三年（838年）七月，日本著名高僧圆仁和尚随遣唐使来到中国扬州。他到扬州后，拜见了时任淮南节度使的李德裕，并且，将他在中国的见闻都按日记录，后辑成《入唐求法巡行记》，成为研究唐代及中日交流的重要史料。

书中记载，日本僧人到达扬州时，礼节性送了些土特产给李德裕，圆仁当时记载："大使赠土物于李相公（李德裕），彼相公不受，还却之。"李德裕没有接受日本人的礼物。

按照唐政府的规定，外国使节要在中国境内活动，必须先向中央政府报告，经过批准后，才能按照批准的线路和范围活动。当时，圆仁认为：淮南节度使府已经向朝廷上报了，批复不日即可到达，反正朝廷会批准的，为避免耽误时间，请求先到天台国清寺学佛。

"八月十日，……二三日后，相公（李德裕）报牒称：'不许且发，待报符，可定进止。'其间，令僧住里者（开无寺）"圆仁记录的这段话的意思是：二三天后，李德裕送来文告，不允许朝廷文书没有到就先行离开，同时安排他们在开元寺住下。

"八月十八日，相公入来寺里（开元寺），……相公对僧等近坐，问那国（日本）有寒否，留学僧答云夏热冬寒，相公道共此间一般。相公问云有僧寺否，答云多有。又问有多少寺，答三千七百来寺。又问有尼寺否，答云多有。又问有道士否，答云无道士。相公又问那国京城方圆多少里数，答云东南十五里，南北十五里。又问有坐夏否，答有。相公今度有语话慰，勤问。申情既毕，相揖下阁。更到观音院检校修法之事。"

"十二月十八日，……申时，勾当（翻译）王友真来云……又沙弥等受戒之事。相公不许。比年有敕云不令受戒，非敕许，未可允许，云云。"

"开成四年正月一日申寅，是年日也，官俗三日休假，当寺有三日斋。早朝，相公入寺炉佛，即归去。"

"正月七日，沈弁来，传相公语言，州府诸官拟明日集孝感寺，特屈本国和尚相来开讲者……"

从圆仁和尚的记录可以看出，李德裕礼佛，但不准开元寺接受剃度；他不接受外宾的礼物；既能严格按国家的要求对日本来华僧众进行管理，同时又能以礼相待，在交往中还十分注意了解日本的有关情况。李德裕的外交风格可见一斑。

有一天，李德裕治下宝应县送来快报，多艘粮船被劫。

"粮船什么时候被劫？船内有多少粮食？"李德裕问送报的人。

"有一千多担稻谷，两千多匹丝绸。今天早晨接到报案，被劫时间应该在午夜。"

"你们县令到现场查案没有？"

"我来的时候，县令正赶赴现场。"

当时，国家的财政，三分之二来自江南，而江南财米，都得靠运河漕运。一旦水运不安全，中央财政便受到威胁。"你回去告诉你们县令，这案子必须破，而且必须尽快破。"李德裕吩咐。

宝应县县令叫余能成，也是个干吏。七天过去，案子仍然没有进展。

李德裕不得不亲自出马，赶到宝应县。

"余县令，这周围三十里范围都查过了吗？"到达案发现场后，李德裕问余能成。

"回大人，都查过了。"由于案子没有破获，县令面有愧色，声音也压得很低。

"周围三十里有大的集镇和屋场没有？"

"有集镇八个，大的屋场六十三个，都查了。"

"还有其他稍大点的建筑物没有？"

"还有庙宇二十二座。"县令确实不错，在几天时间内，基本情况掌握得十分清楚。

"规模大一点的庙宇有几座，查过没有？"李德裕又问。

"大一点的庙宇有八座，都查过了。"

"最近的庙宇在哪？"

"大人，最近的庙宇叫和山寺，离案发地只有三里，就在山的那边。"

"赶到这里，你们都累了，一起到庙里歇息一下吧。"李德裕招呼大家休息。

"大人辛苦了！"

"请大家把官服都脱掉，统统穿便服，若寺里僧人问起，就说我们是扬州来的商人，到这里歇脚的。留一部分人在这里等候。"李德裕吩咐县令。

县令陪着李德裕走三里路，翻过一座小山，便到了和山寺。寺庙约二十来亩地，不是很大。后面靠着山，庙门往左可到达后山。

"这是我家老爷，在扬州做茶叶生意，老爷信奉菩萨，出来逢寺必拜，今天路过这里，想进来拜拜这里的菩萨。"余能成上前招呼。

"善哉，善哉！贫僧法号净舒，不知施主如何称呼？"主持还算彬彬有礼。

"在下姓李，禅师若到扬州，可到在下归心茶庄歇息，在下当竭诚侍奉。"李德裕很自然地回答。

"蒙李施主错爱，若有机会，定当拜会。"净舒法师将他们一行迎了进去。

拜过庙里的菩萨之后，李德裕要了一间客房，在房中休息。他知道自己走动会引起主持的注意，便命余能成察看寺庙外周边的情况，命刘三复察看庙中的厨房。

不一会儿，刘三复来报："帅爷，根据主持介绍，庙里有僧人十三人，另外请了九位零工维修庙舍，还有居士五人。厨房备有四五十人的饭菜。"刘三复知道李德裕的意思，将情况弄得清清楚楚。

"大人，庙左边有一小道通往庙后山顶。在庙的后边又分出一路通往左边山谷，山谷中有八座小佛塔，应该是僧人的墓地。"紧接着，刘能成也回来复命。

"你仔细看过通往墓地的路两边的杂草没有？"李德裕问。

"看过了，杂草被踩得光溜溜的。"刘能成回答。

"你再去查看一下是否有什么可疑之处。"

"好的，大人。"

不一会儿，刘能成回来向李德裕报告："大人，发现一座墓边靠山的地方有一处刚砌的墙。是否派人挖开看看？"

"不着急，午饭后你先将衙役捕快全部调到和山寺来。三复，你再派人让在船上等候的一百个牙兵也在午饭后赶到。"

"现在我们可以到外面的镇上舒舒服服地吃顿饭了。"说罢，李德裕带领一班人马离开了和山寺。

午饭后，李德裕将二十余名衙役和一百士兵将和山寺包围。同时，将庙左侧山谷的墙掘开，结果，发现里面有一个大仓库，藏有大量的粮食、布匹和金银财宝——原来，和山寺是个水上大盗的一个窝点。

经审讯得知，净舒原本是个读书人，后因感情和事业双重受挫，入和山寺当了和尚。为了争夺主持之位，他投靠了运河上的水贼。事成之后，他将原来寺里的和尚全都遣走，然后让水上大盗充当和尚。他们每年只抢一至二次，一次就足以供他们几年的生活。他们平时或冒充和尚，或充当居士，在寺里过着逍遥自在的生活。

"大人，您是怎么知道和山寺是贼寇窝点的呢？"县令既佩服又不解。

"首先，一千多担粮食不是一个小数目，如用马车装运，至少需要五十个劳力。况且三个时辰也只能走三四十里路。因此，我先问你方圆三十里内是否查过。并且，如果一个车队走三十里以上的话，肯定有人发现。粮食布匹被盗后，没有人发现，盗贼肯定就在比较近的地方；其次，这么多的赃物需要比较大的场地储存，居民点人比较多，容易被发现。如果藏在居民点和集镇，就肯定有线索，你说都查过了没有获取一点线索，说明赃物不在城镇和居民点，那么寺庙便成了嫌疑的地方；再次，我让三复去查看了他们的厨房，十多个僧人一餐竟准备了五十多人的饭菜，庙里没有发现藏匿物资的地方，如果他们作案，势必会将赃物藏在离寺庙不远的地方。余县令发现通往寺庙墓地路上的杂草被踩得溜光，说明新近有很多人走过，由此推断，墓地附近肯定有仓库。余县令在墓地旁发现了新砌的墙，仓库应该在这里，和山寺涉案便得到了进一步证实。这伙盗贼智商很高，先将盗来的物资封起来，等风头过后再去销赃。"李德裕缜密的分析，众人不得不叹服！

"大人叫我们午餐后包围和山寺，原来是趁他们吃饭的时候一网打尽啊！"余能成恍然大悟。

"对，除恶务尽，免得有漏网之鱼。"李德裕点了点头。

一桩毫无线索的谜案就这样被李德裕一次"下乡"破获了！水上盗贼的判决经刑部批准后，李德裕在扬州召开公决大会，将为首的净舒和尚等六人处斩，其余的各处刑罚不等。

从此，淮南境内的水路，再没有盗贼作乱了。

"节帅大人，有几位道长求见，不知大人是否接见？"开完公决会之后，军士来报。

"他们通报姓名没有？"李德裕问。

"来人说是玄静道长。"

"你先去告诉他们，我随后就到。"玄静道长是三清道长的师弟，在浙西处理圣水事件时，曾暗中支持过李德裕。

李德裕赶到路边，发现玄静道长带着一帮人正站在那里。

"玄静道长好！"

"李大人好！"玄静道长行了个大礼。

"玄静道长是否能屈尊光临寒舍，让我沾沾仙气？我家里还有一些好茶呢。"李德裕很客气地邀他们一起到他家里，品茶论道。

"谢谢大人！本打算叨扰大人几天的，我这里新来了位道友，他不太方便。"

李德裕朝玄静道长的身边一看，发现一位身材魁梧、目光如电、气质不凡的青年，有点似曾相识。"道长好！不知道长怎样称呼？"李德裕上前打招呼。

"李大人身在淮南，名满天下，是百官的楷模，我相信不久就会入居中枢，领衔百官的。"穿着道衣的青年声如洪钟。

"谢谢道长吉言！既然道长不便，请稍候，我不久前刚得五斤天柱山茶，味道特别清纯，转献予道长们了。"李德裕对道教是十分虔诚的。"三复，您赶快到府上将那五斤天柱山茶取来。"李德裕转身吩咐刘三复。

"君子之交淡如水，玄静道长您就收下吧。李大人，能否将和山寺改为平水观，赏给玄静道长？"那青年道长也不拘什么小节，开口替玄静道长求赏。

"玄元皇帝是本朝先祖，别说一个空置的平水观，就是新建一个宝观，我也会尽心尽力的。"李德裕态度诚恳，没有丝毫虚言。

"那贫道就在此谢过了。"青年道长拱了拱手，举手投足间似有一股慑人的气魄。

不一会儿，等刘三复将茶叶拿来，李德裕才送他们离开。目送着玄静道长一行人远去，李德裕心里不禁有个疑问："那位青年道长进淮南节度使府会有什么不便的呢？"

李德裕在淮南的治绩，在王茂元的书信中也有所体现："且广陵奥壤，江都巨邦，爰在顷时，亦经芜政，风移厌劫，俗变侵凌。家多纷若之巫，户绝娈若之女。相公必实于理，大为其防，郏中隳河伯之祠，蜀郡破水灵之庙。然后教之厚俗，喻以有形，用榛栗枣修，远父母兄弟。隐形吐火，知非鬼不

132

祭之文；抱布贸丝，识为嫁曰归之旨。化高万岳，威动列城，陈于太史之诗，列在诸侯之史。"

其中"邺中隳河伯之祠，蜀郡破水灵之庙"指破除迷信，废除淫祠，开垦荒地，兴修水利；"非鬼不祭"指劝导风俗；"为嫁曰归"指让男女及时婚嫁，成家立业，发展生产。这其中当然包含溢美之词，但所涉及内容绝不是无中生有。

文宗的身体越来越差，群臣上奏请立太子。本来文宗有两个儿子，长子鲁王李永，次子蒋王李宗俭。大和六年（832年），文宗立鲁王李永为太子。文宗对太子的教育很重视，但李永不爱读书，文宗多次召太子面责，但太子不听训育，只知终日玩乐。开成三年（838年）十月，太子突然暴毙。文宗看到儿子七窍流血，四肢发青，好像中毒，但又无从查证。不久，次子蒋王也不明不白地死了。

自己的亲儿子都死了，文宗只好立兄长敬宗的儿子李成美为太子。开成四年（839年）十月，文宗宣布了立李成美为太子的制书，命礼部准备太子册封仪式。

过了几天，文宗在会宁殿观看杂技表演。其中有一个高空节目，一小孩爬至竹竿顶上，表演各种惊险动作。下面站着一个中年男子，眼睛始终盯着小孩，神情十分紧张。

文宗感到奇怪，问旁边的大臣："下面的男子为什么那么紧张？"

"陛下，那人是在竹竿上表演的孩子的父亲，他担心孩子失误，所以紧张。"大臣们回答。

没想到这一答，触发了文宗的痛楚。他的眼泪禁不住一下子涌出："朕贵为天子，连亲儿子都不能保全，难道不感到可悲可叹吗？""不看了！不看了！赶紧回宫。"他大声呵斥手下的人，立即回到宫中，将原太子李永的近侍人员全部处死。

此后，文宗病情恶化，卧床不起。太子的册封仪式也就一直没能举行。文宗嘱咐杨嗣复、李珏辅助太子监国。

"如果让太子李成美继承皇位，杨嗣复、李珏就能以拥立之功而左右皇帝，我们只能坐冷板凳。如果他们像郑注、李训一样发动政变，我们将死无葬身之地。"仇士良召集他的党羽说。

"反正太子的册封大典没有完成，废掉他！"另一个宦官头目鱼弘志恶狠狠地说。

"废掉太子！""废掉太子！"所有的宦官都支持仇士良的主张。

宦官们取得了一致意见。当天晚上，仇士良、鱼弘志就伪造遗诏，废太子为陈王，立文宗的弟弟颖王李瀍为皇太弟，负责处理军国大事，并带李瀍登上朝堂接见百官。

文宗闻讯，知道是宦官矫诏，但也无可奈何。想起自己贵为皇帝，儿子被害，指定的继承人被明目张胆地换掉，更加悲愤。开成五年（840年）正月，抑郁之中的唐文宗带着无限的遗憾在大和殿去世，年仅31岁。

君臣相知

开成五年（840 年）正月，李瀍登基，史称武宗。武宗生于公元 814 年，是穆宗第五子。武宗在做王爷的时候，喜欢四处游览，结交道士，从不与朝臣往来，给人以远离政治的感觉。在一次去邯郸游历的过程中，他偶然邂逅一位王姓歌妓，这位美女不仅艳惊四座，而且声如黄鹂，让李瀍眼前一亮，立马有了"北方佳人"的感觉。唐朝是个相对开放的朝代，只要不去触碰政治，王爷娶个歌妓玩玩不会被认为有什么不妥的。豪气干人的李瀍当场为王姓歌妓赎身，然后带回王府里金屋藏娇。李瀍的这一做法，更让人觉得他是一位沉醉于游宴生活、不想招惹政治江湖的超脱玩家，从而麻痹了当时的宦官仇士良等人，避免了政治迫害，为后来的登基做皇帝创造了条件。

"我们忠心拥戴陛下登基，希望大唐有一个好皇上。但先皇受杨贤妃的蛊惑，要立安王溶为皇太弟。后来李珏又横插一杠，立陈王成美为太子。先皇最终采纳了李珏的建议，太子的册封诏书已经宣布，只是没有完成册封仪式。现在他们都在，假如遇上居心叵测之徒，企图取得拥戴之功，利用复杂的政局发动叛乱的话，我担心局面会无法控制。为了皇位的稳固，我建议陛下立即下诏，处死妖媚乱国的杨贤妃及安王、陈王。"武宗登基后，仇士良立即向武宗提出肃清政敌的建议。

"就照爱卿的意见办吧。"武宗嘴上答应，心里却暗想："仇士良这个没阳具的家伙多歹毒啊！今后得留心点。"

文宗在世时，杨贤妃千娇百媚，集万千宠爱于一身，要风得风，要雨得雨。偏偏这位杨妃志不在后宫，她也想到属于男人的权利场中去角逐一番。为了左右政局，她结交宦官和朝臣，谗害王德妃，甚至参与谋害前太子鲁王永。她被处死，属罪有应得。可怜安王、陈王，无故卷入皇位之争，平白死于非命，实在令人痛惜。

文宗在世时，一直痛恨宦官。由于所用非人，两次密诛宦官都没有成功。因此，仇士良等人对文宗十分怨愤。文宗死后，凡是文宗宠信的宦官朝臣，他一概予以诛逐。先后罢免了杨嗣复的刑部尚书，崔珙、李珏的同平章事（宰相）。

俗话说，读万卷书，不如行万里路。这一道理在武宗身上体现得淋漓尽致。武宗读书不多，凡天下的奇山异水他都游历过，天下的奇人异士他也都拜会过。他到过峨眉天下秀，川江天下险的四川；到过"天下三分明月夜，二分无赖是扬州"的浙西；到过"燕赵多慷慨之士"的河北；也到过"烟笼寒水月笼沙"的昇州（今南京）。当时，心怀异志的藩镇为了对抗朝廷，拼命扩大常备兵，将庞大的军费开支转嫁到老百姓的头上，"夫因兵死守蓬茅，麻兰衣衫鬓发焦。桑柘废来犹纳税，田园荒尽尚征苗。时挑野菜和根煮，旋斫生柴带叶烧。任是深山更深处，也应无计避征徭"。而内地的大多数州府使为了供奉皇室，结纳宦官朝臣，也极尽搜括之能事，"织绢未成匹，缫丝未盈斤；里胥迫我纳，不许暂逡巡。岁暮天地闭，阴风生破村；夜深烟火尽，霰雪白纷纷。幼者形不蔽，老者体无温；悲喘与寒气，并入鼻中辛"。广大老百姓过着水深火热的生活。

然而，武宗到浙西、西川、淮南时，那里的百姓又是另一番景象：政府尽力减轻老百姓的负担；组织他们兴修水利，开垦荒地；举办学校，施行教化；整顿边防，以备边患。他从不问政事，但也不禁好奇地打听，什么人这么能干呢？"是李节帅，李德裕大人！"老百姓异口同声地回答。在藩镇尾大不掉，皇权衰微的时代，地方有这样勤勉、忠诚、爱民的节度使，实属难得。从此，李德裕这个名字便深深地印在这位对政治漠不关心的王爷心中。

李德裕在淮南节度使任上时，武宗特意随玄静道长到淮南境内私访了几天，返回时正赶上水上盗贼的审判大会，与李德裕在路边有过短暂的相见。他实地考察了李德裕在淮南的施政情况。

国乱思良将，文宗的用人不明与优柔寡断最终导致宦官疯狂反扑，给武宗留下了深刻的教训。"让李德裕干下去多好啊！"他不知哥哥文宗在大和八年（834年）时，为什么要听信郑注、李训的谗言，将李德裕贬出长安。带着如刘备三顾茅庐一样的渴望，他恨不得立马将李德裕这样的良臣调到身边，共谋大事。

机会终于来了。罢免了杨嗣复、崔珙、李珏之后，武宗下诏让李德裕入朝。

九月，刚从淮南奉诏回来的李德裕被任命为门下侍郎、同平章事。李德裕的"春天"终于到来！

当初，李德裕的父亲李吉甫，51 岁被贬官镇守淮南，54 岁恢复相位。现今李德裕镇守淮南，到再入朝任宰相，年纪与他父亲完全一样，也是件奇事。

李德裕于九月四日被任命为相后，即入朝谢恩。行过见君礼之后，李德裕抬头一看，武宗竟是在淮南水上盗贼审判之时，站在玄静旁边的青年道长！

"亲王不得结交重臣，这是唐自太宗以来的铁律，难怪当时身为颖王的武宗不进淮南府！"李德裕暗暗沉思。

"我们两年前见过一次，爱卿还记得吗？"武宗很随和地问道。

"记得，记得，陛下气质不凡，卑臣铭记在心。"

"我还欠了爱卿一个人情呢！"武宗提起那天给玄静道长讨平水观的事。

"普天之下，莫非王土；率土之滨，莫非王臣。陛下少年英主，我为陛下做一点小事算不了什么。"

武宗点了点头，对李德裕的回答相当满意。

"爱卿，你从地方到中央，又从中央到地方，一路政绩。现在，先皇将江山托付给我，你就是我的诸葛孔明啊，我相信有你在，大唐就有中兴的机会。"武宗诚恳地说。

"陛下，臣将鞠躬尽瘁，死而后已！"李德裕感动得流下了眼泪。

接着，李德裕便向武宗汇报了自己的打算。

"既入谢，即进戒帝：'辨邪正，专委任，而后朝廷治。臣尝为先帝言之，不见用。夫正人既呼小人为邪，小人亦谓正人为邪，何以辨之？请借物为喻，松柏之为木，孤生劲特，无所因倚。萝茑则不然，弱不能立，必附它木。故正人一心事君，无待于助。邪人必更为党，以相蔽欺。君人者以是辨之，则无惑矣。'又谓治乱系信任，引齐桓公问管仲所以害霸者，仲对琴瑟笙竽、弋猎驰骋，非害霸者；惟知人不能举，举不能任，任而又杂以小人，害霸也。'太、玄、德、宪四宗皆盛朝，其始临御，自视若尧、舜，浸久则不及初，陛下知其然乎？始一委辅相，故贤者得尽心。久则小人并进，造党与，乱视听，故上疑而不专。政去宰相则不治矣。在德宗最甚，晚节宰相惟奉行诏书，所与图事者，李齐运、裴延龄、韦渠牟等，讫今谓之乱政。夫辅相有欺罔不忠，当亟免，忠而材者属任之。政无它门，天下安有不治？先帝任人，始皆回容，积纤微以至诛贬。诚使虽小过必知而改之，君臣无猜，则谗邪不干其间矣。'又言：'开元初，辅相率三考辄去，虽姚崇、宋璟不能逾。至李林甫，秉权乃十九年，遂及祸败。是知亟进罢宰相，使政在中书，诚治本也。'

李德裕向武宗表达三个意思：一是辨邪正。皇帝为政之要，首先在于辨别邪正。李德裕提出分辨正邪的标准，认为正人如松柏，独立而无须依靠，小人则"必附它木"，即必须依靠和交结宦官、权幸才得以升迁。如果邪正不辨，那些有作为的贤臣甚至被指为朋党而被逐，小人则依靠结交朋党而进。这些人只考虑保全自己的荣华富贵，从不考虑国家的安危与老百姓的死活，让他们执掌朝纲，则一切兴革之举都是空谈。

二是朝政应归中书，也就是归于宰相。宰相如果不忠，当免职；如果忠而有才，就应当加以信用。李德裕对德宗、文宗朝对宦官干政造成"政出它门"的弊端给予了批评。

三是宰相任职的时间不应过长。玄宗开元时辅相都是"三考"而去，当时贤相如姚崇、宋璟等也不能逾越这个规定。因此，开元时期政治清明。天宝年间，玄宗破坏了这个规矩，让李林甫任相十九年，政局便趋向黑暗腐败。

李德裕这番推心置腹的建议，被武宗照单接收。从这件事可以看出，一个明君贤相的时代，已呼之欲出。

正当这对相知相惜的君臣在筹划大唐的复兴时，一场针对武宗的密谋也在紧锣密鼓地进行着。

原来，枢密使刘弘逸、薛季棱是太子李成美的拥护者。文宗去世后，他们准备与杨嗣复、李珏推李成美继位。由于仇士良、鱼弘志先发制人，太子党失败。武宗继位后，清洗了杨嗣复、李珏等人。杨嗣复、李珏被贬后，担心仇士良会对他们下手，也想学仇士良的手法，发动政变，拥立新君左右朝政。

刘弘逸、薛季棱在长安所掌握的军队不多，不过，当时他们还掌握着另一支不显眼的武装——修文宗陵墓的队伍。他们打算在文宗的墓葬完成后，调动这支队伍，与长安城里的部分神策军配合，诛杀武宗、仇士良等人。

正在这危急的时刻，王起得到了这个绝密情报，立马向李德裕报告。李德裕密奏武宗，武宗即使用雷霆手段，平息了刘弘逸、薛季棱的叛乱。

王起又是怎么知道刘弘逸、薛季棱准备叛乱的消息的呢？

原来，王起是文宗非常敬重的朝臣，文宗去世后，朝廷安排王起担任章陵（唐文宗陵墓）卤簿使（仪仗军使）。

王起是个平易近人的人，在任卤簿使期间，他对修墓的将士相当关心，从不打骂他们。而刘弘逸、薛季棱常高高在上，颐指气使，动不动就打骂下属。

刘弘逸、薛季棱密谋的时候，有一将士担心王起的安危，把这个消息提前告诉了王起。于是便有了武宗平叛的一幕。

如果不是王起的忠贞，大唐可能又会有一次新的折腾。为此，武宗拜王起为吏部尚书、判太常卿事。

这一年，李德裕的儿子李烨结婚，妻子郑珍，荥阳荥泽人。当时李烨15岁，郑珍 14 岁。身为宰相的李德裕没有为儿子的婚事大操大办，一切从简。当时想巴结李德裕的人很多，想送重礼的也大有人在，都被他委婉地拒绝了。

李德裕受武宗的恩遇，权重一时，很多亲友希望得到他的擢拔举荐。李德裕认为，越是皇帝信任，越要自律。因此，他对前来求官求情的一概拒绝。老子坚持原则，不讲情面，无法入手，有些人便改变策略，跟儿子套近乎。谁知道李烨也不吃这一套："吾为相子，非敢语事之私也。而又严奉训导，未偿顷刻敢怠，子之所言，非我能及。"君子的廉洁家风，让那些希望打亲情牌的人感到惭愧。

为了避嫌，新婚不久的李烨决定到基层任职。会昌元年（841 年），李烨带着妻子远赴浙西，担任浙西观察使卢商的幕府从事。

如诸葛亮的隆中对，李德裕的进言，丝毫不是夸夸其谈。在接下来内忧外患的严峻考验中，李德裕见招拆招，顺利化解。

"陛下，杨嗣复、李珏在担任宰相时，广结朋党；后来又支持文宗立李成美为太子，罪不可赦，也应处死。"杨嗣复、李珏贬出京城后，仇士良觉得还不解恨，鼓动唐武宗下旨追杀。"他们着实可恨，就按仇爱卿的意见办吧。"武宗也觉得他们该杀。

户部尚书杜棕与杨嗣复、李珏都是牛党人物，得知这个消息后，十分着急。杜棕思来想去，只有李德裕能救他们，杨嗣复、李珏担任宰相时，曾打压过与李德裕关系密切的人，他不知李德裕是否肯救他们。但他没有别的办法，只好厚着脸皮找李德裕帮忙。他告诉了李德裕，说道："皇上刚刚即位，不应该这样草率地去诛杀大臣。"

李德裕深知武宗皇帝刚毅果决，已经决定的事，即使百头牛也拉不回。李珏、杨嗣复有一定的才干，他们都是牛党人物。大和九年（835 年）六月，李宗闵在第二次罢相被贬出长安后，杨嗣复、李珏还为他辩护，希望文宗能重新启用李宗闵。李宗闵曾先后两次担任宰相，在当权期间，他勾结宦官，拉帮结派，极尽打压政敌之能事；他广收地方节度使的贿赂，对地方节度使的割据行为主张姑息，成为他们在朝廷的代言人；为了求得一时苟安，在对外方面，也主张妥协求和，反对对外族的入侵用兵。因此，李珏、杨嗣复为李宗闵辩护，不是因为李宗闵能力有多强，政绩有多好，而是完全出于朋党私心。当文宗任命李德裕为淮南节度使时，李珏、杨嗣复又向文宗建议，将李宗闵召回。历史上都认为李德裕是李党领袖，但李德裕当权时，他所启用的都是能臣干吏，对待牛党人物，也并没有使用置政敌于死地而后快的手段。

如果从党派政见来说，李德裕可以装作什么都不知道，借仇士良之手，除掉李珏、杨嗣复，尽力削弱牛党，甚至还可以从背后暗推一把，落井下石，以泄私愤。但他是光明正大之人，要行光明正大之事。他认为，李珏、杨嗣复是大臣，朝廷处置大臣不能凭皇帝的好恶私下派人追杀，即使有罪，也应该让相关部门审理清楚，按法律予以处理。擅杀大臣容易被奸诈的人利用，作为排除异己的手段，造成政治黑暗。

李德裕立即与崔珙、崔郸、陈夷行接连三次上疏解救，又请枢密使杨钦义去劝说唐武宗："先朝德宗皇帝怀疑刘晏曾想改立太子而处死了他，京城内外都认为是冤枉，河南、河北一带的藩镇因而感到恐惧，并以此作为他们对抗朝廷的借口。德宗后来追悔莫及，只好封赏刘晏的子孙们做官作为补偿。文宗皇帝怀疑宰相宋申锡勾结藩王，将宋申锡贬职流放以至于客死他乡，文宗后来对此也感到非常后悔。杨嗣复、李珏如果真的罪不可恕，也应该先审讯，等到调查清楚了，再杀也不迟。现在皇上既不征求大臣们的意见，也不通过大理寺审讯，突然就派人去诛杀他们，这种秘密处死大臣的方式，让朝廷上下无不感到震惊，担心哪一天皇上不高兴了，这样的厄运降落到自己的头上，因而人人自危。希望皇上能打开延英殿的大门，召见大臣参与讨论。"

在李德裕等人的强力劝谏之下，武宗终于在延英殿召见大臣。李德裕流着眼泪说："皇上应该慎重，不要做后悔终生的事。"

"朕不后悔。"唐武宗态度很坚决，并再三让他们坐下。

"即使他们有死罪，我们也希望皇上赦免他们。现在没有得到皇上赦免的圣旨，我们不敢坐。"李德裕坚持站着。

君臣就这样对峙着。过了好久，武宗的心态似乎平和了些，对李德裕等人说："你们这种从朝廷大局出发的精神感动了我，我就特意为你们而赦免他们的死罪。如果是言官们上谏，即使上一千份奏章，我也不会赦免的。"

"陛下圣明！"李德裕等人听后十分高兴。

于是，唐武宗下令追回诛杀杨嗣复、李珏的两路使者，将杨嗣复贬为潮州刺史，李珏贬为昭州刺史，裴夷直为灌州司户。这次救杨嗣复、李珏的事件，再次表现了李德裕以朝廷大局为重，将个人恩怨抛在一边的虚怀若谷、正气凛然的政治家气度。如果把他重用人才说成是结党的话，那么，他结党也不是为了营私，一切都是为了巩固唐朝的统治。

这是李德裕的第一招。这一招让李德裕赢得了整个文官集团的支持。

不久，浙东发生了旱灾，由于浙东观察使处置不当，引发了民变，大批灾民涌入淮南为盗，淮南出现了漕运不畅的问题。李德裕即奏报武宗，应派得力干将镇守淮南。

"淮南重镇，爱卿认为何人能担此任？"武宗问李德裕。

"李绅资望才干都不错，可担此重任。"

"就是那个担任河南尹时，河南恶少闻风而逃的李绅吗？"武宗问。

开成元年（836年），李绅任河南尹，李绅人尚未到，河南恶少早吓得望风遁去。李德裕没想到武宗连这件事也知悉。

"对对对，就是那个铁面无私的李绅。"

"爱卿啊，如果我们的官员都像你们一样，天下哪有不太平的呢？"武宗十分赞许。这样，李绅便由宣武军节度使改任淮南观察使，用以保证东南漕运——大唐的经济命脉。

抑制宦官

宦官专权，是唐朝中晚期的一大痼疾。安史之乱后，唐肃宗开始利用宦官来掌控政局，但是，随着宦官的权力越来越大，最后反而影响了皇帝自身的权力。于是，皇帝便有了削弱宦官权力的想法。唐文宗做了两次尝试，由于他本人优柔寡断，加上用人不当，最后打虎不成，反被虎伤，自己也成了宦官手中的傀儡，抑郁而终。

武宗即位后，掌握神策军的仇士良等人在朝堂上很是跋扈，他希望通过拥立之功控制皇帝，延续唐文宗时一切军国大事决于北司的局面。仇士良将政敌一个个铲除，最后，只剩下李德裕了。

李德裕素来主张抑制宦官的权力，加上他与元稹是铁杆朋友。元和五年（810年），元稹在华州（华阴县）敷水驿与仇士良、刘士元等因争住上厅而结怨，成为仇士良的眼中钉。元稹与仇士良结怨，仇士良对李德裕当然不会有什么好感。所以，当杨嗣复、李珏被他赶出长安后，他便开始算计李德裕。

仇士良一直找机会扳倒李德裕。会昌二年（842年）四月，有人不怀好意地告诉仇士良，宰相和度支使正在草拟诏制，准备削减禁军的衣粮马草数量。

仇士良得知消息后，企图唆使禁军士卒乘机作乱，借此将李德裕排挤出长安。于是他对手下众人说："如果这样的话，诏令下达之日，士兵们一定会在丹凤楼前喧闹。"因为几天后，唐武宗要在丹凤楼前宣布大赦令。

李德裕早在仇士良身边安插了耳目，得到仇士良准备采取措施的消息后，李德裕急忙向武宗请求处理禁军准备借机起哄骚乱的问题。

武宗立即打开延英殿，召集宦官们开会。唐武宗向左、右神策军宣告："诏书上本来没有此事，况且，诏书都是出自朕的意图，与宰相没有关系，你们岂能这样造谣？简直是胡说八道！你们这话是从哪里听来的？"

大家面面相觑，没人敢吱声。

神策军士卒听到皇帝坚决反对，便不敢轻举妄动了。李德裕反击及时，让仇士良刀未出鞘就宣告失败。李德裕的这次成功，也说明他对付宦官有一套办法，既让他们找不到岔子，同时又严阵以待，不给他们有出击的机会。

仇士良等人惊慌失措，只得向皇上谢罪，在同僚前顿时颜面丢尽。宦官都是人精，这时，他们看得出来，皇帝名义上重视仇士良，实则对仇士良越来越冷淡。

武宗的态度让仇士良深感惶恐，他想利用神策军放手一搏——干掉武宗和李德裕。

仇士良试图联络原来的铁杆部下，挑起他们与宰相的矛盾，但跟他起哄的人很少，都向他建议："能不能先听听杨枢密使的意见？"而枢密使杨钦义，似乎与李德裕有某种特殊关系，总是离他远远的。

皇帝对仇士良开始冷淡，仇士良的老部下不再唯他马首是瞻，这下，仇士良真的有些恐惧了，觉得世界在慢慢地抛弃他。曾几何时，他干掉了李训、王涯、贾𫗧、舒元舆等四个宰相，干掉了杨贤妃、安王李溶、太子陈王李成美，连皇帝都是他手中的玩物。以前，每当回忆起这段历史，他总是豪情满怀，引以为傲。而现在，他突然感到惶恐起来，这些事当今皇帝怎么看？朝官怎么看？"您和皇上的关系有当年李辅国与皇上的关系铁吗？"他忽然想起薛元赏跟他讲的话。想起与他同样权倾朝野的李辅国、鱼朝恩的下场，他不禁打了个冷战："原来皇上安排他当观军容使就已经布局好了，提拔的两个护军中尉早已被皇帝拉拢！都是权力惹的祸！只有将权力交出去，暂且退避，以免杀身之祸。"他心里有了退出江湖的打算。

"陛下，老奴已经侍奉过四位皇上了，岁月不饶人，现在有点眼花耳背了，再待在军队里面，恐怕不太适合，请求陛下看在老奴为大唐努力半辈子的份上，让老奴歇息歇息。"经过几个不眠之夜几番几复的思考，仇士良终于向武宗表示要交出兵权。

武宗知道，他的几次敲打已经产生了效果。仇士良交出兵权，说明宦官还是听皇帝的，他正好借此立威。"爱卿劳苦功高，如果朕一登基，爱卿便离朕而去，不明白的人以为朕是个无情之君。既然爱卿不想在军中效力了，那你就去掌管内侍省吧，那里的人，也多是爱卿的部下，爱卿仍然在朕的身边。"武宗的话滴水不漏，让人感到亲切。

不久，仇士良被任命为内侍监、知省事。

会昌三年（843年），仇士良请求告老还乡，武宗顺水推舟，答应了他的要求。

"仇公公，您在位的时候位高权重，连皇上都要听您的，您是我们心中的榜样，现在，您要走了，能不能教我们几招？"仇士良临走前，太监们争相要他介绍经验。

"我们的职责是服侍皇上，要服侍好皇上，就要让皇上过得开心，使他沉溺吃喝玩乐之中，没工夫管别的事情。皇上没工夫管事，我们才能替皇上管事。千万不要让皇上接近读书人，他一旦接近读书人，就会知道前朝的兴亡，对我们便有所警惕，更不会让我们这些人管事的。"仇士良的一番临别赠言，让在场的太监们个个茅塞顿开，如获至宝。太监们纷纷向仇士良表示敬意。当然，仇士良只说出了秘诀的一半，牢牢控制神策军，用禁军威胁朝廷这一半是他不可告人的真正的秘诀。

同年六月，仇士良去世，终年63岁，唐武宗追赠他为扬州大都督。

会昌四年（844年），有人检举仇士良家藏武器，武宗下诏削夺他的官爵，籍没他的家产。不过，武宗还是感念他的拥立之功，并没有罪及他的家人。

连仇士良这么厉害的人最终都低下了头，从此，太监们再也不敢在武宗和李德裕面前兴风作浪了。

"君子之交淡如水"，这是李德裕交友的原则。李德裕任淮南任节度使时，杨钦义是监军。李德裕平时待杨钦义从没有超过同僚一般礼数，杨钦义心里很不是滋味。两人相处了一段时间后，杨钦义奉调入朝，李德裕在家里设宴为杨钦义饯行。杨钦义来到李德裕家时，看见餐厅之中陈放着几大桌古玩，都是稀世珍品。酒足饭饱之后，杨义钦准备起身告辞。李德裕将这些古玩珍宝全部送给杨义钦，杨义钦很高兴地收下了这单大礼。

过了十来天，杨义钦回长安的车驾刚走到汴州，又收到朝廷的诏令，让他再次回到淮南任监军。这下杨钦义就尴尬了，他赶紧将李德裕送的古玩珍宝全部退回。没想到李德裕却笑着说："这点东西值不了多少钱，是我的心意，为什么要拒绝呢？"李德裕坚持让杨钦义收下，杨钦义大为感动。

这个故事出自张固著的《幽闲鼓吹》，后来被《资治通鉴》采用。《幽闲鼓吹》所记载的事情，多是从野史或小说中得来，不一定可靠。如果这件事属实，也能反映李德裕的性格。

一是平时"朱崖致礼，皆不越寻常,钦义心衔之"。说明李德裕平时从不刻意结交宦官，监军杨钦义对他有想法，"心衔之"。

二是"一日邀中堂饮，更无余宾，而陈设宝器图画数床皆殊绝，一席祗奉亦竭情礼，起后皆以赠之。钦义大喜过望"。杨钦义要走了，李德裕赠宝。同事一场，还是要点礼数，只是礼偏重了，无可指责。

三是"旬日行至汴州，有诏令监淮南军"。当时许多人认为杨钦义会升枢密使，结果，走到汴州，又接到朝廷的诏令，命令他仍然回到淮南任监军。

四是"钦义至，即具前时所获归之。朱崖笑曰：'此无所直，奈何相拒？'一时却与，钦义感悦数倍。后竟作枢密使"。杨钦义官没升成，礼却收了。他只好将礼物退回，而李德裕却没有表露出半点鄙薄的俗气，"这些值不了多少钱，这是我的心意，为什么要拒绝呢？"几句暖心的话让杨钦义"感悦数倍"。

最重要的是，杨钦义做了枢密使后，在平定泽潞的叛乱中，"德裕乃与枢密使杨钦义、刘行深议，约敕监军不得预军政，每兵千人听监使取十人自卫，有功随例沾赏。二枢密皆以为然"。

这说明，即便是李德裕因杨钦义调离，有搞好关系的意思，这种关系最终用来改革监军体制，取消监军的军事指挥权，为平叛战争的胜利奠定了良好的基础。这又让我们想起朱熹的话："德裕所言虽以利害言，然意却全在为国。"

还有一个事例反映李德裕对待宦官的态度。尚书郎李胶是个能力很强的官员，李德裕十分赏识，本来打算提拔他，偏偏在这节骨眼上，李胶拿出仇士良的推荐信来。李德裕素来痛恨宦官干预朝政，看到仇士良的信后，便决绝地放弃了提拔李胶的打算，并告诉管家，以后李胶来访，不要通报，直接拒绝。李德裕认为，一个刚入仕途的官员，就想借宦官之力，爬上更高的位置，这样不择手段的人，若日后得志，眼里就不会有社稷百姓，只有一己私利，这种人比庸官危害更大。

京兆尹薛元赏敢于与宦官作斗争，杀掉狂妄自大、嚣张跋扈的神策军将军，李德裕任宰相后就大胆任用他为工部尚书，领诸道盐铁转运使。

《资治通鉴》里面记载："自用兵以来，河北三镇每遣使者至京师，李德裕常面谕之曰：河朔兵力虽强，不能自立，须借朝廷官爵威命以安军情。归语汝使：与其使大将邀宣慰敕使以求官爵，何如自奋忠义，立功立事，结知明主，使恩出朝廷不亦荣乎！……由是二镇不敢有异志。"

"唐自肃宗以来，内竖之不得专政者，仅见于会昌。德裕之翼赞密勿、曲施衔勒者，不为无力。"武宗和李德裕虽然没有从根本上彻底解决宦官专权的问题，但在整个武宗朝，宦官的势力遭到了极大的抑制。

北除外患

　　"八百里加急！八百里加急！"在西北通往长安城的驿道上，快马飞奔，羽檄急张。河套地区天德军传来战报：回鹘十万余众已逼近天德军防区。

　　正当李德裕与宦官博弈的时候，西北边患又起。

　　唐朝初期，国力鼎盛，周边的少数民族纷纷归附。在西域，唐政府曾设置安西都护府和北庭都护府管辖天山南北的广大地区。安史之乱后，为了平叛，唐政府几乎抽掉了河西地区的所有兵力。这时，吐蕃的国力正在上升，唐军撤退，吐蕃乘虚而入，占领了河西地区，切断了唐朝与安西四镇的联系。唐德宗贞元三年（787年），"吐蕃攻沙陀、回鹘，北庭、安西无援，遂陷"。贞元六年（790年），于阗陷落。《资治通鉴》称："安西由是遂绝，莫知存亡。"唐王朝对西域长达一个半世纪的掌控就此而终。

　　到了会昌年间，原隶属唐朝的河西走廊地区的河、湟等州仍在吐蕃控制之中，而处于西域的回鹘却发生了一系列动乱，陷于分裂之中。

　　原来，在回鹘的西北有一个叫黠戛斯的部落。这个部落也是一个游牧部落，他们自称是李陵的后裔，作战相当勇猛，曾多次派遣使者到长安，希望归附唐朝。安史之乱后，回鹘与黠戛斯部为争夺领地，进行了二十多年的战争。因长期战争，回鹘国力受到重创，最后被黠戛斯部击败。

　　回鹘国力衰退，前线战事屡遭失败，原本松散的部落更加离心离德。文宗末年，回鹘宰相掘罗勿便杀死彰信可汗，拥立特勒为新可汗。特勒可汗继位后，由于封赏不匀，引起了一个名叫录莫贺的部将的不满。这位部将于是联合黠戛斯，攻打掘罗勿。掘罗勿大败，但录莫贺也在混战中被杀，回鹘国精锐尽数被毁。

　　树倒猢狲散。曾经强大的回鹘国因可汗被杀，群龙无首，乱成一团。

会昌元年（841年）八月，回鹘可汗的兄弟嗢没斯与宰相赤心、那颉啜，各率自己的部属到达唐朝天德军（阴山山脉南麓）防区附近，请求归附唐朝。

嗢没斯与赤心长途跋涉到达天德军外时，已是狼狈不堪。天德军节度使田牟、监军韦仲平认为，如果这个时候出其不意袭击回鹘的军队，必然能胜。立功心切的田、韦二人立即上书武宗："回鹘叛将嗢没斯等入侵边关，已到塞门口。回鹘历来与吐谷浑、沙陀、党项为仇，如果我方出击，其他各方必不会相救，取胜的把握十分大，我们请求出兵驱逐，以保证大唐边疆平安。"

唐武宗一时拿不定主意，立即召开会议，商量对策。

"击败回鹘，就能对吐蕃、南诏等部起震慑作用，我们表示支持。"与会的大多数朝臣都支持田牟的主张。

李德裕一直没有发声。众人发表完意见之后，武宗将目光转向李德裕。

"穷鸟入怀，尚思庇护，况且回鹘曾在国家危难之际，两次帮我们收复京城，现在他们为邻国所败，国破家亡，衣食不给，远道来投靠我们，我们怎么能够趁他们穷途末路的时候，出兵攻打呢？我的意见是应该派遣使者进行抚慰，赐给食粮，帮助他们解决燃眉之急，让他们知恩图报，愿意为我们所用。从前汉宣帝收服呼韩邪单于，就是用这个办法，愿陛下不要疑忌他们。"李德裕力排众议。

"陛下，万万使不得！嗢没斯等人背叛可汗而来，属叛国投敌。一个连自己的主人都可以叛变的不仁不义之人，我们怎能收留呢？说不定归附是假，强占我们边境谋图不轨是真啊！"陈夷行对李德裕的建议进行反驳。

"嗢没斯等人请降，是否能相信呢？回鹘的可汗被杀，那太和公主现在又在何处？"武宗也有点怀疑。

"朝廷百官能否人人讲信用我们尚且不能保证，何况千里之外的夷狄！回鹘被黠戛斯攻破，国败无主，大将和宰相都逃跑了，有的投奔吐蕃，有的投奔葛逻禄，嗢没斯带残部远来依附大唐。可汗被杀了，嗢没斯带领部属向我们求助，怎么能说是叛国投敌呢？至于太和公主，我建议派使者去寻访下落。"李德裕掌握的情报十分准确，分析得有条有理。

"他们停留在我国的边境上，时刻都是隐患，给他们粮食，等于借给暴徒兵器、资助盗贼食粮，等他们恢复了元气再攻打我们，怎么办？"

"田牟、韦仲平声称沙陀、吐谷浑与回鹘是世仇，愿意帮助我们攻打回鹘，我觉得不可信。他们这两个部族，看到有利可图，便争先参战，如果遇到真正的强敌，便鸟惊鱼散，他们怎么会誓死为我们保卫边疆呢？现在，我们天德全城，兵不过一千，而且官多兵少，战斗力不强。俗话说困兽犹斗，如果强逼他们，他们拼全力而战，天德城肯定会失陷，到时丧师失地这个责任谁来负？"李德裕这么一说，大家便不吭声了。

李德裕停了停，继续说："我们一面给予安抚，一面加强防御，如果他们再试图不轨，我们再使用武力，一是师出有名，二是我们的大部队也已到位，这样取胜的把握更大。"

武宗采纳了李德裕的建议，准许借二万石米给回鹘，派遣张贾出使嗢没斯部；告诫田牟等人，不得急躁邀功。

在安抚嗢没斯部的时候，李德裕认为在集中力量对付回鹘时，也不能放松对吐蕃的警惕："吐蕃变诈多端，不可测度，或谓朝廷方备北房，未暇西防，或云嗢没斯招米点汗回鹘，乘此机势，谋陷丰州。"因此，李德裕"请发陈许步军三千人，郑滑步军三千人，令至太原屯集，如北边有警，则大同军正当贼路，足应事机，如河西有虞，便令取岚石路过河，至亦近便。"

十一月，被派遣到嗢没斯部的朝使张贾刚刚离开长安时，太和公主的使者即到。使者报告：回鹘各部已经立可介特勒为大汗，请朝廷予以册封。

太和公主是什么来头？为什么朝廷正派遣使者寻找的太和公主这时候出现了呢？

太和公主是唐宪宗的女儿，穆宗的亲妹妹，武宗的姑妈。长庆元年（821年），回鹘派使者合达干等人来请求和亲，唐穆宗同意了，封其妹为太和公主，出嫁回鹘可汗。黠戛斯打败回鹘以后，俘虏了太和公主。黠戛斯一直认为自己是汉朝李陵的后裔，属于汉人的后代，既然回鹘已破，就应护送公主回唐。于是，他们便派遣达干等十多个人，将太和公主送往长安。

不料半路杀出了个程咬金，黠戛斯的使者在途中遭到了回鹘新立的乌介可汗的伏兵袭击。乌介可汗杀死黠戛斯的使者，劫持了太和公主。

狡猾的乌介可汗担心遭到黠戛斯的报复，便以太和公主作为人质，离开回鹘的原居住之地，越过沙漠往南迁移，趁机屯兵于天德军北境。会昌二年（842年）二月，在乌介可汗的授意下，太和公主派遣使者上表唐廷，说回鹘国新可汗已经继位，请求朝廷进行册封，并赈济粮食物资，以帮助他们渡过难关。同时鉴于回鹘国内的重大变故，请求暂借振武城，以安置太和公主。

武宗即与李德裕商量，李德裕表示："赈济粮食物资可以考虑，但借城一事，涉及领土，绝不可能。"

武宗便让李德裕起草诏书，李德裕撰《赐回鹘书意》。派遣王会作为使者表示抚慰，赈济米粮二万担，但拒绝了借天德城的要求，建议他们收集离散的旧部，恢复国土，重振国威，同时，让太和公主入朝。

为了防止乌介可汗作乱，李德裕又上奏武宗《条疏太原以北边备事宜状》，主张增兵杷头峰及东、中受降城，采取积极的防御措施。

为了做到知己知彼，李德裕早让郑亚组建了情报网，将熟悉情报工作的召罕炯、岩思等人调至长安。得到北方边境回鹘患边的信息之后，李德裕命令他们重点搜集北部边境的情报。从此，北部边境的一举一动，都在李德裕的掌控之中。

三月，赤心阴谋发动叛乱，嗢没斯报告田牟后，将赤心处死。赤心被处死后，那颉啜收集赤心部众，转投乌介可汗。乌介可汗又不给他们粮米，逼迫他们侵犯唐境，杀掠边民，抢夺食物。

李德裕建议武宗令刘沔、张仲武坚决打击入侵的回鹘军队，让乌介可汗对大唐维护领土完整的决心有所顾忌。

四月，李德裕上书武宗，为应对回鹘侵略提出四点建议：第一，石雄骁勇善战，建议任命石雄为天德军都防御副使，让他协助田牟防御入侵之敌。第二，田牟应坚守城垒，等待救兵，万万不能出城迎战，以免城内空虚而遭敌军所乘。第三，及早授予嗢没斯官爵，并令边将联络羌、浑等部落，合力进击乌介部。第四，优待俘虏，给予粮食。

李德裕的建议，武宗悉数采纳。五月，武宗立即授予嗢没斯为左金吾大将军、怀化郡王；赐部众米五千斛，绢三千匹。六月，又将所部改为归义军，让嗢没斯任归义军节度使；并赐姓李，改名为思忠，随唐军征讨乌介可汗。

对嗢没斯部的处理，体现了李德裕处理复杂问题的高超能力。这样处理，让嗢没斯逐渐归向唐朝，增强了唐朝内部的向心力，便于朝廷能集中力量打击对唐边境侵扰不已的乌介部。

面对刘沔、张仲武、李思忠的联合打击，乌介可汗没有引以为训。他带领部众，不时越过天德、振武节度使所辖的边境，抢夺边民的粮食和财物。

为了摧毁乌介可汗的有生力量，彻底消除回鹘南下带来的边患，李德裕向武宗上奏《论讨袭回鹘事宜状》，提出夜袭乌介可汗大营的计划。李德裕认为：杷头峰北面便是沙漠。在沙漠地区，若以步兵对阵，难有取胜的希望，必须派遣骑兵。现在乌介倚仗的是太和公主在他手里，若派勇将出其不意地袭击牙帐，夺回公主，他就不攻自败。

李德裕上表后，二十余天过去，一直没有得到武宗的答复。李德裕心里明白一定是遇到了阻力，他决定改变方法，提请武宗召开御前会议。在李德裕的提议下，武宗于八月二十七日召集会议，专门商讨如何对付乌介部入侵事宜。

武宗一向办事果决,为什么李德裕上表二十余天后没有给予答复呢?原来李德裕上书主战的时候,牛僧孺也上书主和。牛僧孺认为回鹘虽说新败于黠戛斯,但乌介可汗还有十万之众,并且都是久经战场的骑兵,战斗力并不弱于唐军,一旦开战,朝廷不仅会劳师糜饷,而且,还不一定能取胜,若是战败,则国无宁日,不如维持现状,避免大规模的军事对抗。

对此,李德裕连续写了《公卿集议便须施行其中有未尽处须更令分析闻奏谨具一一如后状》《牛僧孺等奉敕公卿集议便须施行其中有未尽处须更令分析谨边如前状》等表状,对牛僧孺维持现状的论调加以辩驳。

李德裕认为,大臣们提出的建议,应该切合实际,不能泛泛而谈。针对牛僧孺等人提出的"选将练卒,未得其人",李德裕指出,现在的边将,谁人最不称职?文武大臣中,谁人能担任将帅?给皇上上书必须具体到线到点,如果仅说些大话空话,对解决实际问题毫无用处。回鹘是游牧部落,长于驰骋野战,如果让其退走而不加进击,实际上是给他们恢复元气,以求再犯的机会,而唐中央势必"军粮日有所费,边境终无安宁"。李德裕认为,牛僧孺等人的"来即驱逐,去亦勿进"这样一种论调,是一种被动应付的消极措施,完全不切实际。

理不辩不明。在李德裕的坚持下,武宗采纳了他的建议。

九月上旬,在武宗的支持下,李德裕撰《授刘沔招抚回鹘使制》《授张仲武东面招抚回鹘使制》,正式任命对回鹘作战的将帅,并令刘沔等征集战马,充实军备;命令沿边各路兵马做好向前攻讨的准备。

十二月,李德裕上书《请发河中马军五百骑赴振武状》《请发李思忠进军于保大栅屯集状》《赐刘沔张仲武密诏》等,开始调兵遣将,做与乌介部决战准备。

当时回鹘在边境地区大肆劫掠,气焰十分嚣张,党项、羌、浑等部落都不敢抵拒。李德裕本着战略上藐视敌人,战术上重视敌人的思想,制定了奇袭乌介可汗、夺回太和公主的策略,并向河东节度使刘沔推荐猛将石雄,又让召罕炯、岩思前往协助。刘沔按照李德裕的部署,派遣石雄和王逢率领沙陀、朱邪、赤心三部及拓跋族等的三千骑兵袭击乌介可汗的牙帐。

石雄来到振武,登上城楼观看回鹘军阵。回鹘的大营中,有数十辆毡车的随从人员像是汉人。于是,他派召罕炯、岩思进行侦察,让他们转告太和公主:"大唐将要出兵攻打回鹘,一旦开战,请公主不要惊慌,让随侍人员保护毡车不要动,等我们来解救就可以了。"

会昌三年(843年)正月十一日,一切准备就绪。当天晚上,石雄下令将城墙凿了十多个洞，率领官兵神不知，鬼不觉地从洞中突然出击，直奔回鹘乌介可汗的牙帐，发起攻击。因为天黑风大，唐军一直攻到乌介可汗的牙帐之前才被发现。这时，四周杀声一片，乌介可汗不知道来了多少唐军，觉得四面楚歌。匆忙之间，乌介可汗丢盔弃甲，趁黑逃跑。石雄率军奋勇追击，大败回鹘兵，乌介可汗受伤，只带数百骑兵落荒而逃。

太和公主被解救出来，由召罕炯、岩思等人送往长安。

此战共歼灭乌介部一万人，另有二万多人投降。经此一战，唐军的声威得到大大提升，周边的吐谷浑、吐蕃等部再也不敢随便向唐军挑衅。回鹘元气大伤，一蹶不振，无法再对唐的北方边境构成威胁。

从回鹘内乱兵临唐朝境，到稳定回鹘，招降嗢没斯，再到组织反击，彻底打败了乌介可汗率领的回鹘入侵军队，李德裕始终全身心地投入这场政治、军事、外交的斗争当中。大到朝廷对敌的战略决策，小到具体的军事进攻部署，以及选才用将，草制文告，都由李德裕一人操办，他多次力排众议，果断决策，运筹帷幄之中，决胜千里之外，最终取得了这场反击战的彻底胜利，解除了困扰唐朝边境多年的回鹘入侵威胁问题，体现出了一个杰出政治家、军事家、外交家的高超智慧。

回鹘的有生力量被唐摧毁后，黠戛斯才知道自己派遣的使者被乌介可汗劫持。于是，他们再次派遣使者到长安，献名马两匹，请求册封。武宗任命赵蕃作为使者，前往抚慰，并命李德裕起草诏书。

当时，朝廷一切重大事务的决策武宗都倚重李德裕的建议，所有的诏书都交付给李德裕起草。李德裕认为这样做不妥当，请求武宗让翰林学士起草诏书。"学士不能尽如人意，有劳爱卿，才不致贻误大事。"武宗这样回复了李德裕。

会昌元年（841 年）闰八月，在李德裕与宦官作斗争处理回鹘问题期间，汉水暴涨，河堤失修，冲坏民居无数，灾情相当严重，朝廷认为山南东道节度使牛僧孺没有采取有效预防措施，有一定责任，罢免了他的节度使职务，将他改任太子少师。牛党很多人为牛僧孺鸣不平，认为朝廷这样处置，是李德裕"挟维州事"报复。其实，我们通观牛僧孺的履历，除了为人比较清廉外，找不出像样的政绩。汉水暴涨，灾情严重，这样处置，也不算出格。

李宗闵则为太子宾客、分司东都。

前面说过，武宗喜欢打猎与外游，经常深夜而归。这年十月，李德裕上书劝武宗："人君动法于日，故出而视朝，入而燕息。"希望皇帝不要游乐过度，应加以节制。

武宗没有生气，认为李德裕说得有道理，就尽量减少外出游乐了。

会昌二年（842 年）二月，经李德裕推荐，武宗召淮南节度使李绅入朝，为中书侍郎、同平章事、判度支。

李绅的仕途起点很高，但由高而跌，很不顺利。长庆二年（823 年），宰相李逢吉策划了台参事件，让李绅与韩愈两人相争，自己从中得利。第二年，李绅被贬为端州（今广东肇庆）司马。自此，李绅一直在地方任职，曾担任过江州刺史、滁州刺史、寿州刺史、浙东观察使等职。

李绅在地方工作，办事雷厉风行，颇有政绩。据史书载，李绅在端州"自检益严"，很有善政，州人为之感泣。李绅在滁州时，他劝导百姓兴修水利，种稻植桑。老百姓得知他要离任时，都有不舍之情，他走的时候，反复嘱咐："乡里儿，莫悲咤。上有明王颁诏下，重选贤良恤孤寡。春日迟迟驱五马，留犊投钱以为谢。乡里儿，终尔词。我无工巧唯无私，举手一挥临路岐。"他刚到寿州时，"寿人多寇盗，好奸讦"。李绅上任便肃奸缉盗，"俾三月而寇静，期岁而人和，虎不暴物，奸吏屏窜"。在浙东，"旧说浙东难理，十分公事，绅相晓得五六，唯刘汉宏晓得七分，其它廉使，及三四分而已，盖公之才，难得也已"。离浙东时，越人不忍离去，前来送行的达万人。开成元年（836 年），李绅任河南尹，李绅人未到河南，河南恶少望风遁去。

李绅的拜相，当然与李德裕的荐举有关，不过李绅的从政能力比起牛僧孺之流，不知要强多少倍。同时，他们在对待藩镇割据和宦官专权的问题上，也比牛党认识要深刻得多。启用李绅做李德裕的助手，无疑是武宗对李德裕的最大支持。

这时，已任大理卿的武翃黄却弄出了一桩丑闻。

武翃黄本来才学过人，性格温和，加上交际能力又强，人缘极好。凡事有一利必有一弊，武翃黄温和有余，但决断能力不足。他与妻子卢氏结婚时，卢氏带来了一位名叫薛荔的随嫁婢女，薛荔成年之后，长成一个亭亭玉立的美女。

正所谓"婢美妾娇，非闺房之福"。武翃黄竟和妻子的婢女谈起恋爱来了。妻子卢氏火了，大骂薛荔不是人。丈夫与婢女偷情，原配不高兴，本来情有可原。可是，正所谓"入门见妒，娥眉不肯让人，掩袖工谗，狐媚偏能惑主"。这位薛荔偏偏妄想让名分颠倒过来，与主子对骂。武翃黄不仅不消除矛盾，反而伙同薛荔对卢氏实施家暴。

卢氏一气之下，回娘家求救。妻遭妾害，是可忍孰不可忍。卢家也是官宦之家，他们一纸诉状告到吏部，指责武翃黄品行不端，与婢私通，纵婢为害。

在唐朝，朝廷官员是禁止与奴婢私通、结婚的，除非先办理抬籍手续。眼看武翃黄要吃大亏，李德裕、李绅派人去做工作。但那婢女硬是不依不饶。这事传到了武宗耳中，武宗大怒，将武翃黄双开。

李德裕觉得武翃黄太丢人了，先让李绅去武宗那里说情，看是否能从轻发落。结果，武宗不许。可怜曾连中三元的武翃黄只因一时贪图美色，没有处理好家庭关系，最后弄得衣食无着，晚景凄凉。

内平叛乱

"报告皇上，刚收到河北奏报，卢龙军牙将陈行泰发动兵变，杀死节度使史元忠。陈行泰以部将的名义，请求朝廷任命他为留后（代理节度使）。"会昌元年（841年）九月十一日，朝会刚开始，兵部报告。

唐朝中晚期是多事之秋，天灾人祸接连不断，内忧外患交替出现，朝廷疲于应付，常常按下葫芦浮起瓢。会昌年间，回鹘的问题刚刚处理好，藩镇的问题又来了。

安史之乱后，河北藩镇就与朝廷离心离德，处于半独立状态。节度使的更替要么父死子继，要么部将擅立。按以往惯例，河北藩镇节度使的更替，任由他们自作主张，朝廷只是形式上履行任命手续。但李德裕担任宰相后，对藩镇擅自拥立主帅的恶习十分反感，他对陈行泰的请求没予理睬。

太子少师牛僧孺认为，朝廷应该迅速下诏认定陈行泰为节度使，否则会造成卢龙军的动荡，进而影响河北藩镇的安定。

"爱卿平时处理事情十分迅速果断，为何对卢龙兵变的事却犹豫不决？"李德裕迟迟没有拿出处理方案，武宗心里也有些着急。

"陛下，河北节度使的更替，朝廷的任命书虽然只是履行手续，但它还是挺管用的。任命书一下，官兵的心就安定了。如果任命书迟迟不到，内部就会产生矛盾。平时朝廷赐诏太快，所以新任节度使很容易打出朝廷这张招牌来稳定军心。如果朝廷一拖，军心就会生变。因此，微臣特意拖他一拖，利用他们的内部矛盾，以加强朝廷对他们的控制。"

"爱卿果然是多谋善断之臣！那就按你的意见办吧。"武宗觉得李德裕说得很有道理。

不出李德裕所料，陈行泰兵变不到一个月，就被牙将张绛诛杀。张绛也学陈行泰的样，让手下上书朝廷，请求朝廷任命，李德裕同样没予以理会。

正在这个时候，雄武军节度使张仲武派遣使者吴仲舒到长安，上表说张绛为人残暴，欺上瞒下，藐视朝廷，请求朝廷允许他率本部兵马讨伐张绛。

吴仲舒到长安时，恰逢李德裕身体不适，在家休养。李德裕在家里接见了吴仲舒。"李相爷，我家张大人特派我向朝廷报告，请求派兵平定卢龙镇的叛乱。"吴仲舒向李德裕报告。

"卢龙镇的叛乱蓄谋已久，你家张大人想率军平叛，手下有多少人马？"李德裕遇到问题，总是能抓住关键。

"我们手里的兵马不多，正规军只有八百人，地方团练五百人。"

"人手这么少，能平得了叛乱吗？"

"相爷，您是知道的，打仗靠天时地利人和，若人心不齐，去几万都没有用处。"

"这么说你们张大人在卢龙军中是有一定影响的，平叛也是有把握的啰？"

"张大人的祖辈很多人都在卢龙担任军职，这点把握应该还是有的，请李相放心。"吴仲舒人很精明，应对都在点子上。

李德裕认为，陈行泰、张绛唆使部将上表，要求任命，是威胁朝廷，所以不能同意。张仲武在行动之前，先向朝廷请示，是对朝廷的尊重，他自发为朝廷讨伐叛乱，朝廷支持他属名正言顺。于是，李德裕请求武宗，任命张仲武为卢龙留后。武宗照准李德裕的请求，允许张仲武率军平乱。张仲武以精兵八百人、团练五百人一举攻破幽州，诛杀张绛，平定了卢龙军乱。张仲武平叛有功，被任命为卢龙节度使。

对幽州卢龙军事件的处置，再一次体现了李德裕的从政能力及斗争艺术，成功地利用藩镇的内部矛盾将独立于中央的卢龙节度使收归中央控制。在李德裕的引导下，张仲武后来在征讨回鹘、平定叛乱的战争中屡建奇功，成为忠于朝廷的不可多得的将领。

在外患基本消除，内部叛乱频发的情况下，李德裕及时调整情报部门的力量，指导召罕炯、岩思等人将工作的重点转向内部藩镇。

会昌三年（843年）四月，昭义节度使刘从谏去世。其侄刘稹接受昭义兵马使郭谊的建议，秘不发表，自领军务。刘稹的部将王协怂恿说："我们只要按照以前的惯例，多用金银珠宝厚结监军和朝廷的使者，不去侵扰四方，在城中加强戒备，不出百天时间，朝廷的任命和旌节自然会下达的。"

昭义镇又名泽潞镇，管辖着泽州、潞州、邢州、洺州、磁州五个州，三十一个县，东连山东，北接河朔三镇，南临东西两京，横跨太行山脉南端的东西两侧，地势险要，居于兵家必争之地。

但纸是包不住火的，朝廷很快知道刘从谏病亡的消息。

武宗急招李德裕、崔珙、李绅、李让夷四位宰相入朝议事。"陛下，目前回鹘的残余势力还没有彻底消灭，边疆仍须警备，如果此时再出兵征讨泽潞，国家的财力难以负担，请按照河朔三镇的惯例，任命刘稹暂时统领军镇的事务。"崔珙、李让夷的意见基本一致。

"泽潞镇与河朔三镇情况不同，河朔地区从安史之乱后，就处于半独立的状态，将帅本来与朝廷离心离德。而泽潞镇处于国家的心腹地区，那里的官兵历来忠义，李抱真为节度使时，想让自己的儿子承袭节度使职位，德宗都没允许。刘悟去世后，敬宗不理朝政，宰相又没有远见，便让刘悟的儿子刘从谏承袭了节度使的职位。现在，刘从谏去世，如果又将节度使的位置让刘稹承袭，一定会引起内地各镇节度使的效尤，到时，朝廷的话还有谁听？天子还有什么威严？"李德裕坚决反对。

李德裕力排众议，主张收复泽潞军镇，这是朝廷逐步消除藩镇割据势力，巩固并强化中央集权的整体战略大计，他的远见卓识，得到了唐武宗的赞同和支持。于是，武宗派遣供奉官薛士干宣皇帝旨谕：命刘从谏到东都治疗，刘稹另有任用，昭义镇节度使暂不授人。

薛士干刚到潞州，刘稹已为刘从谏发丧，拒不奉诏。薛士干只得打道回府。

武宗大怒："你们前面说刘从谏骄横跋扈，我还不太相信，现在刘稹公然抗命，必须派兵征讨。"

"陛下，刘稹认为如果朝廷不承认昭义镇的既成事实，会引起幽州、魏博和成德三镇的恐慌，到时就一定能得到三镇的支持。张仲武刚在朝廷的支持下担任幽州节度使，是不会支持叛乱的。只要魏博、成德不出兵相助，刘稹的叛乱就一定能平定。陛下可遣使告知二镇，让他们出兵攻取属于昭义军镇的山东三州。同时向全体将士宣布，叛贼平定之后，朝廷将给予优厚的官爵和赏赐。如果魏博、成德两镇听从朝廷的命令，打败刘稹那小子还有什么难呢？"李德裕分析形势。

为了打消魏博、成德两镇节度使的顾虑，武宗命令李德裕起草给成德节度使王元逵、魏博节度使何弘敬的诏书，其中指出："泽潞一镇，与卿事体不同，勿为子孙之谋，欲丰辅车之势，但能显立后效，自然福及后昆。"意思是：泽潞军镇与你们的情况不同，不能让他们做子孙世袭的打算，你们想要继续为朝廷效力，只要能为朝廷建立卓越的功勋，幸福自然会传及子孙的。

对于各镇节度使的才干智谋，为人处事，性格好恶，思想动机，李德裕全都了如指掌。

武宗读完诏书后，对李德裕说："朝廷对待不同地区藩镇的政策是不同的，就是应该明确告诉他们，以免他们心生疑虑。这样写，很好！"

几天后，朝廷接到成德节度使王元逵和魏博节度使何弘敬的奏报，表示一切听从朝廷的安排，随时可以出兵。

于是，武宗按照既定的策略，下诏削夺刘从谏及刘稹的官爵，任命王元逵为泽潞北面招讨使，何弘敬为南面招讨使，与河东节度使刘沔、河中节度使陈夷行、河阳节度使王茂元相互配合，再调武宁节度使李彦佐为晋绛行营招讨使，会合各路人马，五路并进，共同讨伐刘稹。

李德裕于五月下旬代何弘敬、李彦佐等写予泽潞将军书，晓谕诸将勿从刘稹为逆。

王元逵接到朝廷的命令后，当即出兵赵州，占领临洺，进逼尧山。刘沔派兵驻守昂车关，前锋直抵榆社。何弘敬在肥乡扎营，进逼平恩。陈夷行占据冀城，直指冀氏。王茂元出兵万善，另派兵马使马继等人到天井关，占据科斗寨。只有李彦佐从徐州出发后，逗留观望，逡巡不前，请求在途中整训，并向朝廷请求增援。李德裕立即向武宗进言："陛下，李彦佐逗留观望，没有平叛的打算，臣建议陛下下诏对他所提出的要求一概不许，并严厉责备，命令他马上进军冀城。"武宗采纳了李德裕的建议，对李彦佐严词切责。不久，李德裕建议由石雄取代李彦佐。朝廷任命石雄为晋绛行营节度使副使，并再次下诏令李彦佐进驻翼城。

李德裕认为，以前对河朔用兵，平叛军队的所有军需物资都由朝廷供应，各藩镇见有利可图，纷纷响应。但是，占领一个县城或一个地区后，他们一方面向朝廷邀功，坐等朝廷的军资享用，另一方面，暗中与叛军勾结，拖延时间。为了避免过去对藩镇战争的弊端，李德裕奏请武宗下诏，命令他们不得以攻取县城为目标，要求王元逵攻取邢州，何弘敬攻取洺州，王茂元攻取泽州，刘沔、李彦佐攻取潞州，不得有误。

八月九日，刘稹的部将李丕请求归顺朝廷。"陛下，微臣担心李丕是假归顺，我们不能中刘稹的缓兵之计。"在讨论对刘稹战争的时候，宰相崔铉怀疑刘稹派李丕诈降。

"陛下，开战这么久都没有人来归顺，说明刘稹为反叛做了充分的准备，与他不是一条心的人早已被他排除。现在我们不应该去追究李丕是真降还是假降，只要他们主动离开刘稹，我们都应该给予重赏，以此来分化瓦解叛军阵营，争取平叛战争早日胜利。"李德裕主张在进行军事斗争的同时，应注意策略，进行政治斗争。

"那如何处置李丕呢？"很明显，武宗倾向于李德裕的意见。

"要安排一个好的职务给李丕，让天下人特别是藩镇武将们认识到，只有跟着朝廷，前途才是光明的。"李德裕回答，"当然，在目前情形还没有完全明朗之前，暂时不要安排他在重要位置就行。"

在李德裕的建议下，武宗任命李丕为忻州（今山西忻县）刺史。李德裕这一策略，后来证明是非常正确的。

王元逵从临洺进攻尧山，打败刘稹的援兵，捷报传来，李德裕则立即上表，请求武宗加封王元逵同平章事衔，以激励平叛将领。

当王元逵的前锋已进入邢州境内时，何弘敬还没有任何动静。王元逵密报武宗，何弘敬暗中与刘稹联系，首鼠两端，请朝廷留意。

"忠武军作战勇敢，累有战功，忠武军节度使王宰身强力壮，有勇有谋，如果陛下能下诏让王宰率忠武军取道何弘敬的地盘，直抵磁州，以减轻刘稹的攻势的话，何弘敬必然会感到畏惧，到时不得不带兵平叛，这是攻心伐谋的好办法。"为了促使何弘敬早日平叛，李德裕又向武宗献计。

武宗立即命王宰借境魏博直接攻打磁州。何弘敬听到王宰出兵，担心王宰进入自己的辖区内，会对自己的军心有影响，赶忙督促军队，渡过漳水，进攻磁州。

王茂元派马继等人率领骑兵二千人进驻科斗寨后，放松了警惕，遭到刘稹的部将薛茂卿的突然袭击，攻破了科斗寨，俘获了马继等将领。

消息传来，朝野震惊。大臣纷纷上表，他们认为刘悟曾有功于朝廷，不应断绝他的后代。况且，刘从谏训养精兵十万，储备的粮食可支撑十年，不可能这么容易被平定。李绅、崔铉两位宰相也开始动摇。面对汹汹舆情，武宗也开始犹豫了。

"马继的失败，并未伤及王茂元的主力。"李德裕收到了召罕炯的情报，对前线的情况一清二楚。

"胜败乃兵家常事。诸葛亮有街亭之失，曹操也有赤壁之败，何况万善还在王茂元手中，马继失科斗寨不足以影响整个战局，只要陛下措施得当，信念坚定，不被一时的微弱胜负所动摇，平叛就一定能取得的胜利。"最后，李德裕强调："如果这次征讨泽潞失败，我李德裕愿意一人来承担朝廷决策失误的罪责。"

在这关键时刻，李德裕再次挺身而出，不惜用自己的生命来坚持正确的

158

战略决策。他意志坚定,高瞻远瞩,大义凛然,再一次震慑了朝廷百官,坚定了武宗征讨叛军必胜的信念和决心。

听李德裕这么一说,武宗心里便踏实了。他晓谕群臣:"此后如再有敢于发表阻挠朝廷用兵意见的,朕就将他斩首示众!"从此,朝廷上再也没有出现反对用兵的声音了。

此时,黄州刺史杜牧上书李德裕,论对刘稹用兵之策。书中建议唐军于河阳"高壁深堑,勿与之战,忽有败负,势惊洛师。盖河阳军士,素非精勇,战则不足,守则有余"等对策是相当中肯的。同时,杜牧又称:"昨者北虏才毕,复生上党,赖相公庙算深远,北虏即日败亡。傥使北虏至今尚存,沿边犹须转战,回顾上党,岂能讨除。伏闻圣主全以兵事付于相公,某受恩最深,窃敢干冒威严,远陈愚见,无任战汗。"说明他对驱除回鹘侵扰、对于此时讨伐泽潞的意义,认识也是十分深刻的。他对平叛战争的态度,让李德裕深为感动。

叛军薛茂卿率军攻破科斗寨、擒获马继后,直逼万善。为打破多路围攻的困境,刘稹决定先攻较弱的王茂元一路,以改变战局。刘稹命牙将张巨、刘公直等人率另一支援军南下太行,进逼万善,配合薛茂卿作战。张巨、刘公直到达万善以北后,即与薛茂卿合议,定于九月初一展开总攻,尽快结束万善之战。

这时万善已成一座孤城。

薛茂卿发动了多次冲锋,都被王茂元击退。城墙之外,尸首相枕。城中箭矢将尽,王茂元下令,不到十米之内,不得放箭,必须近距离射杀,以最大限度歼灭敌人的有生力量。

如果援军不继,城中便坚持不了多久,王茂元的压力相当大。李德裕重用他,没想到在关键时刻却遭到失败,他忧心忡忡,一下子病倒了。

王茂元在泾原节度使任上时,李商隐是他的幕僚。王茂元非常看重李商隐的才学,将女儿许配给李商隐。这次平叛战役中,李商隐随同王茂元一起出征。李商隐特意为岳父作《为濮阳公与刘稹书》,劝刘稹不要逆天命而取祸。

"叛军准备重点进攻王茂元。"刘稹刚发兵,消息早已由岩思报到李德裕那里。

李德裕认为,王茂元的失败,是因为马继缺乏主动作战的能力。为了解万县之围,他向武宗建议:"希望皇上下诏,命令王宰迅速率领忠武军援救河阳,这样不仅可以捍卫洛阳,而且也牵制了魏博。如果王宰全军到来,军需给养难以保障,可以暂且让他们发五千人作为先头部队奔赴河阳,这样也可扩大平叛声势。"

"这着棋很妙，攻守兼备。"唐武宗立即采纳。

王茂元这边感到压力大，刘公直那边也不好过。望着自己攻城的官兵一拨又一拨被王茂元射杀，刘公直的心在滴血，如果朝廷的援军赶到，自己就会受到两边夹攻。为了减少损失，掠夺财货，激怒王茂元，报复李商隐，八月二十九日，刘公直率兵秘密来到万善附近的李商隐的祖居之地雍店，疯狂地烧杀抢掠。雍店四周火光冲天，李氏族人惨遭残杀，丧生者无数。

张巨也是个贪功图利之人，见刘公直出兵雍店，抢得盆满钵满，就动了抢占攻打万善头功的念头。因此，不等刘公直回兵，便派兵猛攻万善。

王茂元站在万善城头，看到城外敌军蚁集，不停地冲向城墙。远处火光冲天，浓烟滚滚，十分恐惧，准备弃城南逃。都虞侯孟章说："现在贼兵一半在雍店，一半在攻城，可见他们犯有分兵的战略失误。我们的援军刚刚到达，还没有吃饭，如果知道您率兵逃走，就会不战自溃。如果我们决心坚守，待援军做好部署后，内应外合，就一定会有胜利的希望！"

"孟将军说得极是，守则胜，逃必败。"李商隐也建议王茂元留下来坚守。

不一会儿，忠武军节度使王宰率领的援兵由西南方向杀来，守城的官兵勇气倍增，冲出城门，与援军内外夹击。张巨迅速溃退，不得不向山上逃窜。山上道路狭窄，再加上天昏地暗，又下起了毛毛细雨，人马互相践踏，踩死、坠崖摔死者不计其数。北面的薛茂卿见张巨败退，也赶忙退往科斗寨。万善之战最终反败为胜。

武宗觉得王茂元、王宰两位节度使同在河阳不太合适。李德裕上奏武宗："王茂元精通经史，不是领兵作战的将才，请任命王茂元镇守河阳，王宰为河阳行营招讨使。"于是，朝廷任命王茂元为河阳节度使、王宰兼为行营招讨使。

万善之战取得胜利的时候，何弘敬奏报已攻取肥乡、平恩两县，歼灭叛军数千。

"何弘敬已经攻占了叛军的两个县，想要左右观望已是不可能的事了，传闻他通敌的嫌疑也可以解除了。"唐武宗十分高兴，下诏加封何弘敬为检校左仆射。

九月中旬，王茂元突然病逝。唐武宗追赠他为司徒，谥号"威"。李德裕作《赠王茂元司徒制》一文来纪念他。

王茂元突然病逝，平叛计划被打乱，李德裕建议任命河南尹敬昕接替王茂元为河阳节度使、怀孟观察使，任命王宰为河阳行营招讨使统领行营之兵抵抗叛军，敬昕负责供给粮食军需。唐武宗一一照准。

九月下旬，李德裕任命石雄代替李彦佐为晋绛行营节度使，命令他从冀氏攻取潞州，同时分兵屯驻翼城，以防叛军的侵犯。

石雄代替李彦佐的第二天，就带兵越过乌岭，攻破五座营寨，杀死和俘虏的叛军数以千计。

当时王宰驻万善，刘沔驻石会，都观望不前。唐武宗得到石雄的捷报，心里极为高兴，对宰相们说："石雄真是一位优秀的将军！"

当年石雄被贪官王智兴压制，如果没有李德裕的慧眼相识，也许一生都默默无闻。在平定回鹘的战役中，石雄完美地演绎了李德裕的作战方案，突袭了乌介可汗的中军牙帐，救出了太和公主，进而一举全歼回鹘主力。这次又连破叛军五座营寨，表现出了他杰出的军事才干。李德裕趁机说："几年前，潞州有位男子无缘无故地放声歌唱：'石雄带领七千人来了'，当时刘从谏认为他妖言惑众，将他斩首。现在看来，攻破潞州的一定会是石雄。"

武宗下诏奖赏石雄许多布帛。石雄把这些布帛全部放在军帐门口，他自己只拿了一匹，其余全部分给士兵，因此，他的将士都情愿为他拼命效力。

石雄击败回鹘，接回了太和公主，引起了张仲武的嫉妒。唐武宗曾派李德裕对他们调解，但张仲武始终放不下心中的块垒。朝廷担心他们因个人恩怨而破坏讨伐叛军大事，就调刘沔为义成节度使，任命前荆南节度使李石为河东节度使。

刘稹的部将薛茂卿在科斗寨战役中打败马继，立有军功；万善之战，又全身而退，希望能够得到破格提拔。有人对刘稹说："你所要求的不过是朝廷授予旌节，朝廷早晚会满足你的要求的。薛茂卿斩杀朝廷官兵，只会使旌节的授予更晚。"听了这话，刘稹便没有给予薛茂卿奖赏。

有功不赏，薛茂卿心里不免产生怨忿。他觉得跟着叛军没有前途，便秘密与王宰沟通，打算归顺朝廷。

王宰率军进攻天井关，薛茂卿稍做抵抗后故意率军撤离。王宰顺利地攻下天井关，并进兵驻守。

天井关东西两侧的叛军营寨听说薛茂卿失手，一时军心大乱，纷纷逃跑。王宰趁机率兵抢占了大、小箕村。薛茂卿退入泽州，派人让王宰进攻泽州，自己率军做内应。大、小箕村离泽州约二十里，王宰兵力不足，担心中计，因此没有按照事先约好的时间到达，以至于计划失败。

本来，薛茂卿希望以泽州作为归顺朝廷的见面礼，将功补过，谁知王宰对他并不信任，他感到十分郁闷。

正在这个时候，刘稹的信使到来，令他到潞州召开军事会议。薛茂卿的亲信张从劝他："将军既有归顺朝廷的心思，就应该立即向王宰献城，不必去参加刘稹的会议了。隔墙有耳，万一刘稹获悉将军与朝廷有联系，难保能平安归来。"

"王宰对我并不信任，等我开完会回来献城不迟。"薛茂卿希望能得到朝廷的一些承诺，待时机成熟后再来献城。

"唉！当断不断，反受其算！"张从禁不住叹息。薛茂卿离开泽州后，张从也不辞而别，远离避祸。

薛茂卿一到潞州，便遭抓捕。刘稹杀了薛茂卿还不解心头之气，继而又将他一家老少全部诛杀，没留一个活口。

原来，薛茂卿暗中与王宰联络的事，被刘稹侦悉，刘稹非常生气，以召开军事会议为由，将薛茂卿骗到潞州，将他杀害。并任命刘公直代替薛茂卿，重新调整泽州的军事部署。

不久，王宰率军进攻刘公直，叛军被打败，王宰攻占了陵川。与此同时，河东军也攻取了石会关。

刘稹见大势已去，顽抗到底只有死路一条，便有效仿王庭凑归顺朝廷的想法。刘稹的部下洺州刺史李恬是李石的堂兄，李石来到太原后，刘稹派部将贾群去见李石，把李恬的书信交给了他，信中这样写道：刘稹愿意率领全族归附相公，护送刘从谏的灵柩回到东都洛阳去安葬。李石囚禁了贾群，把李恬的书信奏报给了朝廷。

李德裕看了信说："现在捷报频频，叛军已陷入四面重围，所以才用缓兵之计为自己求得喘息之机，以图再来反击。陛下可以下诏让李石写信答复李恬：'前次来信没敢奏报朝廷。如果你确实想投诚，就带领全族人反绑双手来到边境上等待治罪，表示诚意，那么我就亲自前往接受投降，然后护送你们到京城。如果假意投降，后果自负。'同时下诏给各军镇，趁刘稹上下离心之机迅速进兵讨伐，这样，用不了多久，叛军内部一定会发生变乱，那便是我们的胜利之时。"唐武宗深以为然。

这时，又有大臣上表请求接受刘稹的投降。唐武宗非常生气，直接将那些人贬官，支持妥协的大臣再也不敢吱声了。唐武宗和李德裕想杀一儆百，以征讨刘稹来震慑其他藩镇，提高朝廷的声威，加强中央集权。

然而，正在这节骨眼上，又风云突变。这年十二月，河东横水戍卒发生哗变，攻占太原，驱逐了节度使李石，并推都将杨弁为首领。

事情经过是这样的：刘沔击败回鹘后，留下了三千士兵防守衡水栅。此时河东行营知兵马使王逢驻守在榆社，奏请朝廷调拨援兵。朝廷下令河东派兵三千前往救援。当时河东一带兵力匮乏，就连守仓库的人员及工匠都随军出征了。李石又征召守卫衡水栅的士兵一千五百人，派都将杨弁负责统领，前往榆社支援。

杨弁带领援军来到太原，按照惯例，士兵出征，每人给绢两匹。刘沔离开这里时，把府库的财物全部随军带走。李石刚到河东，军需用品缺乏，他把自家的绢都拿出来救济，每个士兵才得到一匹绢。这时已经到了年终，士兵们都有情绪，要求过了大年初一再出发，监军吕义忠多次下书催促。杨弁利用众人的不满情绪，趁太原城内空虚，率领士兵在太原城内杀死了都头和守城官兵，大肆抢掠。李石见情况不妙，从太原逃往汾州。

杨弁占据河东军府，释放被囚禁在这里的贾群，并派自己的侄子与贾群前往泽潞，与刘稹结成同盟，共同对抗中央。刘稹大喜，坚定了跟朝廷对抗到底的决心。

石会关的守将杨珍听说太原发生了兵变，就率领石会关的守将投降了刘稹，刘稹又有了飘飘然的感觉了。

监军向朝廷奏报了太原兵变的情况，朝廷一片哗然。

唐武宗见刘稹尚未平定，河东又发生动乱，忧虑不已，便命中使马元贯到太原劝杨弁等人归顺朝廷，顺便观察虚实。

马元贯到太原后，杨弁盛情款待，并以重金相赠，请求他在皇上面前替自己美言。

马元贯回到长安后，唐武宗立即召开了会议，商议太原的情况。马元贯当着朝臣汇报观察到的情况："根据下官考察，杨弁深得军心，朝廷应该授予杨弁节度使的旌节，以平息战端。"

"马公公何出此言，朝廷凭什么要授予杨弁节度使的旌节？"李德裕质问。

"杨弁兵强马壮，从衙门一直到柳子营，列队十五里，将士都身穿明晃晃的盔甲，实力不可小觑。如果要以武力攻打的话，我认为没有取胜的把握，不如招降为好。"马元贯回答。

"李石正是因为太原没有兵，所以才征发衡水栅之兵赶赴榆社。仓库里的军需物资早在刘沔驻守时已经消耗殆尽，杨弁怎么突然能有这么多明晃晃的盔甲呢？"

"太原人性彪悍，个个都可以当兵，这些都是杨弁新招的。"

"招募士兵需要钱财，李石就是因欠士兵一匹绢，才招致了这次兵变，杨弁又是从哪里得到这么多钱财的呢？"

马元贯顿时哑口无言，他精心编制的谎言被李德裕揭穿了。

李德裕又说："如朝廷两处用兵，国力不支，那么宁可先放过刘稹，也不能放过杨弁这个趁火打劫的叛贼。"

平定泽潞是件不世之功，大部分朝臣都不希望李德裕获得这一功勋。趁着杨弁叛乱，又有大臣提出罢兵的建议。李德裕忧心忡忡，朝廷一旦罢兵，将前功尽弃。"必须进一步坚定皇上平叛的决心！"趁着下朝，李德裕有意走在后面。

"爱卿，你是不是有话要说？"武宗向他招手。

"陛下，我想说刘稹、杨弁罪不可赦，平叛决不能半途而废！"李德裕进一步强调。

"朕也是这么想的。"

"在德宗时，李怀光叛乱没有平定，京城连年遭灾、蝗灾交加，米价涨到千钱一斗，太仓米粮只有几十天的储备。德宗派马钦绪等人征求百官的意见，左散骑常侍李泌摘一片桐叶撕破揉成一团，让马钦绪带给德宗。德宗不知这是什么意思，立即召李泌前来。李泌对德宗说：'陛下与李怀光的君臣缘分，就像这片桐叶一样，是不可能复合的啊！'从此，德宗坚定了平定李怀光叛乱的决心。李怀光叛乱被平定后，德宗任用李泌担任宰相，十分信任他。"李德裕边讲边看武宗的反应。

"李泌也算是一个奇人！"武宗十分认同李德裕的话。

这时，李德裕才长长地舒了一口气。

会昌四年（844年）正月初四，李德裕上《论刘稹送款与李石状》，李德裕在此状中说刘稹这是缓兵之计，不应受降，应该请诸将快速进兵，消灭刘稹。

正月初五，李德裕撰《论刘稹状（附太原状）》。初六日，李德裕撰写《宰相与王宰书》。在给王宰的书信中，李德裕说："昔王承宗虽逆命，犹遣弟承恭奉表诣张相祈哀，又遣其子知感、知信入朝，宪宗犹未之许。今刘稹不诣尚书面缚，又不遣血属祈哀，置章表于衢路之间，游弈将不即毁除，实恐非是。况稹与杨弁通奸，逆状如此，而将帅大臣容受其诈，是私惠归于臣下，不赦在于朝廷，事体之间，交恐不可。自今更有章表，宜即所在焚之。惟面缚而来，始可容受。"李德裕明确表态，刘稹和杨弁狼狈为奸，叛逆罪状明显，今后若再有如此奏表，应该立即销毁，除非刘稹反绑双手来投降，其他一切免谈。

接着，李德裕又上表分析："太原人心从来忠顺，止是贫虚，赏犒不足。况千五百人何能为事！必不可姑息宽纵。且用兵未罢，深虑所在动心。顷张延赏为张出所逐，逃奔汉州，还入成都。望诏李石、义忠还赴太原行营，召旁近之兵讨除乱者。"

李德裕的分析符合实际，唐武宗听取了他的建议，下诏命令李石、吕义忠回到太原行营，召集附近的兵马讨伐叛军。

同时，王逢与王元逵也分道进兵，将在太原会合。榆社的河东军听说朝廷命令其他藩镇的兵将攻打太原，担心自己的妻子儿女被乱军屠杀，就推举河东监军吕义忠为帅，带头攻打太原。吕义忠也不希望王逢和王元逵抢头功，当日便率榆社戍军攻占了太原，诛杀了杨弁，太原兵变就这样被轻而易举地平定。

太原兵变的问题解决后，李德裕上书唐武宗："王宰久应取泽州，今已迁延两月。盖宰与石雄素不叶，今得泽州，距上党犹二百里；而石雄所屯距上党才百五十里。宰恐攻泽州缀昭义大军，而雄得乘虚入上党独有其功耳。又宰生子晏实，其父智兴爱而子之，晏实今为磁州刺史，为刘稹所质。宰之顾望不敢进，或为此也。"

于是唐武宗命令李德裕起草诏书给王宰，督促其进兵。并且说道："朕对于刘稹这样的寇贼，永不能赦免他的罪过。也知道王晏实是你的爱子，希望你能申明大义，以朝廷大局为重，克制自己的感情。"

朝廷任命李石为太子少傅，分司东都。石雄为河中节度使。不久，石雄一鼓作气连破良马等三个营寨和一座城堡。

李德裕又向武宗献计："刘稹扣押了王宰的儿子当人质，王宰一直观望不前。如果皇上让王宰奔赴磁州，让何弘敬出兵讨伐泽潞，调刘沔镇河阳，命令他带义成精兵二千直抵万善，处王宰肘腋之下，王宰一定明白朝廷的意图，不敢再作逗留。如果王宰进军，刘沔以重兵在南历声援，讨贼声势就会进一步壮大。"李德裕将参与平叛的各路将领的思想动机摸得一清二楚。

武宗于是任命义成节度使刘沔为河阳节度使。

四月，刘沔的部队不断地向万善开进，紧蹑王宰之后。王宰不得不全力进攻泽州。

李德裕每天都在关注着泽潞战报，常常工作到深夜。这年闰七月，镇州奏事官高迪向李德报告，魏博、成德诸镇的兵力虽然远远多于刘稹，为什么迟迟不能歼灭刘稹的有生力量？其原因主要是诸镇进兵都不离自己的州郡，只是每三两月深入一次敌境，烧杀抢掠一通又回来了。叛贼只要固守城栅，就没有什么损失，至于城外的老百姓遭受战火的伤害，他们是不会感到痛惜的。因此，应该命令各路军马据守要害之地，慢慢进逼。如按现在这样的方式平叛，叛贼是不会感到害怕的。

接着，刘稹的心腹将领高文端归顺朝廷。李德裕专门接见了高文端，并向他询问平叛的办法。高文端向李德裕献计："官军现在围攻泽州，即使贼兵伤亡极大，泽州城也难以攻破。现在泽州守军约一万五千人，他们一般分兵一半潜伏在城外的山谷中，专等官军攻城疲惫之时四面出击，这样，官军必然会失利。如果现在命令陈许军过干河筑营立寨，将寨城连起来筑成环绕泽州的夹城，切断城内外的联系，叛贼看到围城即将建成，必然会出城大战。叛军出城，便无险可守，我们乘势而攻，他们必然失败。这样，泽州城便唾手可得。"

"现在王逢进逼的固镇寨战场，四周都是崖悬绝壁，易守难攻。但是寨中没有水源，要到寨东南约一里外的地方取水。应该让王逢进兵寨外，切断他们的水源，不过三日，贼兵必弃寨而逃，官军可乘胜追击。前面十五里就到了青龙寨，也是易守难攻，寨中无水的地方，可以用同样的方法攻取。再往东十五里就到了沁州城，敌军就无险可守了。"

关于刘稹内部的情况，高文端也提供了很重要的信息："刘稹对部下极不放心，先诱杀薛茂卿，后来连杀邢洺救援兵马使谈朝义兄弟三人。都头王钊率一万余人防守洺州，担心刘稹疑忌。刘稹请他到潞州议事，他不敢赴会。王钊及手下的官兵都想归顺朝廷，但他们家属全在潞州，投鼠忌器，恐遭刘稹杀害，因此，又不敢来降。只有私下告诉王钊，让他带兵攻取潞州，事成之后，让他到别的地方担任节度使，这样，王钊也许能接受而归顺朝廷。"

李德裕综合这些情报，奏请唐武宗下诏命各路将领依计而行，一步一步将刘稹逼于绝境。

这时，淮南的漕运又出现了问题。李绅再次任相后，虽说在大政方针上支持李德裕，但他的进取心逐渐减退，开始追求享受，生活开始腐化起来。有一次，李绅设宴招待刘禹锡，刘禹锡曾题《赠李司空妓》，诗中对李绅奢华的生活表示了讥讽：

高髻云鬟宫样妆，春风一曲杜韦娘。
司空见惯浑闲事，断尽江南刺史肠。

李绅的变化，给李德裕带来了很大的负面影响。正在这个时候，李绅的腿出了毛病，请求辞去宰相。李德裕便奏请武宗，让李绅再次出镇淮南。

刘稹年轻，缺乏军事政治经验。押牙王协、宅内兵马使李士贵趁机掌握军镇大权。他们两人胸无大志，喜好聚敛钱财，府库里堆满了金银布帛，对将士却有功不赏。于是，将士怨声四起。刘从谏的妻子裴氏担心刘稹大权旁落，想召她弟弟邢州守将裴问回来帮助刘稹掌握军政大权。李士贵担心裴问回来会削弱自己的权力，就对刘稹说："山东之事全仰仗于五舅（裴问），如果将他召回，山东三个州恐怕难以守住，山东若失则泽潞难保。"刘稹只好作罢。

与李士贵一样，泽潞军另一将领刘溪更加贪财，刘从谏因此弃而不用。后来，刘溪送了很多财物给王协，王协便给了他一个征收赋税的差事。因为邢州的富商最多，王协命令刘溪到那里去搜括钱财。裴问所率领的军队号称"夜飞"，大多是富商子弟。刘溪到邢州后，将夜飞军的家人全部扣押，交了钱才放人。夜飞军将刘溪勒索财物的行为向裴问控告，裴问为他们求情："刘大人，你抓的那些人都是我手下兵将的家属，望大人看在在下的薄面，将他们释放。"

"裴将军，人马未动，粮草先行。现在前线战事吃紧，节帅大人命我筹措粮饷，如果筹措不成，唯我是问。人我可以放，那粮饷就劳您来完成。"刘溪根本不买裴问的账。

"难道大人不怕激起兵变吗？"

"将军连手下的军队都不能控制，节帅要你有啥用？哦，难怪，你是五舅……"刘溪不但不给面子，还用极不礼貌的言语羞辱裴问。

裴问大怒，与部下一起商量杀掉贪官刘溪。裴问将自己的决定通报刺史崔嘏，崔嘏也表示同意。于是，崔嘏、裴问关闭城门，斩杀刘稹的亲信四人，然后向王元逵请降。

一石激起千层浪。裴问的投降，一下子引起了连锁反应。党山的守将高元武、洺州的守将王钊，也投降了何弘敬。在磁州的安玉，听说邢州、洺州都投降了朝廷，也唯恐落后，献城投降。尧山都知兵马使魏元谈等向王元逵投降，王元逵因其久功不克，伤亡了不少士兵，生气将他们全部斩杀，为死去的士兵报仇。

八月，邢、洺、磁三州都已经归顺朝廷，李德裕说："山东是昭义军的根本，山东三州归顺朝廷，那么山西的上党过不了几天会有新的变化的。"

"我估计郭谊一定会杀掉刘稹来将功赎罪的。"武宗认为。

"战况一定会如圣上所料。"李德裕对战局充满自信。

"爱卿，我们当务之急应该怎样？"唐武宗又问。

"应该任命卢弘止为山东三州的留后，以免镇、魏军请求占领三州，朝廷不好处理。"唐武宗表示同意。

潞州的人听说邢、洺、磁三州已经归顺朝廷，十分恐惧。郭谊、王协准备谋杀刘稹以立功赎罪。郭谊让亲信董可武去劝刘稹："现在山东三州已经归顺朝廷，城中人人自危，不知道将军您有什么打算？"

"现在城中还有五万军队，我们闭门坚守就是。"刘稹无奈地回答。

"这不是好办法。如果以这点人坚守的话，会越打越少，最后老本都会赔光。将军，如果像张元益、王庭凑一样归顺朝廷，至少还可以有个刺史的职位给您。现在暂且委任郭谊为留后，等朝廷准许之后，您带着母亲、家室及财物到长安安家，不也很好吗？"董可武装作很贴心地为主帅出谋划策。

"到了这个地步，能确保郭谊不会背叛我吗？"刘稹又问。

"他已在我面前发誓，愿意为您守住这个摊子，一定不会背叛您的。"

于是，董可武叫来郭谊，三人共同商定了归顺朝廷的具体细节。之后，刘稹便将情况向母亲裴氏报告。"儿子啊，你归顺朝廷是好事，但为时已晚啊。你舅舅都不能够保证和我们一条心，郭谊的保证你能信吗？还是你自己拿主意吧。"裴氏的见识比刘稹要广。正如裴氏所言，一切都已经晚了。

刘稹沉吟半晌，觉得除此之外，也没别的办法。于是脱掉官服，以裴氏的名义任命郭谊为都知兵马使。

李士贵知道刘稹已经中了郭谊的计，便率领自己的部下来攻郭谊。郭谊大声对李士贵的部众喝道："你们不想跟我获得朝廷的奖赏，而要跟着李士贵找死吗？"李士贵的部众一听，觉得有理，便退下去反将李士贵杀死。

杀死李士贵后，郭谊撤了军府的将吏，重新部署了自己的人。

董可武来请刘稹去衙门商议归顺之事。

"为什么不在这里商议？"刘稹问。

"在这里怕惊扰太夫人。"董可武回答。

刘稹没有觉得意外，便带着董可武走出牙门，来到北面的餐厅。餐厅里面，郭谊等人在那里准备了丰盛的酒席。

"来来来，今天我们不谈公事，痛痛快快吃个团圆饭吧。"郭谊招呼刘稹入座。

众人喝了一会儿，郭谊、董可武、崔玄度端起杯子，走过来给刘稹敬酒。就在刘稹拿着杯子准备起身的时候，董可武突然冲上前抓住刘稹双手，崔玄度趁机抽出长剑，从后面砍下了刘稹的头。

接着，郭谊下令抓捕刘稹的家属，上至七十以上的老人，下至襁褓中的婴儿全部杀害，只留下裴氏一人。为了防止与刘从谏父子关系密切的将领反抗，郭谊将张谷、陈扬庭、李仲京、郭台、王羽、韩茂章、茂实、王渥、贾庠等十二户人家，包括他们所有亲属，没留一个活口。郭谊大权独揽，一手遮天，凡是以前在军中跟他有怨恨的人全被杀害，以致潞州城内血流成河，尸籍相枕。

刘稹一死，树倒猢狲散，其他将领见大势已去，也纷纷投降。

郭谊将刘稹首级装在匣子里，派遣使者带着王宰的儿子王晏实及投降的文书，向王宰投降。

王宰把情况汇报给了朝廷。

唐武宗秘密召见李德裕。"恭喜陛下！情况正如陛下所料，郭谊已杀刘稹来降。"李德裕很高兴地向武宗报告。

"爱卿辛苦了！你劳苦功高。现在叛乱已经平定，我们该如何处置郭谊呢？"武宗也感到前所未有的轻松。

"陛下，刘稹不过是个傀儡而已，摇鹅毛扇的人是郭谊。现在，他见大势已去，又来出卖刘稹以求得朝廷的赏赐，这种小人罪不可赦，应该将跟随他的人一块除掉。"

"朕也是这么想的。"于是，武宗下诏命令石雄率军进入潞州。

郭谊杀了刘稹后，天天等待着朝廷的赏赐和授予他为节度使的旌节。他听说石雄来了，内心十分紧张，但又不得不召集部下迎接石雄。石雄进入潞州后，一同入城的朝廷敕使张仲清对郭谊说："郭都知的委任文书过几天就会下达，各位的委任文书在我这里，请你们晚上到府衙来接受任命。"

到了晚上，郭谊率领降将来衙门参见。石雄带领七千人马，紧紧地将校场围住，张仲清逐个念着他们的名字，让他们进去授命。郭谊第一个进去，石雄大喝一声："将叛贼郭谊拿下！"等待在那里的官兵一拥而上，将其擒获。不一会儿，王协、刘公直等人全被抓捕，由官兵押送到京城。

唐武宗又下诏挖掘刘从谏的坟墓，在潞州暴尸三天。

九月，刘稹及部将郭谊、王协、刘公直、安全庆、李道德、刘佐尧、刘开德、董可武等人全都在京师被枭首正法。他们卖主求荣，一直等待着封官晋爵，岂料聪明反被聪明误，等到的却是人头搬家。

武宗因裴氏系名门之后，加上她的弟弟裴问最先归顺，准备下诏免死。但刑部侍郎刘三复认为，刘从谏早有反心，刘稹又有谋反事实，谋反属十恶不赦之罪，不能法外开恩，武宗只好将其赐死。

经过一年多艰难的斗争，唐中央终于战胜了叛离的藩镇。唐武宗大赏有功之臣，加封李德裕为太尉、赵国公，食邑三千户。李德裕坚辞不受，唐武宗对他说："朕恨没有更高的官衔赏给爱卿了！如果不是爱卿应得的，朕一定不会随便乱赏。"李德裕推辞不掉，便请求把赵国公的封号改为卫国公。

因为李德裕的哥哥李德修以长子身份承袭他父亲"赵国公"的爵位，他的爷爷李栖筠成年后迁居汲郡，当时已改称卫州。武宗马上便改封李德裕为"卫国公"。

"爱卿，你为国事操劳，辛苦了！你也别太委屈了自己，王尚书，请你将李爱卿的儿子李烨调回长安，暂任他为侍御史吧。"武宗交代吏部尚书王起。

"陛下圣明，微臣遵旨！"王起赶紧接受任务。

"陛下不可，万万不可。承蒙陛下关心，犬子调回长安的安排我接受，但是，一下子让他担任六品侍御史是微臣不能接受的。陛下，您不能因一时的好恶，而坏了官吏任用的规矩啊！"李德裕没有因平叛有功而冲昏头脑，虽说他的身体已经出现了问题，需要儿子照顾，但他坚持不任人唯亲，包括自己的儿子。

"爱卿真君子也！"

"陛下圣明，我们才有机会为国家出力。陛下越是看重我们，我们越要努力。"李德裕从心底里感激武宗。他深深地感觉到，陛下圣明，是他和所有臣民的福分。

"王尚书，那就任命李烨为集贤殿校理吧。"武宗被李德裕大公无私的品质感动不已，"朕有爱卿，天助朕也！"

"陛下圣明！"宣政殿下，朝臣们大声高呼。李德裕只好接受武宗的安排，让儿子回到长安。

李烨回到长安后，将在浙西的外公徐步仁接到长安居住，代母亲尽孝。新的管家刘宁在刘谨言手下经过两三年的历练，慢慢接上了班。李德裕将老管家刘谨言安排到平泉山庄打理家务，颐养天年。

在李德裕的推荐下，卢弘正被任命为昭义军镇节度使。卢弘正在征讨叛军时有较高的威信，以宽仁美德而扬名，那些原已逃散的叛乱将士，感于卢弘正的威望，纷纷回来归顺朝廷，昭义军镇于是得以安宁。

唐武宗又下诏：免除昭义五州一年的赋税，在平叛战争中，军队所过州县免今年秋税。参加平叛的将领，按功劳大小进行封赏。

这次平定叛乱，李德裕总结了不少经验，他认为从德宗时韩全义讨伐吴少诚以来，将帅出征总是失败的原因有三："一者，诏令下军前者，日有三四，宰相多不预闻。二者，监军各以意见指挥军事，将帅不得专进退。三者，每军各有宦者为监使，悉选军中骁勇数百为牙队，其在陈战斗者，皆怯弱之士。每战，监使自有信旗，乘高立马，以牙队自卫，视军势小却，辄引旗先走，陈从而溃。李德裕乃与枢密使杨钦义、刘行深商议，约敕监军不得预军政，每兵千人听监使取十人自卫，有功随例沾赏。二枢密皆以为然，上奏皇帝后，依令而行。自御回鹘至泽潞罢兵，皆守此制。自非中书进诏意，更无它诏自中出者。号令既简，将帅得以施其谋略，故所向有功。"

在这次平叛中，李德裕的政治思想工作也做得很到家。自从对刘稹用兵以来，河北三镇每次派遣使者到长安，李德裕都要当面告诫他们："河朔三镇虽然兵强马壮，但还是离不开中央，必须借助朝廷的任命来安定军情。回去告诉你们的主人：与其巴结逢迎宣慰敕使以求官爵，不如自己努力为朝廷办差立功，让皇上知道你们的价值，使恩遇出朝廷，这样的荣耀不是最大的荣耀吗？"李德裕向武宗汇报了这事，唐武宗高兴地说："就是应当这样将道理明明白白地告诉他们。"于是，河北三镇不敢有其他意图了。

平定泽潞刘稹叛军是李德裕一生中最主要的功绩之一。在这次讨伐战争中，李德裕表现了他杰出的军事才能和远见卓识。其间筹谋决策，选用将帅，征调兵力，起草诏令，指挥调度，全都由他独自决断，其他宰相并无参与。李德裕运筹帷幄，指挥若定。他随时注意前线作战的进展情况，善于抓住薄弱环节，及时调整对敌战略战术。例如：杨弁太原兵变时，他命令王逢、王元逵、吕义忠分道进兵太原，诛杀杨弁，平定叛乱；王茂元部马继科寨失利后，李德裕调王宰迅速率领忠武军援救河阳，稳定西部战线；何弘敬观望不前时，他让王宰率忠武军取道魏博，直抵磁州，逼何弘敬投入平叛斗争。

又如，李德裕听取了镇州奏事官高迪的意见，令镇、魏兵"进营据其要害"；同时采纳了刘稹心腹、降将高文端的合围泽州、断绝固镇寨水道和招降郉州守将王钊的建议，都取得了成功。李德裕排除了一个又一个障碍，加快了讨叛战争的进程，最终取得胜利。潞州叛乱的平定，重振了唐朝廷的声威，有效地遏制了其他藩镇扩张的野心，对唐朝政局的稳定有着重要的意义和深远的影响。

"陛下，根据种种迹象判断，牛僧孺、李宗闵历来与刘稹的关系非同一般。"叛乱平定后，李德裕向武宗报告。

"何以见得？"武宗反问李德裕。

"刘从谏盘踞上党十多年，大和年间，刘从谏入朝，牛僧孺、李宗闵执政不仅没有采取任何措施来制约他，还奏请文宗授予他同中书门下衔（宰相），让他回到太原，养虎为患。今天我们耗费天下一半的财物才平定叛乱，都是他俩工作失误造成的，我认为应该追究他们的责任。"

"爱卿，凭这一点恐怕还不足为据吧。"牛僧孺刚刚因汉水泛滥遭贬，武宗还不想置牛僧孺于死地。

李德裕又让石雄调查牛僧孺、李宗闵与刘从谏的往来书信，可惜由于刘稹、郭谊等人作为叛贼已被处死，家产遭到查抄，书信等不值钱的东西都被焚毁。这时候孔目官郑庆向武宗报告，从潞州刘从谏的部下得到消息，刘从谏每每收到牛僧孺、李宗闵的书信，看了后便立即焚毁。武宗便下令御史台去追查这件事情。御史中丞李回、知杂郑亚都认为有这么回事。河东少尹吕述写信给李德裕，说牛僧孺听到刘稹的叛乱被平定后，喟然长叹。李德裕将吕述的书信交给武宗，武宗大怒："养痈遗患，通敌误国，实在可恶！"下诏将牛僧孺贬为太子少保、分司东都，李宗闵为漳州刺史。不久，再贬牛僧孺为汀州刺史，李宗闵为漳州长史。十一月，将牛僧孺贬为循州长史，李宗闵流放到封州。

禁毁佛教

在李德裕担任宰相期间，唐武宗禁毁佛教，李德裕是得力助手。禁毁佛教历来毁誉参半，但在中国历史上也是一件震古烁今的大事。

武宗为什么要下这么大的决心？而李德裕为何也不遗余力地支持呢？这又得从头说起。

唐代的皇帝姓李，道教的始祖也姓李，统治者为了神化皇权，给自己脸上贴金，自称是老子的后代，所以推崇道教。尊老子为太上玄元皇帝，封《道德经》为《道德真经》，在科举考试中，列老、庄、文、列四经为考试科目，擢拔熟习道家经典的知识分子为高官，以提倡道学。

唐代帝王推崇道教的同时，也不排斥佛教。特别是唐高宗后期，武则天逐渐掌握了政权，武则天为了取代李唐王朝，必须否认李唐天子的正统。李唐王朝崇尚道教，儒家又从根本上反对妇女参政，武则天只能借助佛教作为神化其统治的工具了。

于是，武则天大力提倡佛教。她广建佛寺，翻译佛经，礼遇僧尼，将大量土地财产赐予寺院僧尼。同时规定："凡道士给田三十亩，女冠二十亩；僧尼一如之。"不仅让寺院从国家获得土地，同时给予他们不纳赋税的特权。

在武则天统治时期，佛教达到鼎盛。全国各地，寺院林立，僧尼众多，佛教经典著述十分丰富。

武则天之后，历代皇帝都崇道礼佛，经常给寺院赏赐土地。佛教理论体系完备，所宣扬的"因果报应""生死轮回"的思想，把人们从痛苦的现实转移到不可验证的来世，更容易被人接受。贵族、地主和地方信众也大规模向寺院捐赠土地财物，"王公士民瞻奉舍施，惟恐弗及，有竭产充施者，有然香臂顶供养者。"为此，佛教寺院吸收了大量劳动人口和社会财富。

为了增殖财富，寺院还开发出很多门路。举办法事、念经超度、接受施舍捐赠是它们获得收入的常规渠道。它们还利用积累的余财，包揽地方的质举、借贷，赚取高额利润；一些寺院甚至利用人们对末日及灾祸的恐惧，引诱信众捐财消灾，以聚敛财物。如亳州的圣水事件，就是"妖僧讹惑，狡计丐钱"的典型案例。

寺院从各种途径获得土地财产，而又享受不纳赋税的特权，导致寺院经济不断膨胀。以至于时人惊呼，"凡京畿上田美产，多归浮屠"。因土地过多，僧尼无法耕种，寺院便将土地出租或雇佣佃户耕种，大量的劳动力挂靠寺院，以图庇护。

寺院经济不断壮大，僧尼们过着丰衣足食、水旱无忧的生活。于是，僧尼便成了社会上令人羡慕的职业，大量青壮年纷纷剃度出家。由于出家的人多，剃度指标都涨到了三万钱一个。"虽屠沽臧获，用钱三十万……钱三万则度为僧尼。"

唐敬宗时期，徐泗节度使王智兴上书皇上，为庆祝皇上生日，要求在泗州设戒坛"超度"僧尼。刚继位的敬宗不知道里面的玄机，就点头同意了。这下可不得了了，江淮地区的精壮男子前仆后继地找王智兴超度。时任浙西观察使的李德裕赶紧提醒敬宗，他这是在挖大唐帝国的墙脚，中饱私囊啊！若再不禁止，等您过完生日，大唐要少六十万壮丁！唐敬宗恍然大悟，赶紧叫停。

佛教事业不断扩张，寺院经济不断膨胀，严重地影响了国家的财政收入；大量青壮年剃度为僧，社会劳动力大量减少，老百姓负担相对加重；寺院占有大量良田，广大老百姓土地不断流失，引起社会矛盾不断加剧。大历十三年，都官员外郎彭偃曾奏议："今天下僧道，不耕而食，不织而衣，广作危言险语，以惑愚者。一僧衣食，岁计约三万余，五丁所出不能致此，举一僧以计天下，其费可知。"

杜牧《杭州新造南亭子记》曾指出："古者三人共食一农人，今加兵、佛，一农乃为五人所食，其间吾民尤困于佛。"

不仅如此，佛教的过度扩张，还引起儒、道与佛的冲突。儒家思想是封建社会的主流思想，它将宗法与伦理糅合，重视现实的人，强调君君、臣臣、父父、子子，在这个基础上构筑良好的社会秩序。每个人当从社会最基本的单位——家庭为出发点，格物致知，修身齐家而治国平天下。以儒家思想为基础的士大夫认为，佛教教义虽说可以麻痹人民的思想，但"（佛教）口不言先王之法言，身不服先王之法服；不知君臣之义、父子之情"。灭伦常，去君臣父子，严重侵扰了根据儒家思想建立的封建统治秩序，不利于社会稳定。他甚至提出"人（民）其人，火其书，庐其居"，主张彻底尽灭佛教"。

佛教"因果报应""生死轮回"的思想也遭到了很多有识之士的驳斥。神龙元年四月，针对唐中宗重用僧人、术士担任要职，左拾遗李邕上疏谏唐中宗："《诗》三百，一言以蔽之，曰'思无邪'。若有神仙能令人不死，则秦始皇、汉武帝得之矣；佛能为人福利，则梁武帝得之矣。尧、舜所以为帝王首者，亦修人事而已。尊宠此属，何补于国？"

韩愈也以此为例，对佛教"因果报应"之说予以驳斥："惟梁武帝在位四十八年，前后三度舍身施佛，宗庙之祭，不用牲牢，昼日一食，止于菜果，其后竟为侯景所逼，饿死台城，国亦寻灭。事佛求福，乃更得祸。由此观之，佛不足事，亦可知矣。"

唐朝的皇帝推崇道教还有一个原因，道教宣扬通过服用丹药可以长寿，修炼可得道成仙。皇帝都希望长生不老，加上道家炼制的丹药都是一些壮阳之药，皇帝服了之后，精神陡长，情欲日浓，常夜御数女，畅快无比，因此，他们常置谏臣的苦劝而不顾，在宫中设置道场，引入徒侣，宣讲道法，炼制丹药——毕竟眼前的享乐是实实在在的。

武宗推崇道教，达到了痴迷的程度。他拜赵归真为师，给予他崇高的礼遇，对他言听计从。赵归真趁着受宠的机会，每次与唐武宗在一起的时候，都要诋毁佛教，说佛教不是中国原生的宗教，只会损害中国的生灵，佛道不能并存，应当全部除掉。

当时，民间流传"李氏十八子昌运未尽，便有黑衣人登位理国"的谶言。赵归真趁机向武宗进言："十八子"就是李唐皇室，"黑衣"则是指僧人，意思是将来会有黑衣天子取代武宗，暗示僧人威胁到了武宗的地位，从而使武宗更加坚定了灭佛的决心。同时，赵归真还散布谣言，说武宗所期待的望仙台之所以看不到成仙的道士，就是因为佛教的黑气阻碍了成仙之路。

唐武宗宠信赵归真等人，而赵归真打着皇帝的名义不断招摇撞骗，结伙舞弊，大搞不正之风。攀附他的人如过江之鲫，他的住地门庭若市。

"陛下，赵归真是敬宗时的罪人，您不宜过于亲近。"赵归真所为引起了李德裕等人的警觉。

"爱卿，朕派人查过，赵归真在敬宗时期也没有什么大的过失。朕招他们进宫，不过是朕在宫中无聊时，与朕聊聊天罢了。至于军国大事，我一定会与爱卿等人商量的，纵有一百个赵归真，也不可能让朕受到蛊惑的。"武宗依然执迷不悟，对这些忠言根本听不进去。

"陛下，您要保重龙体啊！陛下的安康，是我等的福分。"

"爱卿，这个朕会注意的，你们放心便是。"武宗嘴上这么说，心里老想着赵归真的丹药与脱胎换骨长生不老的事。

武宗如此回答，李德裕也就不好再说什么了。

唐武宗除迷信道教这个不足之处外，算是历史上少有的英主。他站在帝王的角度认为，宗教本来就是他们用来维护统治的，现在佛教却发展到与国家争地、争人、争财产、争社会影响的地步，这是任何一个有远见卓识的帝王不允许的。加上他也是一个笃信丹药的道徒。他愤怒地喊出："穷吾天下者，佛也。"表示要禁绝佛教。

"陛下，招提、兰若（官赐者为寺，私造者称招提、兰若）、滥寺该拆，此外，无名僧、童子沙弥、犯戒和作奸犯科的僧尼都该还俗，寺庙所占的土地和青壮劳力都应该清退。但是，佛教有这么多的信众，要禁绝恐怕会引发一系列社会问题，请陛下深思啊！"李德裕是一个深受儒家家国情怀影响的士大夫，他的志向就是治国平天下，他在浙西观察使任上时，为了解决老百姓的土地问题，就曾废除淫祠，开垦荒地，兴修水利，为民造福。他支持禁抑佛教，但武宗要禁绝佛教，李德裕觉得有点过了头。

"爱卿，汉代以前没有佛教，日子不照样过吗？要禁绝，坚决要禁绝！"武宗态度十分坚决。

"陛下，禁佛只能一步步来……"李德裕欲言又止，他觉得再多说也没有用，作为宰相，他只得全力支持。

会昌二年（842年）十月九日，武宗颁布敕书："天下所有僧尼解烧练、咒术、禁气、背军、身上杖痕鸟文、杂文功、曾犯淫养妻、不修戒行者，并勒还俗。若僧尼有钱物及谷斗、田地、庄园，收纳官。如惜钱财，请愿还俗去，亦任勒还俗，充入两税徭役。"敕令下达后，长安左街还俗的僧尼共一千二百三十二人，右街还俗的僧尼共二千二百五十九人。

会昌三年（843年）六月十一日，是武宗诞生之日。李德裕按惯例设置斋宴，召佛道两教高人入宫讲经说道，希望借此让武宗改变对佛教过于激进的态度。但武宗依然旗帜鲜明，只赏道人紫衣，不准僧人着紫。当时，太子詹事韦宗卿向武宗进献《涅槃经疏》二十卷《大圆伊字镜略》二十卷，遭到武宗严斥："（韦宗卿）忝列崇班，合遵儒业，溺于邪说，是扇妖风……况非圣之言，尚宜禁斥，外方之教，安可流传。"下令由中书门下将手稿追回销毁，不准外传。

会昌四年（844年）三月，武宗颁敕不许供奉佛牙、舍利，禁止五台山等寺庙收藏、展览或利用舍利起道场法事。打击佛教的宗教圣地，断绝信众对寺庙及僧尼的施舍供奉。

六月十一日，武宗诞生之日，不再请僧人入宫讲法。"功德使帖诸寺，准敕不许僧尼街里行犯钟声，及向别寺宿经一夜者，科违敕罪。从前不准午后出寺，今不许犯钟声。"禁止寺庙间的人员相互流动和联系。

七月，敕令毁拆没有经过国家正式批准而建立的寺庙，下令庙里的僧尼等全部还俗。京城坊间的佛寺三百多所，以及佛像、经楼等尽行拆除。各地佛教寺庙、僧墓佛塔等，下令一概拆除销毁。

十月，敕令拆除各地的小寺庙，将经佛搬入大的寺庙，将寺中的钟磬送给道观。被拆除的寺庙中不依戒行的僧尼、年少有戒行的僧尼，必须全部还俗，押送回本人原籍。年纪较大，已经受戒并且持规守戒的僧尼，允许他们到大寺住持，京城就拆毁寺庙三十三座。

会昌五年四月，"敕祠部检括开下寺及僧尼人数，大凡寺四千六百，兰若四万，僧尼二十六万五百"。

根据祠部调查统计的情况，武宗准备毁掉所有的寺庙。李德裕这时身体欠佳，在家养病。一天，管家突然来报，王起王大人来了。

王起知识渊博，为人正直，从政经验丰富，一直与李德裕保持着很好的私人关系。王起当时正担任尚书左仆射，他亲自登门，肯定有要事相商。

"贤兄啊，有什么事您带个信就是，不必烦劳您亲自登门。"李德裕到门口迎接。

"怎么，贤弟不欢迎？"王起边笑边走进李府。

"哪里，哪里！知我者贤兄也，怎么会不欢迎呢？"李德裕将王起迎入客厅。

"贤弟啊，愚兄出仕以来承蒙老相爷的擢拔，让我跟随左右，愚兄一边工作，一边学习，老相爷那种为天地立心，为生民立命，为往圣继绝学，为万世开太平的精神，至今让我受益匪浅。因此，我把老相爷视为再生父母，我们虽说不是亲兄弟，但胜似亲兄弟。"说到动情之处，王起眼里不禁溢出了泪花。

"是啊，还记得在浙西吗？在家父的指导下，我们一起规划，一起勘测，修建了几个大的水利工程，老百姓至今还在受益呢！"回忆过去，李德裕仍满怀豪情。

"贤弟啊，日子过得真快，转眼二十多年了，愚兄老了啊！"

"贤兄啊，你身体好着呢。"

"再怎么好，都经不起岁月的风刀霜剑啊。贤弟啊，您和老相爷一样，胸怀天下，去弊兴利，除旧布新，是皇上的好助手，天下苍生的贴心人，我今天来就是想给贤弟带句话，过犹不及啊！"王起对李德裕禁佛的事深为担忧，他担心过了头。

"贤兄是指灭佛吧，我的意思也是这样，可惜皇上受赵归真等人怂恿，听不进意见啊。"李德裕摇了摇头。

"也是，凭您一个人的力量怕是有点难度。佛教也是一种文化，禁绝就等于灭绝一种文化，这是极不明智的！这样吧，我今天晚上写个奏章，明天看皇上的态度如何，您要及时地关注啊！"王起过来是为李德裕分忧的，李德裕十分感动。

第二天，武宗看完王起的奏章后，征求李德裕的意见："爱卿，怎么还有人对佛教抱有如此好感呢？"

"陛下，王仆射很支持禁佛，但是，他认为如果将全国的寺庙都毁掉的话，那些年老的和尚尼姑就无法安置，大量的文物将被毁坏，这样更不利于社会的安定和文化的传承。还有，自开元年间起，各级政府抚恤贫弱、收留流浪人员的悲田院、养病院都放在寺庙，让寺庙统一管理，这一社会职能今后怎么办也得充分考虑啊！"李德裕趁机劝谏。

"这些具体问题确实需要加以考虑。"武宗态度有所松动。

"是不是每州保留一所寺院，让它收留50岁以上的和尚尼姑，并行使悲田院、养病院的职能？"

"那太多了，就每个节度使治所所在的州保留一所吧。"武宗最后拍板。

李德裕终于松了口气。

很快，武宗下敕灭佛，规定西京长安只能保留四座寺庙，这四座寺庙是慈恩寺、荐福寺、西明寺和庄严寺，每寺留僧十人，东京洛阳留两寺，即内道场（后改名安国寺）和白马寺。其余节度使治所共三十四州，每治所保留寺庙一座，其他刺史所在州不得保留寺庙。其他寺庙全部摧毁，僧尼一律还俗，所有废寺铜铸的佛像、钟磬全部销熔铸钱，铁铸的交本州销铸作为农具。外来的和尚，如祆教、景教，以及在大唐求法的僧侣，一律遣返回国。

五月，在退朝回家的路上，李德裕遇到身着百姓衣服的圆仁。"李相爷，您好！您看我现在还俗了啊！"圆仁显然带着些不满的情绪。

"大师，对不起！我没有能保护好您。您现在有什么打算？"

"现在贵国形势这么紧张，我只能赶快回国啊。"

"好的，好的，祝大师一路平安！"李德裕很客气地给圆仁法师让路。

圆仁法师慢慢地向东离去……

圆仁在离开长安前往海岸的途中，留下了关于各地毁佛状况的详细记录。

会昌五年八月，对毁佛规模进行了统计，"天下所拆寺四千六百余所，还俗僧尼二十六万五百人，收充两税户；拆招提、兰若四万余所，收膏腴上田数千万顷，收奴婢为两税户十五万人。"

为了消除禁毁佛教带来的问题，在李德裕的建议下，这年十月，唐武宗又发布敕令："原来佛寺用以济贫的养病坊，因为僧尼还俗为民，无人主持，恐怕病残的人无处供给食物，各地政府酌情赐给寺庙一些田地，以赈济他们。各州府都要在本地选出一名德高望重的老年人管理这些田地，以田地收入来救济那些需要救济的人。"

这次禁佛毁寺运动是唐朝历史上的一次重要历史事件，具有深远积极的社会进步意义。它让栖身寺庙的四十多万人还俗，释放了大量的社会劳动力，增加了社会纳税人口。收回良田千万顷，增强了国家对土地的调剂能力，增加了国家财政收入，提升了唐朝的综合国力。

为此，李德裕上书称颂武宗："独发英断，破逃亡之薮，皆列齐人；收膏壤之田，尽归王税。正群生之大惑，返六合之浇风。出前圣之谟，为后王之法。巍巍功德，焕炳图书。"

当然，会昌法难也带来一些弊端，比如大量佛教经典、建筑、学术遭到毁灭性打击，是佛教历史上的一次浩劫，这也是武宗灭佛被称为"法难"的原因。

改革弊政

李德裕似乎有永远用不完的精力，在这段时间里，他还改革了吏治，裁汰冗官；革除进士科考试旧俗，对科举制进行了改革；设置延资库，积储战备物资。

当时，由于皇室、宦官、朝臣、地方官吏都想扩大自己的权势，争相援引，造成官僚机构臃肿，人浮于事。针对这一情况，李德裕准备实行机构改革。

听到这一消息，已任刑部侍郎的刘三复特意叫上李烨，赶到李德裕的办公室，向李德裕陈明利害："老相爷，承蒙您的擢拔，我已经官至侍郎了，有些话我不得不跟您说。您每天有这么繁重的工作，希望您保重身体，身体才是第一位的。您经常考虑的是朝廷和老百姓的利益，但绝大多数人考虑的是自己的利益，您协助皇上，加强皇权，抑制宦官，得罪了宦官；打击藩镇割据势力，得罪了地方；禁毁佛教，得罪了宗教界人士；现在又要裁撤冗吏，这些冗吏是各级官员弄进来的，您现在把这些人裁撤了，就等于把各级官员都得罪了。相爷啊，您为国家做的事，已经足够您名垂青史了，何必把不完善的事都在您手中完成呢？我把您看作我的父亲,请您为自己考虑考虑啊！"

"三复啊，正因为国家和老百姓受宦官专权、藩镇割据、酷吏盘剥、宗教愚弄，造成皇权旁落，百姓遭殃，国家处于风雨飘摇之中，我们就得努力将这只船划好啊！如果每一个人都只为自己的功名利禄打算，那国家还有什么希望？如今我身体状况欠佳，更应充分利用有限的时间，多替国家做点事，多为皇上分忧啊！"李德裕坚定的意志，让刘三复和李烨大为感动。

"父亲，今天孩儿陪三复叔来没别的意思，万望您保重身体啊！"李烨含着热泪，恳切地望着父亲。

"国家到了这个地步，我只能这样了，你们放心，天塌不下来的。"李德裕挥了挥手，示意他们离开……

会昌四年（844年）六月，李德裕奏请唐武宗："省事不如省官，省官不如省吏，能简冗官，诚治本也。""乃请罢郡县官吏凡二千余员。"

李德裕上表被批准，武宗诏令吏部郎中柳仲郢具体负责裁减官吏的工作。不久，吏部根据李德裕的意见，罢冗吏一千二百一十四名。当时，被裁撤的那些官吏都非常痛恨李德裕。

听到李德裕裁减冗吏的消息，贬至循州（今广东省惠州市）的牛僧孺对家人哈哈大笑："我们又有望回长安了。"

"老相爷，您是怎么知道的啊？"家人异口同声地问道。

"李德裕差不多把事都做尽了，把人也得罪光了，到时，墙倒众人推。他倒了，我们就可以回长安了。"

流放封州的李宗闵也写信给牛僧孺："冬天快要过去，我已感到春天在向我们招手了……"

进士科的弊端，我们在李德裕第一次任宰相时就论述过。大和七年（833年）八月，李德裕建议取消以诗赋为主的进士科录取标准，将经术、策论作为进士科的主要考试内容。大和八年（834年）正月，李德裕上《请罢呈榜奏》，革除了科举考试放榜前先送宰相呈阅的弊政惯例。但是，因为一年之后李德裕罢相，改革失败。"贡院奏请进士复试诗赋，从之。"

李德裕第二次任宰相时，针对科举制的弊病，继续实施改革，改革内容更加丰富：

第一，严格考试资格审查。为了保证考试的公平公正，会昌四年（844年），李德裕下令严格考生资格审查。考生必须有德高望重、学识渊博的人作担保，不能互相作保，也严禁亲友故旧作保。以此来限制那些不学无术之徒通过保举参加考试。

第二，改革考试内容。科举考试不重视经义策论而重诗赋，就如我们现在的公务员考试不考申论而考诗歌散文一样。会昌五年（845年），李德裕上奏武宗："学明经进士者，并隶名太学，每一季一度据名籍分番于国子监试帖，三度帖经全通者，即经艺成熟，向后更不用帖试。"建议取消进士科中华而不实、空而无用的诗赋内容，代之以经义策论。让广大士子通过对经史的学习，获得处理政务的知识和能力。

第三，改革录取程序。大和八年（834年）正月，李德裕作《请罢呈榜奏》，奏请罢进士名单先呈宰相以定取舍的旧例。会昌四年（844年），李德裕再次提议："主司试艺，不合宰相予夺。比来贡举艰难，放入绝少，恐非弘访之道。"进士科放榜之前，名单不必由宰相定夺，由礼部自行放榜，以减少宰相对考试的干预，防止宰相利用科举考试笼络士人，结党营私，保证考试的公平公正。

第四，改革进士科试中一切陈规陋习。

禁止干谒。科举考试以来，形成了干谒旧俗。所谓干谒，就是考生在参加科举考试之前，将自己的作品投送文坛权威、官场政要，以求得他们的保举推荐，从而提高自己的知名度，达到让考官赏识的目的。这种通过场外的影响来左右考试的行为，完全是一种不正之风。文坛的权威和官场的政要之所以乐于新进士人干谒，目的就是想罗织门生，结党营私。

禁止座主门生参拜。在唐朝，科举考试考官及当朝宰相被称为"座主"，进士被称为"门生"，一同考取的被称为"同年"。及第进士在放榜后，当投"门生状"，拜谒主考的考官和宰相，以确认座主、门生与同年的关系。这样，座主、门生与同年私下里便形成了一种施恩与报恩的关系，政治上形成相互支持、共同进退的共同体，为结党营私提供了土壤。李德裕认为："伏国家设文学之科，求贞正之士，所宜行敦风俗，义本君亲，然后申于朝廷，必为国器，岂可怀赏拔之私惠，忘教化之根源。自谓门生，遂成胶固。所以时风浸薄，臣节何施？树党背公，靡不由此。"他上书武宗，坚决制止这种不良旧俗。"会昌三年，赞皇公为上相……（十二月）二十二日，中书复奏：'奉宣旨，不欲令及第进士呼有司为座主，趋附其门，兼题名、局席等条疏进来者。'"

禁止同年大会、曲江大会、题名大会。同年大会即同一年考取的进士，集聚会餐，增进情谊，形成一种特别的私人关系，以便进入仕途之后，相互支持，共同援引。李德裕认为，这就是一种不正当关系的开始。曲江大会，又称"曲江宴"，就是进士被录取后，常由礼部在长安曲江旁的杏园中举行宴会表示祝贺，所以称为"曲江宴"或"曲江关宴"。诗人刘沧在唐宣宗大中八年（854年）考中进士，他的《及第后宴曲江》为人们保留了一幅"曲江宴饮图"：

> 及第新春选胜游，杏园初宴曲江头。
> 紫毫粉壁题仙籍，柳色箫声拂御楼。
> 霁景露光明远岸，晚空山翠坠芳洲。
> 归时不省花间醉，绮陌香车似水流。

参加宴会的不仅有及第进士，还有达官贵人及王公贵族。有时连皇帝都被这热闹的场景吸引，来参加宴饮。进士科为科举的最高级别，因而曲江宴也尽奢极侈："曲江大会比为下第举人，其筵席简率，器皿皆隔山抛之，属比之席地幕天，殆不相远……凡今年才过关宴，士参已备来年游宴之费，由是四海之内，水陆之珍，靡不毕备。"题名大会是指曲江宴会结束后，登科及第的考生们乘着酒兴到慈恩寺登塔题名。五代王定保《唐摭言·慈恩寺题名游赏赋咏杂纪》："神龙以来，杏园宴后，皆于慈恩寺塔下题名，同年中推一善书者纪之。"以记录金榜题名的荣耀。李德裕认为，同年大会、曲江大会、题名大会不仅助长了奢靡之风，也为结党营私提供了条件。因此，他提出："今日以后，进士及第任一度参见有司，向后不得聚集参谒及于有司宅置宴。其曲江大会朝官及题名、局席，并望勒停……三五人自为宴乐，并无所禁，唯不得聚集同年进士，广为宴会。仍委御史台察访闻奏。"

为了推行科举制度改革，会昌三年（844年），李德裕奏武宗，任命吏部尚书、判太常卿事王起知礼部贡举。这是王起第四次知贡举。从朝廷官员到赶考的士子，大家都知道王起的人品，所以，对王起知贡举都无话可说。

牛党及后世很多学者认为，因李德裕不是由科举进入仕途的，所以故意排斥科举考试的一些做法。其实，从李德裕推动的一系列改革来看，凡是利国利民的事，他都愿意去改。李德裕的科举改革内容，确实是切中了时弊，有利于科举考试的风清气正。

李德裕革除科举考试旧俗的消息传到流放封州的李宗闵耳中后，李宗闵自言自语地说："李德裕这小子真敢得罪人！好啊，等折腾够了自然有人来收拾他的！"

除改革以上弊政外，李德裕还整顿了京城的治安，建立了备边库。

长安是唐朝的首都，由于居住在长安的人大多非富即贵，社会关系错综复杂，原任京兆尹张仲方不想得罪权贵，因而权贵子弟、地痞流氓更加嚣张跋扈。很多都市地痞在身上刺龙画凤，其中有一个叫张干的地痞，左臂上刺了"生不怕京兆尹"，右臂刺"死不怕阎罗王"；还有些人花大价钱，在身上刺上各种奇怪的图形，他们结成帮派，"夸诡力，剽夺坊间"。

薛元赏是不信邪的人，这种人李德裕最欣赏，于是就将他提拔为京兆尹。薛元赏上任之后，首先对长安城的黑恶势力进行暗中调查，摸清了最为嚣张的一批人。之后，布置警力，晚上九点之后，实施宵禁。关掉各坊市的城门，抓捕了三十多个为非作歹的黑恶势力头子，然后快审快判，首犯一律杖毙，尸体当街示众。

为首的地痞流氓被正法后，一些小喽啰自然作鸟兽散。不少原来身上纹有刺青的，纷纷用各种办法清除。

地痞流氓解决后，还有神策军兵痞的问题。这个问题不解决，长安终究难以安定。

神策军是御林军，京兆尹没有管辖权，要治他们可没有抓地痞流氓那么容易，得费一番心思。

薛元赏琢磨很久，都没有想出好办法。

一天，薛元赏到宰相李石家拜访，刚刚进门，就听到李石遭人训斥。

谁有这么大的胆子敢训斥宰相？

薛元赏一问，得知训斥李石的是神策军的一个军将。

薛元赏觉得机会来了，他带领随从，推门而入，大声喝道："宰相是天子任命的管理百官的重臣，你虽是军中将领，但也属宰相领导，怎敢对宰相如此无礼！给我拿下！"那神策军将领一时被薛元赏的气势吓倒。薛元赏趁机将他拿下，押送到京兆尹府。

军将的随从一看大事不好，赶紧回去向神策军首领仇士良报告。仇士良派人过来请薛元赏过去，薛元赏知道仇士良是来干预此事的，命令手下把这个军将当众杖杀，然后才脱下官服，换上一件白色的衣服，从容地赶到仇士良的府上。

"我已经脱掉了官服，现在随您处置了。"薛元赏对仇士良说。

仇士良大怒："你这无知的书生竟然敢杖杀皇上的禁军大将！"

"将军，我这是为您好呢。"薛元赏不卑不亢，毫不畏惧。

"您藐视神策军，还敢说为我好。"仇士良怒气难消。

"将军，您和皇上的关系有当年李辅国与皇上的关系那么铁吗？"

"没有。"

"您想一想，当年李辅国的结果是怎样的？"李辅国在肃宗朝时，权倾朝野，肃宗驾崩，代宗继位后，将李辅国诛杀。薛元赏用李辅国的例子来警示仇士良。

仇士良一时愕然，之后，才慢慢地回过神来："您确实是为了我好。来人，上酒，我要与薛大人大喝三杯。"

仇士良便握着薛元赏的手，将他迎进内屋，两人"欢饮而罢"。

从此，长安城又回到了夜不闭户，道不拾遗的状态。

通过对乌介可汗入侵及刘稹叛乱的战争，李德裕深切地认识到战备的重要性。朝臣反对对地方藩镇用兵，主张苟且偷安的主要原因就是国家府库没有余财，承受不起长期战争的消耗。因此，储备粮食物资，加强战备，有备无患，应该是国家的一项长期政策。会昌五年（845年）九月，"李德裕请置备边库，令户部岁入钱帛十二万万缗匹，明年减其三之一，凡诸道所进助军财货皆入焉，以度支郎中判之"。"会昌五年九月，敕置备边库，收纳度支、户部、盐铁三司钱物。至大中三年十月，敕改延资库……初年，户部每年二十万贯匹，度支、盐铁每年三十万贯匹，次年以军用足，三分减其一；诸道进奉助军钱物，则收纳焉。"李德裕最初创立这个制度，是为了集中一部分财力到中央，以备将来用于西北、西南边事，可惜武宗过早去世，没有享受到它带来的好处。到宣宗时，收复河西地区，其后勤保障，完全得益于备边库的物资库存。李德裕的多项改革后来都被废止，唯有备边库这一举措沿袭下来，仅仅将名称改为"延资库"，由宰相掌管。

现代人都知道，古代道士炼的丹药之所以呈金黄色，是因为丹药主要用硫和汞炼制而成。硫化汞是一种毒素，长期服用会对身体造成危害。但古代的人没有这方面的知识，总认为这黄澄澄、金灿灿的药丸经千锤百炼，是来之不易的仙丹，殊不知这看起来像金子一样的仙丹，却是催命的毒药。唐武宗吃了赵归真炼制的金丹后，虽说阳欲亢进，快乐无比，但一段时间过后，毒性发作，性情变得暴躁，喜怒无常，动不动就责骂身边的人。

旁观者清，当局者迷。太宗、宪宗、穆宗、敬宗都吃金丹，结果都没能成仙或者长生不老，相反寿命都很短，但他们都相信自己能长生不老。武宗喜怒无常，朝臣都不敢说话，把希望寄托在李德裕身上。李德裕也清楚，龙鳞难逆，但劝谏皇上是大臣的职责，不管怎样，他还是会认真履职的。

会昌五年（845年）十月，武宗问国家周边是否安宁。

"反击乌介可汗、平定刘稹叛乱的胜利，让陛下威加海内外，天下莫不臣服。以前内忧外患，治乱世，应该用重典。现在天下太平，四海咸服，愿陛下用宽恕之道来对待天下臣民，让因罪而受到处罚的人无怨无悔，让善良的人不至于感到害怕，这样天下能达到大治。"机会来了，李德裕劝武宗不要动不动发脾气，宽以待人。但是，服丹药的事，话到嘴边，还是没有说出来。

国乱重良将，现在对回鹘的战争胜利了，泽潞的叛乱也平定了，佛教也很快地遭到焚毁，天下貌似平静了下来。天下太平，李德裕就显得没那么重要了，朝廷内外又开始激流涌动。

天下无事，武宗的游兴又发了。十二月，武宗突然想到洛阳游玩。李德裕因为身体不适，没有陪伴在武宗身边。车驾抵达洛阳后，给事中韦弘质上书武宗，指出目前中书省的权力过于集中，盐铁、钱谷、度支等三个部门不应该由相府兼管。韦弘质上书的目的是要削除宰相李德裕的权力。为什么韦弘质在长安不说，要选择到洛阳来上书呢？原来，选这个时间节点是有一番思考的：对回鹘和泽潞的战争胜利了，皇上也不再事事离不开李德裕了；其次，李德裕没有随皇帝到洛阳来，上书的人有充足的时间离间武宗与李德裕的关系。

因此，这件事还没那么简单。

我们都知道，在对回鹘的反击战和对泽潞的平叛战争中，大到朝廷决策和战略部署，小到具体作战细节的指导，选才用将，草制文告、诏书、书信都由李德裕亲自处理。通过这两次战争，唐王朝的边患消除，中央集权得到大大加强。但是，正因为这两次大的军事行动主要由李德裕筹划，其他宰相便成了陪衬，最后李德裕加封太尉、卫国公，没有其他宰相的事。木秀于林，风必摧之；堆出于岸，流必湍之；行高于人，众必非之。这样，李德裕无形中成为众人非之的对象。李德裕确实劳苦功高，但劳苦可以，功高不行。功高了就一定会引起"众必非之"的现象。这个"众"首先是牛党，李德裕创不世之功，李宗闵看不惯，牛僧孺也看不惯，跟他们一党的白敏中更看不惯——尽管李德裕对他有提携之恩。其次是宦官。李德裕从担任宰相起，便采取种种办法，限制宦官的权力。逼仇士良致仕；减少监军卫兵人数量；让监军不得干预军政。武宗一朝，宦官始终无法干政，这是他们心有不甘的。他们也看不惯李德裕。再次，已通过科考入仕的大多数人。科考入仕的人，曲江大宴、雁塔题名是何等荣耀；入仕之后座主提携，同年援引是一件多么美好的事，现在，这些好事都遭到李德裕的打压，这等于告诉天下大众，进士出身也没有什么了不起，不过是一些轻薄浮华之徒。这对尚未参加考试的寒士有好处，但对于已经通过进士进入仕途的人来说，显然是抹他们的脸，所以，他们也看不惯李德裕。最后，还有一些达官贵人。他们现世生活美好，但还想来世更加风光。他们信仰佛教，希望通过施舍等各种办法，求得佛祖将他们的灵魂升入天堂，让他们年年有今日，岁岁有今朝。李德裕却坚决支持武宗禁毁佛教，因此，他们也不愿李德裕待在宰相这个位子上。这些人沆瀣一气，开始集体向李德裕发难。

"李爱卿勤政爱民，忠君体国，为什么韦弘质这些人还是要与他过不去呢？"武宗在心底里还是偏向李德裕的。

"陛下，李德裕自恃功高，独揽大权，不把百官放在眼里，我担心今后他连皇上都不在乎。"历来功高震主的人都遭皇帝疑忌，左军中尉马元赞就是要让皇上感到李德裕桀骜难驯。

"陛下，刘稹的叛乱平定后，下面的节度使不怕皇上，就怕李德裕。陛下，这不是什么好事啊！"白敏中也抓住机会，打击李德裕。

"你们多心了，情况没你们说的这么严重。"武宗嘴上这么说，脸上却露出了不悦的神色。

三人成虎！这么多人都反映李德裕专权，武宗对李德裕的态度便开始变化，加上李德裕老是上书劝武宗应该这样，不应该那样，弄得武宗有些不想见李德裕了。武宗这些细微的变化，逃不出善于察言观色的马元赞的眼光，他朝白敏中点了点头，露出诡谲的笑容。

李德裕得知这一情况后，立即上书武宗："臣曾在延英殿召对时听陛下说过，若要使朝廷有尊严，就得让臣下尽职，这是治理国家的根本所在。而自文宗朝以来，党争兴起，风俗大坏，令出于朝廷，而臣僚议论非难于下，此弊不除，国家无法治理得好。地位低下的人想掌握权力，必然造成政局不稳和人心混乱。韦弘质受人教唆，乱发议论，也必然造成这样的结果。如果宰相有不良企图和行为，臣民人人有权上章论列，至于朝廷机构的职责范围的规定，权在皇帝陛下，不是韦弘质这样的小人所能随便议论的。后汉时太学生干预朝政，这种'处士横议'变乱政风，不要听任其滋长。伏望陛下明察，清除韦弘质之类的小人，则朝廷安静，邪党自销。""我认为，所谓结党，在朝堂上则诬善蔽忠，欺君罔上；私下里则聚于私室，朝夜合谋。他们表面上表示要忠君报国，心底里则结党营私。一旦他们得势，所有好的职位，尽授同党；推荐选拔，不在他人。攀护他们的人无功得晋，而不愿结党的人，则尽遭打压。"李德裕这么一说，武宗感情的天平又开始倾向李德裕，韦弘质因此被贬官出朝。但是武宗对李德裕也不再言听计从了。

各项改革都已经完成得差不多，李德裕感觉有点累了。武宗登基以后，各项工作基本上落在他头上，连起草诏书这样的事，武宗都不想让别人去干。他十分感激武宗的信任，但人毕竟是血肉之躯，敌不住岁月的霜刀风剑。会昌二年（842年）四月，李德裕患"风毒脚气十五余年"，应该是风湿性关节炎，这个时候，"又得渴疾"，即糖尿病，他想辞去宰相的职务，第一次上《让官表》，希望"退守州行，稍获安闲，渐自颐养"。他并不是在武宗面前撂担子，而是确确实实身体有病！

但是，武宗不许。用现代的话来说，武宗是唐代最能识人的董事长，他是决不会让李德裕这样一个能干的职业经理人赋闲的。

李德裕这时已经是第三次上《让官表》了，三次都被武宗拒绝。别无他法，他只好带病坚持工作。

一贬再贬

武宗自洛阳回到长安后，已是古历年底了。这个时候，他的身体出现了严重的中毒症状。春节过后，武宗就无法上朝了。

武宗的宠妃王才人觉得金丹可能有问题，提醒武宗说："陛下服丹药无非是为了健康长寿，我发现您服了之后，不仅身体没有强健起来，反而气衰力弱，形容枯槁，这个情况令我们深为担忧，望陛下审慎，少服丹药。"

武宗也有些疑惑，去问赵归真："赵爱卿，我服了金丹后，为何连上朝走路都感到困难？"

"陛下，这恰恰说明金丹的效果好，出现了脱胎换骨的迹象，您即将换上仙骨，长生不老了。"赵归真鬼话连篇，装作十分肯定。

武宗已经走火入魔，不能自拔。于是，便进入了一种恶性循环——身体越吃越差，越差越吃。三月，武宗的身体已经十分虚弱，无法起床。

这时，赵归真等人又编造鬼话："陛下的身体有问题，是因为陛下的名讳'瀍'字从水，而唐属土德，土克水，与朝代气运不合。而火能生土，如果改名'炎'，则与当朝气运相生，病自然会好的。"

到了这个地步，武宗还是迷信赵归真，下诏改名"李炎"。

然而，改名并没起到预期的效果。武宗的病情日见沉重，十多天后，连话都说不出了。

宦官马元贽觉得这是难得的机会，可以挟天子以令百官，下令说皇上需要静养，外人一律不见。李德裕等请求觐见，也没有得到允许。几天后，宫中传出一道圣旨："皇子冲幼，须选贤德，光王怡可立为皇太叔，更名忱，应军国政事令权勾当。"

三月二十三日，武宗驾崩，时年33岁。李德裕与朝臣闻讯赶来的时候，宦官宣布唐武宗的遗诏，皇太叔李怡在灵柩前即皇帝位。第二天，改名李忱，是为唐宣宗。

历代皇帝继位，一般情况下都遵循父死子继，兄终弟及的原则，武宗有子嗣，为何突然冒出个皇太叔，硬生生地将皇位抢走？

前面讲过，武宗在位期间，宦官始终未能干政，他们的权力空间被武宗和李德裕牢牢地挤压在宫廷之内，因而他们一直心有不甘。武宗病重期间，宦官马元贽等人准备操弄嗣统，以求佐立之功。武宗有五个儿子，长子叫李峻，封杞王；次子李岘，封益王；三子李岐，封兖王；四子李峄，封德王；五子李嵯，封昌王。不过五个儿子年纪都不大，国家大事都未曾预闻。首先宦官们还是想在武宗的五个儿子之中选择嗣君，只是有的想拥立杞王，有的想拥立益王。

"你们这些人真没见识，为何这样争来吵去？"内侍仇公武冷不丁说了一句。众人听了，立刻停止了争吵，都把目光投向了他。

"仇公公，你这话是什么意思？"神策军中尉田孜仿佛受了侮辱，怒气冲冲地质问。

"自古父死子继，兄终弟及是立嗣的原则。如果迎立儿子，儿子继承父亲的皇位，是寻常旧例，也没有什么功绩可言。待新君掌权，说不定不成恩爱反成仇，如西汉的霍光就是榜样。如果新君不在父兄之下选择，一旦嗣位，佐命之功就非同一般。你们愿意选择哪一种办法呢？"仇公武说得头头是道。

"按你的办法，那谁又更合适呢？"仇公武这么一岔，所有人的脑子仿佛都成了豆子酱，不知怎么办。

"我认为拥立光王好。"仇公武又说。

"好，好，好，到底是仇公公有见识。"马元贽边说边拍手叫好。这时，其他人都反应过来，齐声叫好。

宦官们为什么都齐声叫好呢？是不是因为光王德才兼备，智勇超群？不是！相反，因为在大家眼里，光王李怡就是个弱智。对他们而言，弱智更容易控制。所以宦官们一齐叫好。

"名不正，言不顺。论辈分光王是武宗叔父，我从未见过叔父继承侄子的。"被仇公武驳了面子，田孜觉得还是有些过意不去。

"这不好办，就说皇子年幼，由皇太叔处理国事就是。"马元贽经仇公武这么一提醒，思路又活络起来。

当劳苦功高的李德裕在朝堂上苦苦支撑的时候，后宫里宦官们已轻而易举地确定了未来的新君。

马元赟让王贵妃告诉武宗，由光王作为皇太叔监国。听到这个消息，武宗气得急火攻心，血气上涌，不一会儿便奔向那蓬莱仙阁。

于是，皇太叔监国和继位的事，便按计划上演。

光王李怡的弱智又是如何来的呢？

光王李怡是宪宗的第十三子，穆宗的弟弟，敬宗、文宗、武宗的叔叔。因为被封为光王，文宗、武宗常称李忱为"光叔"。李怡的生母郑氏原为镇海节度使李锜的侍妾，李锜谋反失败后，郑氏作为罪臣家眷没入宫廷为奴。偏偏郑氏运气好，被郭贵妃看中，选为侍女。郑氏本是国色天香，一次，宪宗来到郭贵妃宫里，恰逢贵妃到后园散步去了，只留郑氏一人在收拾屋子。郑氏侍奉过李锜，对男女之事熟谙于心，便故意在宪宗面前装羞作嗔，惹得宪宗一时性起，欲求男女之欢。一个急于泄欲，一个半推半就，便成鱼水之欢。也是郑氏命中带贵，一朝临幸之后，便珠胎暗结，十月之后，生下了李忱。

李忱长大成人后，语言能力极差，人们都认为他是个"大傻子"，加上他生母出生卑贱，遭人歧视，他更加不愿与人交流。

传闻李怡10岁时，身患重病，高烧不止，神志不清。乳母进房送水时，发现他周身被红光笼罩。乳母大惊，呼喊着他的名字，李怡一跃而起，凭墙而立，拱手作揖，像君主礼敬大臣一样。乳母认为他神经有问题，穆宗看到李怡后，对周围的人说："这孩子不是神经有问题，而是具有某些特异功能，将来一定会是个不一般的人物。"并赐给他很多御马、金带等贵重东西，还安排郭太后的堂弟郭鏶担任他的老师，让他学习经史。

李怡常常梦见自己乘龙飞天，母亲听说后告诉他："孩子，做梦的事你谁都不能说，不然，会要你的命。"傻傻的李怡似乎若有所悟，从此不再谈论梦中的事。

到了文宗、武宗时期，李怡更加木讷，常成为皇室人员取笑的对象。有一次，文宗宴请诸王，为了营造融洽的气氛，文宗带头讲了几个故事，大家也就轻松起来，欢歌笑语不时传出。当大家谈笑甚欢的时候，李怡却一个人呆坐在角落里，默不作声。文宗正愁没乐子，看到这个场景，立马号召在座诸王："谁能逗得光叔发笑，朕就重重赏谁。"皇上有赏，在座所有人都更加来劲，他们各显神通，百般戏谑。然而，光王还是光王，任你东南西北风，我自岿然不动。众人见光王傻乎乎的模样，越发开心。

就这样，光王李怡凭着一计"傻"招，变成了唐宣宗李忱。

李忱到底傻不傻呢？

待马元贽等人把他推上皇帝的宝座后，才发现大错特错——那个呆萌光王一去不复返了，坐在皇帝宝座上宣宗一点都不傻！

光王被拥立为皇帝，李德裕只得率领百官举行册封仪式。仪式结束后，宣宗对左右近臣说："刚才奉册的大臣就是李太尉吗？他一看我，我便头发梢都竖起来了！"

会昌六年（846年）四月十五日，唐宣宗脱掉治丧的礼服，开始处理朝政。第一件事就是以迅雷不及掩耳之势下诏罢免了李德裕的宰相之职，任命他为江陵尹、荆南节度使。在诏书中，他先对李德裕极尽赞美之词，然后强调江陵"总五都之要会，包七泽之要区，兵赋殷繁，居旅甚众"，必须要像李德裕这样宰相级的人坐镇才能让朝廷放心。李德裕担任宰相已有六年，功勋卓著，朝廷内外的大臣们都没想到会是这样，听到这个消息后，无不感到震惊。

接着又罢掉了李让夷的宰相之职，改任翰林学士白敏中、兵部侍郎卢商为相；将工部尚书判盐铁转运使薛元赏贬为忠州刺史，薛元龟由京兆府少尹贬为崖州司户；将给事中郑亚贬为桂管观察使；将牛僧孺、李宗闵、崔珙、杨嗣复、李珏等牛党人物全部调入京城；处死赵归真、刘玄靖等十二名道徒；宣布恢复佛教的地位，下令重建各处寺院。

眼见武宗的政策一项项被推翻，李德裕的心在滴血，他不禁满心愤懑，大声呼喊："武宗皇上啊！大唐啊——"

李德裕万万没有想到的是，他的人生将面临一场狂风疾雨……

会昌六年（846年）七月，李绅在淮南节度使任上去世。李绅、元稹都是李德裕的好友，他们曾意气风发，指点江山，一心想复兴大唐。现在，好友一个一个地走了，只留下被贬的他，他曾尽忠竭智地拯救大唐，但是，谁又能拯救他呢？李德裕悲愤过后有些麻木。

同年九月，李德裕带着家人，一路跌跌撞撞来到荆南。才刚刚入境，他又接到诏书：着贬李德裕为东都留守、解平章事。即日赴任，不得有误。

李德裕遭贬，李烨也受到牵连。为了远离长安这个是非之地，李烨应宋亳汴颍观察使、宣武军节度使卢钧的邀请，到地方担任节度使判官。

大中元年（847年）初，宰相白敏中、崔铉指使党羽李咸，检举李德裕辅政时的过失。宣宗下诏贬李德裕为太子少保，分司东都。李德裕被逐出京城，闲居东都洛阳。

此时，李德裕隐隐地感觉到更大的危机即将来临。

他忽然想起父亲寿九十三的故事，迫切想见一下三清道长。

他立即吩咐管家李付，询查三清道长是否还健在。

两人正说着，门房说有道长求见。真是说曹操，曹操到，来人正是三清道长。

三清道长也老了，须发皆白，长髯飘飘。

"道长好！"李德裕拱手致礼。

"相爷好！"三清道长稽首还礼。

"道长，您说这人生为何总是山重水复，艰难曲折？"李德裕充满疑惑。

"水满则溢，月盈必亏，物之常态也。"

"人怎么能做到不以物喜，不以己悲呢？"李德裕从来未如此迫切地感到要超脱尘世。

"以前我和相爷谈过人都从本心出发，我做过了，得容人做；人做过了，得容我做。人做过了，我能体会；我做过了，得体会于人。如此方才得悟。天地哺育万物，人在其间，是其中之一。任你是帝王将相，还是贩夫走卒，在天地时空之间，不过是小草而已。小草当春而发生，夏而生长，秋而枯萎，冬而收藏，逃不脱四季循环。即便是胡杨，千年不死，千年不倒，千年不朽，然而千年再加千年，最后还不是与世同尘？只是春夏秋冬，乃以千年计耳。天地之间，许多物象，命运有好有坏，但都有宿命，无法逃脱，这便是道。相爷忽然想起悲喜之事，定然陷于悲喜之中，命运既然如此，悲之，喜之，又有何益？相爷曾身居高位，生杀予夺，全凭一念之间。以此类推，天地万物之间，自有生杀予夺之道支配，比起人间，又高一层，人间不过是其中一部分而已。因此，悲，应顺其道；喜，亦应顺其道。人乃天地之精华，道乃天地之真理。人若真能悟道，泰山崩而不变色，东海倾而目不瞬，肉体同尘，而精神不朽矣！"三清道长侃侃而谈。

"道长，我懂了，喜则喜矣，悲则悲矣，任喜任悲，我心顺矣。"李德裕似乎心有所悟。

"相爷已得道了。"三清道长有祝贺之意。

"道长，我估计前面将有千难万险，但我已无所畏惧。我将记录心得，以传其道，不知上天是否假我以时日？"

"相爷将赴天涯海角，然而，您命中注定食万羊，现在尚差五百，所以，一定能回。"三清道长预测天机。

"道长真是神人，不瞒您说，我早年曾多次做过同一个梦，梦见走到了晋山，晋山绿草如茵，羊群如云。一位仙风道骨的牧羊人告诉我，这些羊都是给我的。这么多年了，我从来没有向其他人提起过，您竟然知道我这个梦！"李德裕感到十分惊讶。

几天后，振武节度使米暨派人送了五百只羊给李德裕。"为什么刚好是五百只呢？我得去问问道长。"李德裕再次震惊不已。

他赶紧把这件事告诉了三清道长，并问："我可以不吃这些羊吗？"

"反正这些羊已经是你的了，你可慢慢处置它们。"三清道长回复。

"也好，既然人生无法逃离生死之道，又何足惧哉！道长，从此别过，多谢道长点拨！"李德裕毕竟是当过宰相的人。

李德裕在洛阳见三清道长的时候，长安白敏中的办公室内，白敏中、崔铉、李咸正在密谋。

"李德裕在武宗时操弄权柄，排除异己，穷兵黩武，禁毁佛教，罪大恶极，皇上对此极为厌恶。李德裕不死，皇上寝食难安。"白敏中对崔铉、李咸说。

白敏中在参加进士考试及守选期间，李德裕还帮助和接济过他。白敏中进士及第后，为邠宁节度使李听所赏识，被聘为节度使府掌书记。掌书记掌管表奏文告，负责对朝廷的沟通与地方州县的联络，需要极强的协调能力。白敏中从此在基层摸爬滚打十多年，积累了丰富的从政经验。

会昌二年（842年）九月，武宗与群臣谈论文学，突然想起白居易。他对宰相们说："白居易很有才华，在地方已经待了很久，是该到朝中任职的时候了。"

"陛下，白居易虽才学不凡，但年事已高，体弱多病，恐怕难以胜任重要的工作了。我听说他的弟弟白敏中才学不在其兄之下，且年轻力壮，正是能出力的时候，弟弟安排好了，哥哥也会感激陛下恩顾的。"李德裕根据实际情况回复武宗。

"那就将白敏中调来试试吧。"武宗点点头。

从此，白敏中一路高升，历任知制诰、翰林学士、中书舍人、兵部侍郎，至翰林学士承旨。很快由一个默默无闻的节度使属员，成为朝中的清要之臣。

客观地说，白敏中仕途的快速升迁，与李德裕的提携是分不开的。滴水之恩，当涌泉相报。但是，李德裕的一番苦心并没有得到相应的回报。农夫和蛇的故事又在这时重演。

会昌六年（846年）五月，白敏中担任宰相后，立即将矛头对准昔日的恩人。照理，李德裕"操弄权柄，排除异己，穷兵黩武，禁毁佛教，罪大恶极"的话不该由他这个由李德裕一手提拔起来的人来说。但白敏中说了，并且还要置李德裕于死地。

崔铉在会昌三年（843年）拜相，后因受李德裕排挤，被罢为陕虢观察使。

因此，他也是李德裕的政敌。

白敏中这么一定调，崔铉求之不得，李咸却没有表态。

"李大人，你到底持什么立场？我告诉你，要整李德裕不是我的意见，这是皇上的想法。"白敏中恶狠狠地盯着李咸。

"白相爷，既然皇上要整李大人，我也没办法，我尽量配合就是。"李咸不禁打了个冷战。他有点于心不忍，但既然是皇命，就顾不上什么恩主不恩主了。

白敏中能力强，整人也差不到哪里去。他通过李咸，将李德裕在宰相任上的事全部翻出来，选两个最有杀伤力的口子进行攻击。

一是将朝廷平定刘稹叛乱时，李德裕对承德、魏博等节度使的制衡之策全部公之于众。这本来是中央对地方的策略，不管是谁担任宰相，都应该保密的，这是担任朝廷大臣最基本的操守，除非他是地方节度使派来的间谍。白敏中为了让地方节度使"恨"上李德裕，将这些所谓的"阴事"公布出来，这种下三烂的手段，为世人侧目。

二是重审吴湘案。吴湘曾任扬州江都县尉，在李绅任淮南节度使时，因有人状告吴湘贪污公款、强娶民女。李绅派人调查，认为情况属实，便将吴湘打入死牢。当时，朝廷曾派御史崔元藻复查，结果是：贪赃一罪证据确凿，强娶民女的事则稍有出入。李绅上奏崔元藻调查不彻底，结果，崔元藻遭贬。李绅以整肃吏治为由，坚持将吴湘处死。

崔元藻由此怨恨上了李绅和李德裕，与崔铉、白敏中、令狐淘等人狼狈为奸。

七月，正当白敏中准备清算李绅、打击李德裕的时候，李绅在淮南节度使任上病故。

白敏中等人认为，吴湘的叔父吴武陵当年得罪过李吉甫，吴李两家是世仇。李绅罗织罪名，执意处死吴湘，是取悦李德裕的徇私枉法的行为。

于是，他指使吴湘的哥哥永宁县尉吴汝纳上书，指控李绅镇守扬州时错断刑狱。宣宗下诏让御史台重新审查定罪。当时李绅已去世，死无对证。在白敏中操作下，吴湘案经三司复审，定性为冤案，应予平反。当年主管司法刑狱的官员，分别受到不同程度的处罚。西川节度使李回、桂管观察使郑亚等皆因与此案牵连而遭贬。这时李绅虽已去世，但按照唐朝的规定，一旦被定性为酷吏，即使死去也要剥夺位爵，子孙不得做官。因此，李绅被打入酷吏行列，受到了削官夺爵，子孙不得仕的处罚。

据《旧唐书·李德裕传》："德裕特承武宗恩顾，委以枢衡。决策论兵，举无遗策，以身捍难，功流社稷。及昭肃弃天下，不逞之伍咸害其功。白敏中、令狐绹，在会昌中德裕不以朋党疑之，置之台阁，顾待甚优。及德裕失势，抵掌戟手，同谋斥逐，而崔铉亦以会昌末罢相怨德裕。大中初，敏中复荐铉在中书，乃相与掎摭撺致，令党人李咸者，讼德裕辅政时阴事。乃罢德裕留守，以太子少保分司东都。"这样，李德裕又由东都留守改为太子少保，分司东都。

在为吴湘翻案的过程中，虽说白敏中一手遮天，但朝中还是有正直之士为李德裕发声：淮南府佐官魏铏受这个案子牵连，被捕下狱。办案官让他诬陷李德裕，被他拒绝。办案人员恼羞成怒，严刑拷打，但没能使魏铏屈服。最后，魏铏被贬死岭南。右补阙丁柔立直接上书说李德裕是冤枉的，结果被贬到南阳。

更为滑稽的是，中书舍人崔嘏起草处分李德裕的制书时，被白敏中指责"不尽言德裕之罪"，贬为端州刺史。由此可见，白敏中等人的打击报复，达到何等严酷的地步！

对于白敏中为吴湘翻案一事，李商隐曾写下《明神》一诗：

明神司过岂令冤，暗室由来有祸门。

莫为无人欺一物，他时须虑石能言。

这首诗是为李德裕无辜被诬、有功被逐鸣不平而作。后来，关于吴湘一案，晚唐五代野史笔记，对李绅、李德裕也有污蔑之词，这是后人为吸引眼球，根据道听途说之辞编写的。

除通过为吴湘翻案打击李德裕外，白敏中还根据宣宗的意图，参与了对当时太皇太后郭氏的迫害。太皇太后是宪宗的嫡妻，穆宗之母，敬宗、文宗、武宗的嫡祖母。宣宗虽是庶出，自然应尊郭氏为嫡母。宣宗的生母郑氏原本是李锜的侍妾，李锜反叛朝廷，郑氏被没入宫廷为奴，当太皇太后郭氏的侍儿，后被宪宗临幸，生得宣宗。有郭氏在，郑氏就永远高贵不起来，因此，宣宗对嫡母如仇人一般，不时对郭氏使用冷暴力。太皇太后郭氏自宪宗去世后，一直受到尊崇，却不料最后会遭到这样的屈辱，不久便郁郁而终。郭氏去世后，宣宗竟不让她与宪宗合葬。

太常官王皡，上疏认为郭氏是宪宗的嫡后，应该与宪宗合葬。宣宗大怒，派白敏中责问王皡。王皡对白敏中大声质问："太皇太后是汾阳王郭子仪之女，出身高贵，又是宪宗东宫时的元配，母仪天下，经历五朝，怎么就这么不明不白地被取消了与宪宗合葬的资格呢？"

"太皇太后能不能与宪宗合葬，不是你管的事，皇上自有皇上的考虑。"白敏中闻言，怒形于色。

"皇上就是被你们这些小人蒙蔽住了，你这样做，实际上是蒙君作恶。"

"好！好！好！你如此大逆不道，我看皇上怎样对付你！"白敏中怒气冲天，用手指着王皞，转身准备向宣宗报告。

"好！好！好！主圣臣直，自古至今是同一个道理，我今天算是有幸见到直臣了！"正当白敏中准备走的时候，有人边拍着手，边大声说着走了过来。两人抬头一看，原来是刚刚被任命为宰相的周墀。

周墀为人正直，在朝中声望很高。白敏中听周墀这么一说，不得不有所顾忌，回复宣宗时，没有添油加醋。但是宣宗憋着的那口气还是不顺，最终将王皞贬出长安，出为句容县令。

将王皞贬出长安后，宣宗对周墀也越看越不上眼。有一次，宰相们正商议收复河湟地区的问题，周墀对宣宗将收复之地全部划交给当地节度使的方案提出异议，宣宗以此为借口，将周墀贬为东川节度使。

大中元年（847年）九月，王起在山南西道节度使任上去世。"王起兄、李绅兄，你们为什么在这个时候一个一个地离我而去，我想你们啊！"李绅和王起的去世，让贬谪中的李德裕更加悲痛。好在当时还有刘三复和郑亚等人不畏强权，不时来李德裕的住所探望，给李德裕带来不少慰藉。

十二月，在白敏中操纵下，李德裕又由太子少保、分司东都贬为潮州司马。在贬谪的诏书中这样写道："（李德裕）凭借兹基，累尘台衮，不能尽心奉国，竭节匡君。事必徇情，政多任己，爱憎颇乖于道，升黜或在于私门。遂使冤塞之徒，日闻腾口中，猜嫌之下，得以恣心。岂可尚居保傅之荣，犹列清崇之地，宜加窜谪，以戒辟远。呜呼！朕临御万方，推诚庶物，顾彼纤琐，皆欲保安，岂于将相旧臣，独遗恩顾，而群议不息，谤书日盈，爰举典章，事非获已民。凡百僚庶，宜体朕怀。可潮州司马员外置同正员，仍所在驰驿发遣，纵逢恩赦，不在量移之限。"（《唐大诏令集》卷五八《李德裕潮州司马制》

"哈哈哈，好个'纵逢恩赦，不在量移之限'！苍天啊，你还有眼吗？"李德裕跪谢之后，不禁仰天长啸……

大中二年（848年）正月，洛阳的天气特别寒冷，地面滴水成冰。李德裕前往潮州贬所，随行的有妻子刘氏、儿子李浑、李钜及两个女儿。

"李大人，小人的命是大人救的，大人就是我们的父母，大人走了，小人也无依无靠，请求让小人侍奉在您左右吧。"召罕炯、岩思辞掉朝廷安排的职务，来追随李德裕。

在李德裕最困难的时候，两人赶来追随，让李德裕感动不已。"谁说蛮夷无情？他们比起那些为了个人利益而翻云覆雨的小人重情得多。"李德裕深感慰藉。拗不过两人的坚持，李德裕只好让他们随行。

李德裕在会昌三年上表求退时曾描述过身体不好，患渴症并头晕等病，说明患糖尿病、高血压等症已有多年。病魔缠身的李德裕，望着多病的妻子和无辜的儿女，不禁悲从中来。他们先从洛水乘船而下，然后沿淮河到长江，再溯长江经洞庭。

过汨罗江时，正值暮春时节。暮春三月，江南草长，杂花生树，群莺乱飞。然而，在李德裕眼里，再美好的春天也是花谢之时。在舟中，他挥笔写下《汨罗》一诗：

> 远谪南荒一病身，停舟暂吊汨罗人。
> 都缘靳尚图专国，岂是怀王厌直臣。
> 万里碧潭秋景静，四时愁色野花新。
> 不劳渔父重相问，自有招魂拭泪巾。

李德裕想，他还不能效屈原投江，因为屈原已经留下了《九歌》《渔父》等杰作，而自己，也要用笔作武器，留下所思所想。

值得欣慰的是，这个时候已贬为循州刺史的郑亚不畏强权，拍案而起，起草致当时吴湘案的复审官员刑部侍郎马植、大理寺卿卢言、尚书杨汉公书信，力辩李回、李绅冤屈，并斥责崔元藻无中生有，构陷忠良。

翻过南岭，便到了湿热的岭南地区了。山路迂回曲折，溪水纵横交错，让人迷茫不知何处，瘴气疬雾、害虫毒蛇令人望而生畏。看到田里的农夫五月份就开始收割早稻，公鸡三更时就打鸣，这一切与家乡的风俗迥然不同。在家千日好，出外时时难，回望来时的路，迁谪之意，思乡之情油然而生，李德裕觉得自己就是那红槿花中的越鸟，满腹思乡无处可诉。《谪岭南道中作》就是他的悲鸣：

> 岭水争分路转迷，桄榔椰叶暗蛮溪。
> 愁冲毒雾逢蛇草，畏落沙虫避燕泥。
> 五月畲田收火米，三更津吏报潮鸡。
> 不堪肠断思乡处，红槿花中越鸟啼。

岭南地区进入春天的时候，太阳就像炙热的火球一样了，让人无法忍受。经过五个多月毒日下的艰苦跋涉，他们终于赶到潮州。

经韩江时，李德裕听闻这河段称为恶溪，曾写下《到恶溪夜泊芦岛》一诗：

> 甘露花香不再持，远公应怪负前期。
> 青蝇岂独悲虞氏，黄犬亦闻笑李斯。
> 风雨瘴昏蛮日月，烟波魂断恶黯时。
> 岭头无限相思泪，泣向寒梅近北枝。

"岭头无限相思泪，泣向寒梅近北枝。"表达了作者无限的思乡之情。两诗物境、情境、意境独具，充分体现了李德裕不俗的文学功底。

唐代的朝臣犯罪，大多是贬到远方作州县以下的官，称为左降官。这种官只有官名，没有实职，所以叫员外。置同正员，即享受正员的薪水待遇之意。世态炎凉，地方官对左降的朝官一般另眼看待，不敢以僚属相待。特别是在贬李德裕的诏书中指出"纵逢恩赦，不在量移之限"，实际上已将李德裕定性为严重的政治犯，因此，沿途官方基本上没人敢理李德裕。

好在朝中的右谏议大夫姚勖十分关心李德裕，李德裕到潮州后，姚谏议写信给当地地方官员，要求对李德裕的生活予以关照。潮州的在任官职都知道李德裕出将入相，功勋卓著，没有为难李德裕，给了李德裕莫大的安慰。

家安顿下来之后，李德裕有了大把时间。他决定静下心来，将重要的心得记录下来，定名为《穷愁志》。

骨葬南溟

　　大中二年（848 年）秋九月，李德裕再贬为崖州司户。

　　李德裕不得不告别刚刚才安顿好的家，再度奔赴崖州（海南岛）。在渡琼州海峡时，风波乍起。

　　"快，快，快，将风帆落下！"老船工赶紧采取应急措施，招呼召罕炯、岩思将风帆落下，拼命把住船舵。

　　"大家不要惊慌，切莫乱动。"李德裕知道，如果一旦乱动，船就会失去平衡。

　　"赶快将绳绑在身上！"老船工令协助把舵的召罕炯、岩思绑上绳索，以防被大浪掀走。

　　突然，一个大浪拍来，船如风中树叶，被掀得两丈多高，正在压住船舵的岩思被掀落入海。

　　"快，将绳子扯住！"老船工让召罕炯扯住绳子，才将岩思拉了上来。若不是老船工经验丰富，船几倾覆。即使如此，岩思也多处受伤，李德裕平生所收藏的古玩、图书、名画等全都沉入大海。这一重大损失，使他后来至崖州时生活陷入困境。大中三年（849 年）正月，李德裕一行才到达崖州。

　　到达崖州后，崖州司马丁峦立到官舍外迎接。"李大人，下官已在驿馆为您及家人安排了住房，请您入住。"丁峦立热情地拉着李德裕的手说道。

　　"谢谢丁大人，在下一放逐之人，怎敢劳您大驾呢？"李德裕感到很温暖。

　　"李大人，下官在文宗时曾任左拾遗，甘露之变前遭郑注、李训贬斥，来到崖州，已经习惯这里的生活了。在下的弟弟丁柔立早已写信给我，说李大人是顶天立地之人，要我给予照顾，只是这里地避人穷，生活不可能与中原地区相比，大人得慢慢适应啊！"丁峦立的话很实在。

"能有您兄弟俩这样的同事，我李德裕死也能瞑目了。"李德裕十分感动，几个月的旅途劳顿，瞬间一扫而光。

在丁峦立的帮助下，百十号人很快在崖州安顿下来。

金窝银窝，不如自家的狗窝。这种感觉，只有经过背井离乡的人才有更深的体会！

这里是中华的最南端，是五服最远的荒服之地。如果白敏中等人再要打压迫害，就不知会怎么样了。崖州城外有一个山亭，可远眺北方，李德裕常去登临。北望中原，长风万里，那里的山水，那里的人民，那逝去的美好年华，都会引起他的伤感；大唐辽阔的疆域，壮美的边关还能激起他的豪情。在这山亭上，他凭栏远眺，写下了《望阙亭》：

独上高楼望帝京，
鸟飞犹是半年程。
青山似欲留人住，
百匝千遭绕郡城。

"独上高楼望帝京"中的"独""高""帝京"这三个字，深深地表达了李德裕作为一个贬臣的孤寂之情。"鸟飞犹是半年程"则指离长安的遥远，这种艺术上的夸张，含有浓厚的抒情因素。此句深深透露了他对朝廷、对祖国的依恋之情，和屈原在《哀郢》里说的"哀故都之日远"，同一用意。

"青山似欲留人住，百匝千遭绕郡城。"这"百匝千遭"的绕郡群山有多重意思，一方面可以看成四面环伺、重重包围的敌对势力的象征。李德裕面对可能发生的任何不幸，思想上都有了准备，所以他能独处高楼，傲视群雄，不管风吹浪打，胜似闲庭信步。另一方面，青山"百匝千遭"，是"欲留"我这个异乡之客，虽然我遭贬斥到此，但青山不老，绿水长流，我将不负"青山"的情意，战斗到底。这正是"事到艰难意转平"的心态的反映。

全诗通篇到底，并没有抒写政治的愤慨，迁谪的哀愁，语气优游不迫，舒缓而宁静。且并未仅止步这优游不迫、舒缓宁静，其中又包含了无限的深情和美好的希望。

一百多号人的开销是不容易的。李德裕在洛阳出发前，就将家里几百亩土地全部卖出，换成了银子。在刚到崖州的一段时间里，这些银子还能支撑他们的一般生活。李德裕这时身体状况还比较好，他一面以笔为戈，"叙平生所志";一面指导家人开荒种菜,增收节支。他在给段少常的书信中写道:"自到崖州,幸且顽健。居人多养鸡,往往飞入官舍,今且作祝鸡翁(养鸡人)耳。"由此可以看出,他刚到崖州时还蛮有生活情趣的。

在这样的时光中,李德裕夜以继日,写下了四十九篇真知灼见的文论,并将它们编成《穷愁志》。《穷愁志》分为政论和史论,史论有《夷齐论》《三良论》《汉昭论》《汉元论》《小人论》等二十三篇;政论包括《旧臣论》《臣子论》《朋党论》《近幸论》等十八篇;还有《文章论》等其他方面五篇。《穷愁志》借古论今,对当时的黑暗势力进行了深刻的批判,对翻云覆雨的小人进行了辛辣的讽刺,对明君贤臣的清明政治寄予无限的向往。特别是在《小人论》中大骂小人:"世所谓小人者,便辟巧佞,翻覆难信,此小人常态,不足惧也;以怨报德,此其甚者也;背本忘义,抑又次之。便辟者疏远之,则无患矣;翻覆者不信之,则无尤矣;唯以怨报德者,不可以预防,此所谓小人之甚者也;背本者虽不害人,亦不知感。昔伤蛇傅药而能报,飞鸮食椹而怀音,以怨报德者不及伤蛇远矣,背本忘义者不及飞鸮远矣。"《穷愁志》思想深刻敏锐,观点新颖脱俗,议论鞭辟入里,对后世尤其是北宋史论散文产生了一定的影响。

由于相当一部分财物已在渡海时损失,半年过后,囊中积蓄已尽。李德裕"曾有书答谢表弟某侍郎:'天地穷人,物情所弃,虽有骨肉,亦无音书,平生旧知,无复吊问。阁老至仁念旧,再降专人,兼赐衣服器物茶药至多,开缄发纸,涕咽难胜。大海之中,无人拯恤,资储荡尽,家事一空,百口嗷然,往往绝食,块独穷悴,终日告饥,惟恨垂没之年,须作馁而之鬼。"在这有上顿没下顿的日子里,妻子刘氏于这年八月离开人世。

妻子去世,李德裕悲痛欲绝。他在《刘氏墓志铭》中,记下了夫妻被贬南迁后的颠沛流离、患难与共的凄惨遭遇:"舆峤拖舟,涉海居陋,无名医上药可以尽年,无香稻嘉蔬可以充膳,毒暑昼烁,瘴气夜侵,才及三时,遂至危亟舍我而去,伤人诟论。"

在食物匮乏、妻子去世的双重影响下,李德裕病情加重:"十月末,伏枕七旬,药物尽囊,又无医人。委命信天,幸而自活。羸惫之甚,生意方微。自料此生,无由再望旌棨。临纸涕恋,不胜远诚。病后多书不得,伏帷恕察。谨状。"

召罕炯、岩思发动青壮劳动力到山上去找野果果腹。野芒果、菠萝、香蕉成了他们的主要食物。

这时,李德裕意识到自己将不久于世。回想自己一生,历任宪宗、穆宗、敬宗、文宗、武宗、宣宗六朝，从元和元年（806年）以门荫入仕为秘书省校书郎之职，到大中三年（849年）被贬海南崖州，浮沉于宦海四十余载，五次进京为官，四次被贬、被排挤离开京城。如今遭小人陷害，流离异乡，他感慨不已，在寓所写下了《祭韦相执谊文》。韦执谊是唐代顺宗朝宰相，"永贞革新"失败后被贬为"崖州司马员外置同正员"，卒葬崖州。李德裕是在韦执谊逝世四十四年后，被流放到海南岛上。虽然是同样的遭遇，但韦执谊在行将逝世即获昭雪，重彰功名，而自己垂死之际仍背负罪名，沉冤天涯，不知道后人会作何种评价？为此，李德裕借祭韦执谊，表达"一遭谗疾，投身荒瘴"的感受，自我安慰，以告白天涯。

李德裕在会昌三年（843年）四月上武宗的《让官表》，自述"患风毒脚气十五余年，服药过虚，又得渴症，每日自午后，瞑眩失常"。根据所描述的症状和时间，李德裕应在二十年前便患有风湿性关节炎、糖尿病、高血压等症。

糖尿病最忌饮食没有规律。一旦失调，就会引起严重的并发症。在恶劣的生存条件下，李德裕在不到一年时间里，身体从"幸且顽健""今且作祝鸡翁（养鸡人）耳"的状况迅速恶化，直至"伏枕七旬，药物尽裹……生意方微"。

大中三年十二月十日（850年元月），崖州刮起了台风，大雨倾盆。崖州治所外，高大的椰子树、棕榈树大都倾折。

在崖州司户的官舍内，已经三天没有进食的李德裕浑身浮肿，呼吸急促，两眼失去了往日的光泽。

"水、水、水……"他喃喃地喊着。

"相爷，水在这里。"老仆端了一碗水给他。

"刘宁、召罕炯、岩思，你们一定要活下去，替我将这些书稿保存好，交给烨儿！"

"相爷，您放心，我们一定会守护好相爷的心血的。"刘宁、召罕炯、岩思边说边流着眼泪。

李德裕将杯子递给刘宁，眼睛慢慢地合拢。

"陛下、陛下……"李德裕仿佛看到武宗在向他招手，他突然挺起身来，双手作持笏样，眼睛睁到最大："臣来了啊，臣来晚了啊，臣为您保驾来了……"说完后，喉咙里传来"哈"的一声，他的整个动作就定格住了。

"老相爷，老相爷……"刘宁、召罕炯、岩思边喊边扶着李德裕的身子慢慢地让他平躺下去……

这位于国于民功勋卓著的国家重臣，只因为皇帝的昏庸、权臣的陷害，最后贫病交加，带着满腔悲愤，在无限的寂寞里，在崖州贬所走完了生命最后的时光。

李德裕有三个儿子，长子李烨，原任汴宋亳观察使判官，李德裕被贬离洛阳时，他还在汴宋亳观察使判官任上，没来得及相见。父亲被贬潮州后，李烨受父亲的牵连，也降职为蒙州立山县尉。

随李德裕到崖州的还有二子二女。李德裕死后，一家人生活无着，又不习水土，四个子女不久也都在崖州相继去世。

管家刘宁在李德裕去世两个月后，因食物不足，患水肿病离开人世。

李德裕死后半年，李烨才得到消息。那时李烨因受父亲牵连受贬，一切都要看别人的眼色行事，他小心翼翼向桂管廉察使张鹭请求奔丧，因张鹭是牛党之人，没有批准。

大中六年（852年），宣宗与丞相讨论收复河湟地区的战事，朝中大臣与西北边将不时以李德裕会昌年间安边之策相奏，同时，西北战事爆发后，李德裕所设的备边库在西北战事中的作用凸显，宣宗有感于李德裕的边功及筹边库的作用，下诏同意将李德裕归葬洛阳。

这年三月，李烨到海南岛时，李家的一百多号人除部分青壮年之外，几乎死于贬所。他们在召罕炯、岩思的带领下一边开荒种地，一边到山上寻找野果充饥，过着衣不蔽体、食不果腹形同野人的生活。李烨含泪将父李德裕、母刘氏及"昆弟、亡姊凡六丧"，以及"泊仆驭辈有死于海上者"的灵柩，自贬居地护送回祖居安葬。"首涉三时，途经万里，其年十月，方达洛阳。"这位善作善成，功高盖世的宰相才魂归故里。

大中十三年（859年），宣宗驾崩，懿宗李漼即位。次年（860年），改元咸通，大赦天下。李烨得以从立山县尉（立山县在今广西梧州市）量移为郴县县尉。李烨接到诏书后，四月离开桂林。在赴任途中，不幸遇到毒瘴，染上疾病，到达郴县后不久，即卧床不起，约六月在郴县官舍去世。

李德裕归葬洛阳后，召罕炯、岩思坚持为他守墓。他们在平泉山庄度过了最后的时光。

李烨有两个儿子，一个叫殷衡，一个叫延古。

李烨去世后不久，李德裕在淮南节度使任上非常要好的文友刘三复的儿子刘邺给懿宗上疏说："李德裕父子官至宰相，历仕数朝，大中初年贬逐以来，人丁凋零，血属将尽。请求陛下降恩哀悯，赐复官职。"懿宗也认为对李德裕的处置有些过分，下诏恢复李德裕太子少保、卫国公官爵，追赠左仆射，李德裕的功绩最终被唐王朝认定。

　　李德裕的两个孙子也被朝廷授予官职，李殷衡被任命为右补阙，李延古被任命为司勋员外郎。

牛李党争

在历史上，李德裕被贴上了"牛李党争"的标签，许多史书貌似公允地罗列出牛李党争过程中，伴随一派政治势力的上台，另一派政治势力的清洗，使许多有志之士包括李德裕本人都成为党争的牺牲品。仿佛牛李党人就像金庸武侠小说中的华山论剑一样，一碰上就开打，打赢了就号令天下。纯属争权夺利、争强好胜的行为。

然而，又让人感到奇怪的是，对于李德裕，历来点赞的居多，并且还不是一般的点赞，很多史家把他推崇到与诸葛亮、王安石等历史名相齐名的地位。如李商隐在《会昌一品集》作序时，称赞李德裕为"成万古之良相，为一代之高士"。北宋范仲淹这样评价："李遇唐武宗，独立不惧，经制四方，有相之功，虽奸党营陷，而义不朽矣。"明代文学家、史学家王世贞评价："文饶佐唐武宗，通颉戛斯，破回鹘，平太原，定泽潞，若振枯千里之外，披胆待烛，百万之众，俯首而听，一言之指麾，国势威，主威震，既不啻屍裴公而上之。"思想家、哲学家王夫之这样评价李德裕："德裕之相也，首请政事皆出中书，仇士良挟定策之功，而不能不引身谢病以去。唐自肃宗以来，内竖之不得专政者，仅见于会昌。德裕之翼赞密勿、曲施衔勒者，不为无力。唐之相臣能大有为者，狄仁杰而外，德裕而已。唐武宗不夭，德裕不窜，唐其可以复兴乎！"近代梁启超将李德裕与管仲、商鞅、诸葛亮、王安石、张居正并列，称为我国古代六大政治家之一。

于是，唐宋以来历史研究便出现了这样的怪现象：一方面，对李德裕的才干和功绩大加肯定；另一方面，又认为他是党争领袖，"溺于爱憎"的牛李党争是导致唐王朝衰落和灭亡的重要原因。

这些观点虽然从某一角度来看都有合理性，但牛李党争是政治斗争，我们必须从政治的高度来评判。不然，就会一叶障目，不见泰山，只见树木，不见森林。

从政治的高度来看待牛李党争，首先须从牛僧孺、李德裕的政治思想入手。

一、水火不容的政治主张

（一）牛僧孺的政治思想——安于现状的无为思想

牛僧孺著有《玄怪录》，属于传奇小说集，鲁迅先生在《中国小说史略》中说："造传奇之文，荟萃于一集者，唐代多有，而煊赫者莫如牛僧孺之《玄怪录》。"内中看不出政治观点。另存说理论文十一篇：《守在四夷论》《辨私论》《善恶无余论》《养生论》《质无诚论》《辨名政论》《颂忠》《谴猫》《象化》《鸡触人论》《齐诛阿大夫语》，其政治观点可略窥一二。

牛僧孺信道重儒，但他的思想更倾向儒。他在《颂忠》一文提出"支坏非天也，兴衰由人也"这一观点，明显是来自荀子"人定胜天"的思想。

"兴衰由人"的思想否定了神与命运的作用，是唯物主义观点。唯物主义是走向正确认识世界的第一步，可是，牛僧孺迈出第一步后，却并没有走多远。他在《守在四夷论》中却认为守身比守四夷重要："可谓四夷先起于内，不由四夷不守于外也。故有德者必先守身而后四夷，无德者不先守其身，但令四夷自守，曾不防戎狄在其国中。"在《质无诚论》中，牛僧孺指出：君主对于属国和下民，要"以至信信之，王道导之，导之不能，奉顺以讨之，讨之不服，退加修德以柔之。"牛僧孺所说的"守身""修德"的内容是避免为政"非道"，严禁"聚敛""奢侈"，不近"声""色"，疏远"邪佞"。这种不顾当时外有四夷入侵，内有藩镇割据的现实，而强调皇帝在这个时候脱离现实去"守身""修德"的观点，活脱脱地有点像鸦片战争中的叶名琛，敌人已经攻进广州城了，他还跪在菩萨跟前"守身""修德"。

以"守身""修德"观点为指导，牛僧孺在《谴猫》一文中指出："是猫也，非不壮大狨，而为之蠹，逾鼠族者。性懒不捕，善伺飨人户隙，搜荛覆器，挈荛隐器，如智有十手百目者。而犹家人割兼食，三时加哺不敢辍。"

在他看来，猫一日三餐需主人喂养，整日翻箱倒柜不捉老鼠，所造成的危害大于老鼠，所以，养猫还不如放任老鼠。

国家养兵就如饔人迎猫："故有为国者，有知兵者，有防盗者，有仗而皆乱者，则逾于盗也，逾于乱也。思饔人迎猫，不可不慎也。"

像老鼠一样的敌人固然可恶，"猫"——朝廷讨伐叛乱藩镇的兵将其危害更大，他们平时向朝廷索要军饷，战时还要巨额赏赐，很多兵将甚至借平叛之机烧杀抢掠，危害百姓。他们对社稷的危害远远超过了一般的盗贼和作乱者。

他在《谴猫》中认为，猫是随时可谴的，问题是，现实中猫一样的藩镇不是随意可谴的。

这样，牛僧孺又滑入了道家的无为思想。

因此，牛僧孺的政治思想总的来说是没有具体目标的安于现状的无为思想。

（二）李德裕的政治思想——积极进取的忠君爱民思想

"追昔吴会之年，思为卫霍之将。怀瀚海而发愤，想狼居而在望。"与牛僧孺的无为思想恰恰相反，李德裕的政治思想是积极而进取的：

1. 民为邦本，节用爱民的民本思想

李德裕认为，民为邦本，老百姓安定了，国家才能稳定。

大和四年，对"蜀人多鬻女为人妾"的恶习，"德裕为著科约：凡十三而上执三年劳，下者五岁，及期则归之父母。毁属下浮图私庐数千，以地予农"，让青少年女子能自食其力，不再依靠父母养活，从而摆脱了随意被卖，充作人妾的厄运。待她们成年后，得以正常婚配，让更多的成年男子能娶妻生子，这无疑为西川人口的增长创造了良好的条件。又通过禁毁未经批准建造的祠庙数千间，开垦成为土地，帮助更多的百姓解决土地问题。

会昌元年（841年）八月，嗢没斯靠近边关，天德军节度使田牟、监军韦仲平认为，如果这个时候出其不意袭击回鹘的军队，必然能胜。许多朝臣都支持田、牟二人的主张，希望打败嗢没斯，以震慑南诏和吐蕃时，李德裕认识到"今逗留塞上，逼近边城，百姓不安，人心疑惑，耕种尽废，士马疲劳"，力排众议，主张遣使者进行抚慰，赐给食粮。并通过武宗告诫田牟等人，不得急躁邀功。最后，分化了回鹘的敌对势力，为边疆地区争取了和平环境。

李德裕主张节用爱民。他认为："上弘俭约之德，下敷恻悯之仁，万国群，鼓舞未定。"刚任浙江观察使时，"润州承王国清兵乱之后，财用殚竭。德裕俭于自奉，留州所得，尽以赡军，虽施与不丰，将卒无怨……德裕壮年得位，锐于布政，凡旧俗之害民者，悉革其弊……人乐其政，优诏嘉之"。他以身作则，勤俭节约，减轻百姓负担，让百姓能尽快恢复生产，过上自给自足的日子。当他了解到当地有厚葬的风气，影响百姓正常生活的时，他对这种行为予以坚决的制止。

2. 尊崇君主，加强皇权的中央集权思想

李德裕还认为，国家若要长治久安，必须尊崇君主，加强中央集权。"人君不可一日失其柄也……所谓柄者，福威也，岂可假于臣下之手哉！""夫能独断者，英主也。古人言：'谋之在多，断之在独……所以人君在能断耳。'"

怎样来尊君呢？李德裕认为，尊君的手段是"严刑"与"重令"："臣按管子云：凡君国之重器，莫重于令。令重则君尊，君尊则国安；国安在于尊君，尊君在于行令……"

"定天下者，致风俗于大同；安人生者，齐法定于统一。"重拳出击那些背叛朝廷的行为，树王权，立威仪，确保国家统一和老百姓生活安宁。

李德裕行政实践中，抑制宦官专权，打击藩镇割据等措施，就是尊崇君主，加强中央集权思想的体现。

3. 辨别正邪，破除朋党的明君贤臣思想

李德裕认为，要加强中央集权，皇帝必须明辨是非，分清正邪："致理之要，在于辨群臣之邪正。夫邪正二者，势不相容，正人指邪人为邪，邪人亦指正人为邪，人主辨之甚难。臣以为，正人如松柏，特立不倚，邪人如藤萝，非附他物不能自起，故正人一心事君，而邪人竞为朋党。"

皇帝如果不分正邪，奸邪并进，虽说有圣贤在朝，也办不好事，办不成事。"朝廷惟邪正二途，正必去邪，邪必害正。然其辞皆若可听，愿审所取舍。不然，二者并进，虽圣贤经营，无由成功。"

"居上处深，在察微萌。虽有谗慝，不能蔽明。汉之孝昭，叡过周成。上书知诈，照奸得情。"皇帝要像汉昭帝洞察上官桀等人的阴谋一样，能通过细微处辨别是非忠奸。在辨别正邪是非的基础上，任用中正无私的人，则朋党自然就破了。"'今中朝半为党人，虽后来者，趋利而靡，往往陷之。陛下能用中正无私者，党与破矣。'帝曰：'众以杨虞卿、张元夫、萧澣为党魁。'德裕因请皆出为刺史，帝然之。"

皇帝要亲贤臣，远小人。什么是小人，李德裕认为："世所谓小人者，便辟巧佞，翻覆难信，此小人常态，不足惧也；以怨报德，此其甚者也；背本忘义，抑又次之。便辟者疏远之，则无患矣；翻覆者不信之，则无尤矣；唯以怨报德者，不可以预防，此所谓小人之甚者也；背本者虽不害人，亦不知感。"

那些结党的人，就是"唯务权势"的小人："今所谓党者，进则诬善蔽忠，附上罔下，歙歙相是。退则车马驰驱，唯务权势，聚于私室，朝夜合谋。清美之官，尽须其党；华要之选，不在他人。阴拊者羽翼自生，中立者抑压不进。"他们"皆依倚幸臣，诬陷君子，鼓天下之动以养交游，窃儒家之术以资大盗"。如果让这些人当权，就会造成中立正直之士"抑压不进"。他们欺君罔上，惑乱朝纲，造成皇权旁落，国势不振。

李德裕认为贤臣兴邦，奸佞乱国，所以皇帝要选贤任能。"君之择臣，士之择友，当以志气为先，患难为急。""人君不能无缓急，士君子未偿免忧患。"

李德裕进一步认为，明君选贤任能的同时，要给宰相以专任。李德裕用齐桓公专任管仲、刘备专用诸葛亮、苻坚专任王猛，使君主得以成就伟业，国家得以富强的事例，阐述了独断之君与专任之臣的重要性。"夫社稷之计，安危之机，人君不能独断者，必资于所敬之臣。"

"德裕所与者多才德之人，几于不党。但刚强之性好胜，所怨者不忘，所与者必进，以此不免朋党之累。李德裕自穆宗至文宗朝，历内外职任，奏议忠直，政绩彰显，遂当辅相之任。然为邪佞所排，不克就功业。及相唐武宗，英主始尽其才。李德裕以杰才为唐武宗经纶夷夏，屡成大功。振举法令，致朝廷之治。诚贤相矣！"

4. 切于时机，智足应变的经世而用思想

李德裕认为，政治形势与条件发生了变化，那么为政者要根据实际情况，改弦更张，而不能刻舟求剑、削足适履。"然政未得中，改之可也，如弓之高下者抑举，琴瑟之不调者更张，此亦天之道也，岂独人事哉？"

在平定泽潞的叛乱中，李德裕发现，以前的战事多不能胜的原因是监军钳制了将领的作战主动性。"先是，韩全义败于蔡，杜叔良败于深，皆监军宦人制其权，将不得专进退，诏书一日三四下，宰相不豫。"为了取得平叛胜利，李德裕请示武宗，"诏书付宰司乃下，监军不得干军要，率兵百人取一以为卫"。禁止监军干预将军的军事指挥权，这就避免了宦官监军瞎指挥造成的不必要失误，为平叛战争的胜利奠定了良好基础。

会昌三年（843年）八月，刘稹的部将李丕归顺朝廷，武宗即召集大臣商议如何处置李丕的事情。许多人认为，李丕归顺是刘稹的缓兵之计，是诈降，朝廷不应接受。李德裕却力排众议："自用兵半年，未有来降，今安问诚与诈？且须厚赏以劝将来，但不可置之要地耳。"

会昌五年（845年）九月，"李德裕请置备边库，令户部岁入钱帛十二万万缗匹，明年减其三之一，凡诸道所进助军财货皆入焉，以度支郎中判之"。"会昌五年九月，敕置备边库，收纳度支、户部、盐铁三司钱物。至大中三年十月，敕改延资库……初年，户部每年二十万贯匹，度支、盐铁每年三十万贯匹，次年以军用足，三分减其一；诸道进奉助军钱物，则收纳焉。"李德裕最初创立这个制度，是为了集中一部分财力到中央，以备将来用于西北、西南边事，可惜武宗过早去世，没有享受到它带来的好处。但宣宗时，收复河西地区，其后勤保障，完全得益于备边库的物资库存。李德裕的多项改革后来都被废止，唯有备边库这一举措沿袭下来，仅仅将名称改为延资库，并由宰相掌管。

同年十月，武宗服用丹药后，"性躁急，喜怒不常"。"上问李德裕以外事，对曰：'陛下威断不测，外人颇惊惧。向者寇逆横暴，固宜以威制之；今天下既平，愿陛下以宽理之，但使得罪者无怨，为善者不惊，则为宽矣。'"说明李德裕在"向者寇逆横暴"时，是主张"宜以威制之"的；"今天下既平"之时，则"愿陛下以宽理之，但使得罪者无怨，为善者不惊"。

因此，从地方任职到担任宰相期间，李德裕所采取的一系列改革，无一不是切于时机，智足应变的经世而用之策。

二、你死我活的政治较量

（一）一个认为"太平无象"，一个认为百孔千疮

藩镇割据、宦官专权、外族入侵和财政困难似乎是唐代中晚期的死结。大和六年（832年）十一月，文宗对宰相说："天下何时能太平，你们这些宰相们也想过这个问题没有？"牛僧孺却认为天下"太平无象"："现今四方异族不相继侵犯中国，黎民百姓不至于流离失散，在上位者没有滥施暴虐，处下位者没有忿恨怨言，仕宦门中没有强梁之家，公众议论不受阻止梗塞。即使未至太平盛世，也还可称小康景象。皇上如若另求太平，不是臣等力所能及的事。"

牛僧孺这明明是睁着眼睛说瞎话，连一向对李德裕没有好感的司马光也认为："于斯之时，阉寺专权，胁君于内，弗能远也；范镇阻兵，陵慢于内，不能制也；士卒杀逐主帅，拒命自立，弗能诘也；军旅岁兴，赋敛日急，骨肉纵横于原野，杼轴空竭于里闾，而僧孺谓之太平，不亦诬乎！当文宗求治之时，僧孺任居承弼，进则偷安取容以窃位，退则欺君诬世以盗名，罪孰大焉。"牛僧孺为官还算清廉，但与他结成同盟的李逢吉、李宗闵等人，却是典型的结党营私之徒。他们攀附宦官，罗织党徒，排除异己，把持朝政，广受贿赂，同时又尸位素餐，无所作为。

李德裕却完全不同，从国计民生到对外关系，从具体问题到制度建设，从加强中央集权到处置地方藩镇，从对付宦官到选人用人，他都有完整的思路、策略与措施。他仿佛是女娲的徒弟，是天生来补大唐这个千疮百孔的残天的高手。

政见不同以及个人恩怨，使他们站到决然不同的对立面，拉开了你死我

活的较量的序幕。

（二）把两场科考案作为党争的开端很牵强

许多历史学家认为，牛李党争始于元和三年（808年）的贤良方正、直言极谏科的制举考试。

这次制举案的过程前面讲过：牛僧孺、李宗闵、皇甫湜等在策论里批评了朝政。考官没有认为不妥，准备予以录取。这件事传到宰相李吉甫的耳中，李吉甫便向唐宪宗哭诉，要求严惩妄议时政的考生。这样，牛僧孺、李宗闵、皇甫湜便没有得到提拔。

于是，牛僧孺、李宗闵、皇甫湜与李吉甫结怨，开启了唐代牛李四十年的党争。

其实，仔细分析，把这次制举案作为牛李党争的开端很牵强的。根据《全唐文》载皇甫湜《对贤良方正直言极谏策》的内容，隋唐史专家岑仲勉、傅璇琮等认为，当时皇甫湜等人议论的锋芒主要针对宦官，并无攻讦宰相的内容，相反，有"宰相之进见亦有数""宰相忧勤奉职""以宰相之忠公"等多处为宰相立言的内容，"李吉甫实无泣诉于上之必要"。

那么是谁泣诉于上呢？当然是议论直指的宦官。为什么有些史书又成了李吉甫呢？这是因为"牛、李（宗闵）则后来身居宰辅，投鼠忌器，唯恐内官旧事重提，不安于位；又以早年对策喧腾一事，遂计为移花接木，以转人视听，吉甫泣诉之谰说，夫于是应时产生"。

其次，这次制举考试造成了牛僧孺、李宗闵、皇甫湜很长时间没有得到提拔重用之说。

从当时考试的情况看，牛僧孺等人议论尖锐，确实有点像愣头青的味道。事还没有开始做，人便得罪一大片，既没有情商，又无统战经验。大家想想，如果将他们这几人直接录取了，能干成什么事？

并且，许多人认为由于李吉甫的压制，使牛僧孺等久不得重用，将牛僧孺久不得重用的帽子扣在李吉甫头上。

从后来牛僧孺等人的从政经历来看，他们并非拯救大唐的王佐之才，为什么一定要重用？其次，从元和三年（808年）的制举考试案到元和九年（814年）李吉甫去世，中间只有七年时间，牛僧孺805年才中进士，808年还是个愣头青，牛僧孺在基层工作，难道时间还长了吗？照这么说，如果没有在三五年内担任高官，就是有人压着，这样的观点岂不是荒谬？

最后，将这次考试案作为牛李党争的开始，作为牛党来说，他们从李逢吉开始，至李宗闵、牛僧孺，一直有党存在。而认为李吉甫、李德裕结党的话，那么，从李吉甫814年去世到833年李德裕第一次担任宰相，中间近二十年时间，李党在哪里？很多史学家认为李德裕任翰林学士时即参与党争。一个小小的翰林学士，可能在某时某事上有机会给皇上提提建议，但若说他们能左右皇帝，影响朝政，那是天大的笑话。

（三）不是东风压倒西风，便是西风压倒东风

1. 又是一个屎盆子事件

在唐代的科举考试中，干谒和推荐是必不可少的程序。唐穆宗长庆元年（821年），钱徽知贡举。前刑部侍郎杨凭的儿子杨浑要参加这次考试，他委托宰相段文昌前往钱徽那里说项。翰林学士李绅受周汉宾之请，也找钱徽求情。李宗闵的女婿苏巢、杨汝士的弟弟杨殷士、裴度的儿子裴撰、郑覃的弟弟郑朗等都在钱徽那里挂了号。

放榜的结果是段文昌、李绅推荐的杨浑之、周汉宾都没有录取，苏巢、杨殷士、裴撰、郑朗却榜上有名。

于是，段文昌气不打一处来，向穆宗告状，指责钱徽、杨汝士徇私舞弊，选人唯亲。

有人举报，当然得正确对待。穆宗下令对录取的士子进行重新考试。结果，所录取的十四人只有四人勉强及格。

穆宗大怒，由元稹起草诏书，罢免另外十人的进士资格，将钱徽、李宗闵、杨汝士等人全部贬官。以至于"制出，朋比之徒，如挞于市，咸睚眦于绅、稹"。这便是长庆科考案。

这个科考案与李德裕半毛钱关系都扯不上，只是李绅卷入其中。元稹仅是一个处理文书的起草人，后来竟也遭到李宗闵等人的打击报复。牛党是不是太过于霸道了。

还有，这次考试钱徽确实是作了弊，不然为何复试后所录取的十四人只有四人勉强及格！

自己作了弊，还要打击报复别人，拿到现在来讲，这不是黑恶势力又是什么？

2. 正人如松柏，邪人如藤萝

长庆二年（822年），元稹与裴度都被任命为宰相。李逢吉勾结宦官王守澄，阴谋设计陷害元稹、裴度两人，虽然奸计被查出，但元、裴被同时罢相。裴度被贬为山南西道节度使，元稹被贬为浙东观察使。在宦官的支持下，李逢吉被任命为宰相。经李逢吉推荐，穆宗启用牛僧孺为相。李逢吉、牛僧孺合力将李德裕排挤出朝廷，担任浙西观察使。不久，又在敬宗面前进谗，贬李

绅为端州司马。

李逢吉不断扩张势力，党羽遍布朝廷内外，而国事日非，牛僧孺担心祸及自身，宝历元年（825年），主动辞去宰相之位，出任武昌节度使。李德裕初到浙西时，浙西正处于王国清兵乱之后，军士骄横，经济残破，老百姓困苦，是一个百孔千疮的烂摊子。李德裕采取了一系列措施：肃清盗匪，革除陋习，拆毁淫祠私邑山房，开垦土地，帮助老百姓发展生产，浙西社会很快安定下来，老百姓安居乐业，李德裕政绩斐然。

唐文宗放眼全国各地，只有李德裕还做出了一些政绩，于是，他很想启用李德裕。太和三年（829年），文宗将李德裕调入朝廷，担任兵部侍郎，打算任命他为宰相。但文宗是个志大才疏，仁而少断的人。李宗闵通过结交女学士宋若宪及枢密使杨承和，经过宋若宪和杨承和说项，文宗便选择了李宗闵为相，将刚刚入朝的李德裕调任义成节度使，去收拾更烂的摊子。

牛僧孺、李宗闵没有担任宰相的时候，主要是攀附李逢吉。李逢吉登台后，李宗闵又攀附宋若宪和宦官杨承和，他们都牢牢地防着李德裕——因为李德裕政绩突出，时刻有被皇上重用的可能。第二年，李宗闵引荐牛僧孺担任宰相。说起来裴度是李宗闵的恩人，在李宗闵仕途困顿的时候，裴度提拔他为淮西观察使判官，从此，李宗闵得以在仕途上有所作为。但裴度在文宗跟前推荐李德裕让他十分不爽，于是，他与牛僧孺两人合力排挤裴度，裴度不得不出任山南东道节度使。

牛僧孺两度担任宰相，前一次是李逢吉的推荐，后一次是李宗闵的援引。虽说历史上没有牛僧孺本人刻意攀附宦官的记载，但援引牛僧孺的李逢吉、李宗闵等人，都是通过攀附宦官而上台的。

宦官与朝宦勾结，政治更加黑暗。

到大和六年（832年）李德裕担任宰相之前，所谓的牛李党争还只是牛党在唱主角，李德裕并没有与牛党人员发生直接冲突。长庆元年的科考案李宗闵等人受到查处，确实是考试作弊，并不是什么党争的结果。

3.维州事件——一个出于国家利益，一个以"义"济私

大和四年（830年），四川又发生了动乱，在牛僧孺、李宗闵的操作下，李德裕又被任命为灭火大队长——剑南西川节度使。一年之后，火灭了，西川这边风景独好。这时，吐蕃内部出现了动荡，维州守将悉怛谋向李德裕请求归顺。维州是吐蕃进入四川的跳板，也是唐政府控制吐蕃进入四川的咽喉。韦皋出任西川节度使后，曾多次率兵攻打吐蕃，但没有夺回维州。因此，悉怛谋提出归顺后，李德裕派立即兵接收了维州城。

收复维州城是一件大功，但遭到牛僧孺的妒忌。"牛僧孺曰：'吐蕃之境，四面各万里，失一维州，未能损其势。比来修好，约罢戍兵，中国御戎，守信为上……得百维州何所用之，而徒弃诚信，有害无利。此匹夫所不为，况天子乎！'"文宗竟采用了牛僧孺的建议，放弃了收复维州的机会。其实，早在一年前，吐蕃已经背叛盟约，牛僧孺这样做完全出于"与德裕有隙，害其功"。结果，文宗接受了牛僧孺的建议，严令李德裕将维州城及悉怛谋等归顺者送还吐蕃，悉怛谋等三百余人被吐蕃官吏尽杀于维州城下。这真令亲者痛仇者快！

从此，李德裕便恨上了牛僧孺。

站在旁观者的立场，假使李德裕不恨上牛僧孺，怎对得起悉怛谋等三百多条冤魂？这种纯粹为了抬杠而罔顾国家利益的行径对牛党来说是家常便饭。

面对头头是道的牛僧孺，连理学家朱熹也看不惯了："德裕所言虽以利害，然意却全在为国；僧孺所言虽在义，然意却全济其己私。"

4.一拨奸党离开后，又来一拨

唐文宗一心求治，只可惜一直没有找对人。大和七年（833年），终于任命李德裕为宰相，牛僧孺因维州事件，自己觉得有愧于文宗，请求外调。不久，李宗闵也被撵出朝廷，出任山南西道节度使。第二年，文宗又重用郑注。李训通过贿赂郑注，攀附王守澄，成为文宗的心腹。为了排挤李德裕，郑注、李训再次引荐李宗闵入相。三人沆瀣一气，将李德裕排挤出京。李德裕不得不再到地方任职，出任镇海节度使。

牛僧孺等党人上台靠的是攀附，因此，对奸邪的宠臣把持朝政牛僧孺也无可奈何，只好请求到地方任职以避祸。

文宗朝为什么奸党走了一拨，又接一拨，原因在于皇帝识人不明。

5.会昌新政——大唐中兴的曙光

会昌元年（841年），武宗召李德裕入朝为相，君臣相知互信，拉开了大唐轰轰烈烈的改革，史称"会昌新政"。

面对千疮百孔、风雨飘摇的大唐，武宗和李德裕携手施展文韬武略，对外，平定了外族入侵，巩固边防；对内，征讨叛乱藩镇，抑制宦官专权，清退冗吏，禁毁佛教，兴利除弊，与民休息。中央集权大大加强，老百姓的生活得到安定，人口增加，天下户数"至武宗即位，户二百一十一万四千九百六十。会昌末，户增至四百九十五万五千一百五十一"。赋税增多，国家财政困难的状况得到缓解，"安史之乱"以来百姓生活流离、皇帝被地方节度使赶得奔撺的局面得到全面控制，大唐焕发出前所未有的生机。

大唐中兴，庶几可待！

与李德裕的功勋卓著的会昌新政相比，牛僧孺的"太平无象"不知要黯然失色多少！别的都可以恕过，但维州之事是可忍，孰不可忍！会昌年间，李宗闵、牛僧孺只能是一贬再贬了。

三、党争结束后的大唐

昌六年（846年），武宗因丹药中毒而死，唐宣宗即位。

宣宗即位后的第一件事便是罢免李德裕的宰相之职。会昌以来的改革局面戛然而止。

接着，宣宗开始启用牛党，将李德裕一贬再贬，最后贬死崖州。

宣宗有小太宗之称，其手段比起他的哥哥穆宗、侄子敬宗、文宗来不知高明多少倍。

许多人不理解，为什么一个这样精明的皇帝，要将李德裕置之死地而后快呢？

正是因为宣宗精明，李德裕才必须死。

为什么呢？

这事关宣宗的皇统问题。

前面讲过，武宗有五个儿子，长子叫李峻，封杞王，次子李岘，封益王，三子李岐，封兖王，四子李峄，封德王，五子李嵯，封昌王。按照父死子继的原则，无论如何也轮不到李怡这个庶出的叔叔继位。

宦官不想拥立武宗的儿子，希望找一个容易控制的人来当皇帝，以便左右朝政。李怡的皇位是通过装傻欺骗宦官得来的。

因此，从皇统角度来看，李怡的皇位来路不正。

从李怡的角度来看，李德裕是宰相，又那么有能力，一旦知道自己的皇位来路不正，就有可能利用宰相的身份突然发难，将武宗的儿子推向前台而让自己死无葬身之地。

李怡即位之际，看到领头举行册封仪式的李德裕，觉得"毛发洒淅"，不是因为李德裕个人的威严，而是担心因皇位来路不正而遭否决。

要解除自己嗣统的问题，仅拿掉李德裕是不够的，还有更大的问题需要解决。

宣宗是宪宗的儿子，宪宗之后由穆宗继位，穆宗之后，皇位在穆宗的三个儿子间传承。宣宗要显示自己的正统，就必须在宪宗之后的穆宗身上做文章。

经过一番缜密算计，宣宗终于想出了一个釜底抽薪的办法——嫁祸穆宗。否定了穆宗，后面的敬宗、文宗、武宗便都否定了。本来宪宗的死就有点神秘，大概是宦官做的手脚。如果把这个祸嫁到穆宗头上，穆宗的皇位是通过弑父得来的话，那么，宣宗继位便有了拨乱反正的借口。于是，宣宗大张旗鼓，"治弑宪宗之党，宦官、外戚乃至东宫官属，诛窜甚众"。宪宗时的东宫是谁？显然就是穆宗。穆宗已死，死无对证。连李德裕这样牛的人都拿下了，谁还敢说半个不字。

就这样，到了宣宗朝，穆宗便成了个弑父篡位的暴君了。皇位到本尊这里完全应该并且是天命所归的。

宣宗当了皇帝，他的母亲当然是太后。可是，郭氏已经是诏告天下的三朝太皇太后了，只要她还在世，人们就会想起穆宗以及后面的三个皇帝。因此，也不能让这个太皇太后好好地活下去。于是，宣宗尊他的生母为太后之后，太皇太后郭氏就是下一个要除掉的目标了。可怜一朝皇后，一朝太后，三朝太皇太后，母仪天下五朝之久的郭氏，在宣宗继位后不久暴崩。她是宪宗正儿八经的皇后，宣宗却不准她附葬宪宗陵寝。

宪宗的陵寝要留着给李锜当过侍妾的宣宗的母亲。

昌六年（846年）十月，宣宗登基，按照惯例，新皇要告享太庙。意思就是告诉列祖列宗，你们的后代谁谁现在是皇帝了，以后你们要保佑的就是他了。如果穆宗、敬宗、文宗、武宗在祷告的范围之内的话，会打自己的脸，所以，在告太庙祝文里，宣宗也做了一些文字游戏：直接称穆宗为"皇兄"，而不是皇帝，并且对自己的三个侄子为帝的经历闭口不谈。

在之后收复河湟之时，本来应该告功太庙，但遭到宣宗拒绝，原因是宪宗的神主为穆宗所题。

如果认为上面的招数已经够狠毒的话，我们只能说没有最狠，只有更狠的了。

武宗的儿子也不能存在，如果武宗的儿子不除，假若有人拥戴他们怎么办？因此，他们也得消失。可怜武宗的五个儿子，史书上只有他们的姓名和封号，至于何时消失的，只有天知道。

因此，我们对李德裕为什么会遭到一贬再贬，最后落得贬死崖州的结局就不难理解了。李德裕"独上高楼望帝京"的深情期望，只能说明他到死都没弄明白那个装傻的宣宗的帝王心术。

白敏中是小人，宣宗不用小人，难道这些事君子能办成？

一些史书对宣宗评价甚高，称他为小太宗。因为他在位时也取得了一些政绩，如：彻底打垮李党，结束了几十年的党争，加强了中央集权；重视人才，整肃了吏治；善于吸取前朝的教训，虚心纳谏；对外族的战争也取得了一些胜利，收复了河湟地区。

但是，客观来看，收复了河湟地区，靠的是这些地区民众的主动归顺，并不是像汉武帝一样的文治武功。打败北方入侵的外族的边将张仲武、李丕等人，还是武宗朝起用培养的将领。收复了这些地区后，宣宗又将复地尽归了那些尾大不掉的地方节度使，中央既没有获得收复地区的行政权，也没有增加税收，仅仅得了个名分。

在对地方藩镇的态度方面，宣宗几乎和牛僧孺"天下太平无象"的观点一致。在卢龙节度使张仲武去世后，部将拥立张仲武的儿子张直方接任。后来张直方被军士所逐，部将又拥立周琳。一年后，周琳去世，部将又拥立张允伸。宣宗听任他们自乱自立，让武宗朝平叛战争成果化为乌有。从此，不仅河朔三镇不听命于中央，南方藩镇也由军人主宰，随意废立，武宗朝抑制下来的藩镇割据这个时候又燃起燎原之火。

打垮了李党，造成无人可用，金代著名学者赵秉文这样评价："肃代有一颜真卿而不能用，德朝有一陆贽而不能用，宣朝有一李德裕而不能用，自是以还，唐衰矣。"宣宗所谓的重视人才，只是官员们按级别穿不同颜色的衣服而已。所用的官员大多是些庸才。所谓的整肃吏治，也只是隔靴搔痒。

虚心纳谏也是徒有虚名——涉及李德裕、太皇太后的事，虽有丁柔立、王皞、周墀等人直谏，但做贼心虚的宣宗就没有那个虚心了。

孙甫："宣宗久居藩邸，颇知时事。故在位十三年，尚俭德以恤人隐，谨法令以肃臣下，恩厚宗室，礼重宰辅，至微行以察取士得失，焚香以读大臣章疏，诚好德之君也。然知为君之小节，而不知其大节。懿安太后，嫡母也，不能尽礼事之。及致暴崩，为世所骇。白敏中乏济时之才，功德无闻。令狐绹复容子纳贿，有紊时政。故懿宗朝，谏臣疏绹之罪曰：大中威福，又欲行于今日。当时事可知也。其河湟归顺、夷夏粗安，盖承武宗用德裕经营天下事，威令已盛而然也。不然，宣宗用敏中辈，于时事有何经画哉！至宠爱次子，不定长子储位，裴休奏请，则曰：若立太子，便是闲人。此尤见昧人君之大节也，卒致内臣争立嗣君，几至于乱。是宣宗区区为善，止于小节尔。"

到了宣宗后期，下面的藩镇便乱成了一锅粥，令他想不到的是，李德裕死后仅五十余年，他苦苦争来的皇位便被别人夺走，他的后代几乎被斩尽杀绝。

四、另一只眼看党争

关于牛李党争，牛党首领是牛僧孺，这一点在历史上是没有异议的。但牛李党争中的"李"，一部分人认为是李德裕，但也有人认为是李宗闵。如赵翼、岑仲勉等认为，李德裕无党。岑仲勉说："'牛李'一词之意，当时人原用指斥僧孺、宗闵之结党营私，五代时史官及宋祁尚能知其真义。无如牛党之文人，好为谰言，施移花接木之计，把'李'字属之德裕，形成'牛''李'对立，借以减少僧孺之过恶。"

不过，自宋代以来，史学界绝大多数人都认为牛李党争中的"李"，是李德裕。笔者认为，即使李德裕本身无党，但他有明确的政治思想，是希望通过改革来中兴大唐的士大夫的代表，他不主动结党，也有人支持他的政治主张。从这一点来看，牛李党争中的"李"，似乎又与他脱不开关系。

前面提到过，许多名家把元和三年（808年）的制科案或长庆元年（821年）科考案作为两党斗争的起点，其实，这两次事件并不是政治斗争。隋唐史专家岑仲勉、傅璇琮通过研究皇甫湜《对贤良方正直言极谏策》的内容，认为李吉甫完全没有向宪宗泣诉的必要，即使他向宪宗表达牛僧孺等人在考卷中抨击朝政是不应该的，既在他宰相的职权范围内，也在情理之中，不是他故意挑起党争。如果元和三年（808年）的制科案带有政治色彩的话，那么长庆元年（821年）的科考案完全是个人利益引起的争斗，段文昌、李绅是为他人说情，而李宗闵、杨汝士、裴度、郑覃则是为亲属谋利益。最后段文昌、李绅认为考试不公平，通过复试确实不公平，并且后来被认为是李党的裴度、郑覃从此也和段文昌、李绅结下了怨仇。因此，不能将这次科考案看作是党争，只能看作个人利益之争。并且，李德裕与这次考试也没多大的关系。牛李党争四十余年的说法不确切。

武宗任用李德裕，他要进行政治革新，必然要清除革新的阻力，牛僧孺这些结党营私，认为天下"太平无象"的庸官当然不可能受到待见。

李德裕积极破解朋党。白敏中、柳仲郢、令狐绹是牛党中人，但都曾得到李德裕的任用。

有些人认为，李德裕用白敏中是为了排挤白居易。实际并非如此。史载："武宗皇帝素闻居易之名，及即位，欲征用之，宰相李德裕言居易衰病不任朝谒，因言从弟敏中辞艺类居易，即日知制诰，召入充翰林学士，迁中书舍人。"

要评判李德裕是不是排挤白居易，考证一下李德裕的话就能明白。如果李德裕说的是假话，那就是有意排挤，如果是真话，那便是事实。

那白居易是不是李德裕所说的"衰病"呢？

白居易出生于公元772年，到公元842年，已经70岁了。宝历二年（826年），54岁的白居易在苏州刺史任上，曾在马上坠落下来，摔伤腰骨和腿骨，不得不向朝廷申请休假。开成四年（839年），白居易又得了痛风病，左足病残。其《病中诗十五首》（《白居易集》卷三五）自序："开成己未岁，余蒲柳之年，六十有八（应该是虚岁），冬十月甲寅旦，始得风痹之疾，体羸目眩，左足不支，至老病相乘而至耳。"从这一史实看，李德裕所讲的完全属实，他劝武宗用白敏中并非要排挤白居易。

因此，李德裕"几于不党"是事实。

宣宗一上台，即全面打击李党，李德裕最后被贬死崖州，也没有什么争。那么党争出现在什么时候呢？你争我斗最厉害的时候发生在文宗朝。从这一点又可以看出，所谓的牛李党争，争与不争完全在于皇帝怎么做。有文宗这样优柔寡断的皇帝，才有党争，并且文宗一朝不仅有牛党、李党，中间甚至还杀出了郑注、李训一党，虽说牛党起先还与他们沆瀣一气，但后来郑注、李训还是将牛党排除出朝廷。因此，有没有"党"，有什么样的"党"，完全取决于皇帝。

很多历史学家通过比较牛、李两党的政治作为，评价过牛李两党的进步与否。笔者认为，牛党得势，政治混乱。李党得势，天下大治。宣宗尽黜李党，最后导致中央集权严重削弱。唐宣宗在位十三年，在他统治的末期，地方藩镇基本处于失控状态。他去世后仅二十年，黄巢率领的农民军攻下长安，唐僖宗仓皇逃奔四川成都。又过了二十多年，天祐四年（907年），朱温逼唐哀帝李柷禅位，唐朝灭亡。

由此可见，不是党争导致了唐朝的衰落，而是失去了李党，唐朝就失去了活力、失去了中兴的机会。从这一角度来看，梁启超说李德裕是万古良相丝毫不是夸大其词！

历史公论

在宣宗一朝，李德裕以及跟他关系密切的人都受到罢黜贬斥，有关李德裕的史实也受到不同程度的曲解抹黑。

如关于吴湘案，根据当时的法律，吴湘被判处死刑，是罪有应得。《册府元龟》卷六一三《刑法部·定律令》记载："会昌元年正月诏曰：'朝廷典刑，理当画一，官吏坐赃，不宜有殊，内外文武官员犯人已赃绢二十匹，尽处极法……'"《唐会要》三九《议刑轻重》条记载："大中四年正月敕：攘窃之兴，起而不足，近日刑法颇峻，赃至一千，便处极法，轻人性命，重彼货财，既多杀伤，且乖教化，况非旧制，须议更改。其会昌元年二月二十六日敕，宜令所司，重详定条流。"可见武宗朝有赃满千钱处以死刑的敕令。吴湘既然贪赃是实，处以死刑，并不能说明李绅、李德裕有徇私枉法之处。

这个案件的复审及复审结果，分明带有宣宗和以白敏中为代表的牛党人物人为因素，因为他们想借这个案件扳倒李德裕，以致在证据不足的情况下，"惟淮南府佐魏铏就逮，吏使诬引德裕，虽痛楚掠，终不从，竟贬死岭外"。不惜采用刑讯逼供的手段，制造新的冤案。

五代及以后的野史为了吸人眼球，又将吴湘案添油加醋，写成李绅甚至是李德裕为了得到阿颜，冲冠一怒，报复吴湘而将其处死。试想一下，当时李绅已年近七十，李德裕也年近六十，且疾病缠身，还会为一个民女争风吃醋吗？况且，史家公认"李卫公性简俭，不好声妓"冲冠一怒之说，分明是一种抹黑。

关于李德裕的归葬原因，《东观奏记》《南部新书》都有这样的说法：大中末年，令狐绹任宰相，一天夜里，李德裕托梦于他，对他说："我已经死了，望相公能可怜可怜我，让我的尸骨归葬故里。"令狐绹梦中答应了李德裕的请求。第二天起床后，令狐绹把梦中的情境告诉给儿子令狐滈。令狐滈说："李德裕因触犯众怒而被免官贬逐，宰相崔铉、魏謩都是他的仇敌，如果您提出允许李德裕归葬，他们必然会反驳您的意见。这个事万万不可！"

几天之后，令狐绹又做了同样的梦，梦中李德裕目光炯炯，责备他言而无信。令狐绹正不知如何是好的时候，突然听到鸡叫一声，惊醒过来。

因李德裕两次梦中请求归葬，令狐绹认为如不照办就会招致灾祸。于是，他不敢怠慢，说服了崔铉、魏謩，向宣宗上奏，得到批准，由李德裕的儿子李烨护丧归葬。

这两则记载，《东观奏记》上记录令狐绹做梦的时间是"大中末年"，《南部新书》记录的时间是"咸通中"，而宣宗同意李德裕归葬的时间是大中六年（852年），因此，这则故事显然有伪造之嫌，要么是牛党人物刻意为之，要么是令狐绹良心发现，编造一个能让其他人接受的故事，为李德裕做点什么以求得心灵的救赎。但无论怎样，其客观结果都是将李德裕描写为委琐屈辱之人予以丑化。

还有两则关于李德裕喝茶的故事。

一个是五代南唐尉迟偓《中朝故事》记载。因李德裕在浙西、淮南工作过，喜欢喝长江水。一次，有一位仁兄到京口出差，李德裕知道后，请他帮忙带一壶金山（在镇江江边）附近的南零水给他尝尝。宰相相托，那是天大的好事，焉有不办之理，那位仁兄美滋滋地答应了。

中央大员到地方办差，地方官员哪有不结交之理。山珍海味、美酒佳肴应上尽上，那位仁兄八成是个瘾君子，几杯兰陵美酒下肚，竟什么都记不起了。办完差之后，便一路杏花村返回长安。

到了南京之后，猛然想起宰相托他办的事。那可怎么办呢？金山已过，返回又路途太远。办法总比困难多！不就是一壶长江水吗？上游下游又能差几分？经过一番内心的挣扎之后，他决定就在石头城外取水，带给李德裕。

收到水之后，李德裕立即煮了一壶，泡上上等好茶，一口呷下来，却露出了惊讶之色："难不成今年长江水受到污染，变了味，这水咋那么像石头城下的水？"

那位仁兄大吃一惊，知道遇到了真神，只得以实相告，一再请罪。

宋代唐庚在《斗茶记》中记载，除南零水之外，李德裕还特别喜欢无锡惠山寺泉水。但无锡与长安相距数千里，不是那么容易弄到手。为了满足自己的欲求，李德裕下令在两地建立一条专门送水的驿道，命人在惠山取水之后，由驿骑站站传递，以最快的速度送到长安，颇似"一骑红尘妃子笑，无人知是荔枝来"的味道。

有人这么说，偏就有人信。晚唐诗人皮日休作了首诗，名曰《题惠小泉》："丞相长思煮茗时，郡侯催发只忧迟。吴关去国三千里，莫笑杨妃爱荔枝。"

李德裕喜欢惠山寺泉水是真，从他为惠山寺泉题过的《惠泉》一诗中可略知几分：

> 兹泉由太洁，终不畜纤鳞。
>
> 到底清何益，含虚势自贫。
>
> 明玑难秘彩，美玉讵潜珍。
>
> 未及黄陂量，滔滔岂有津。

但李德裕在任浙西观察使时，就破除了劳民伤财的亳州圣水案，难道他自己又去犯同样的低级错误？假如他真那样做了，这不正好成为牛党扳倒他的好材料吗？

再者，金山南零水与石头城下水的故事，完全就是王安石辨瞿塘中峡水故事的翻版。

两个故事结合，目的就是要利用李德裕喜欢惠山寺泉水这个事实，在不经意间，将他描抹成为一己私欲不惜劳民伤财的人。

更有甚者。《唐语林》卷七《补遗》载："郡有一古寺，公因步游之，至一老禅院。坐久，见其内壁挂十余葫芦。指曰：'中有药物乎？弟子颇足疲，愿得以救！'僧叹曰：'此非药也，皆人骸灰耳！此太尉当朝时，为私憾黜于此者。贫道悯之，因收其骸焚之，以贮其灰，俟其子孙来访耳！'公怅然如失，返步心痛，是夜卒。"

这段文字显然是后人杜撰。第一，墙上挂十多个葫芦，即使是药，也不一定是治疗手足乏力的病，为什么李德裕劈头就问："中有药物乎？弟子颇足疲，愿得以救。"第二，历朝历代都有人贬死海南，老僧为什么独提"此太尉当朝时，为私憾黜于此者，贫道悯之，因收其骸焚之，以贮其灰，俟其子孙来访耳！"第三，杨嗣复、李珏是牛党要员，当武宗决意要杀他们时，李德裕都能舍党派之私而拼全力相救；他明知白敏中、柳仲郢、令狐绹等人政见倾向于牛党，也能委以重任，因此，李德裕并不是"为私憾"而排异己之人，即使是党同伐异，他要针对的人是李宗闵、牛僧孺等领袖人物，其他人也不在他的眼界之中。况且，宣宗继位后，所有在武宗朝遭受贬斥的人都"落实政策"，得到了宣宗很好的安排，若有人贬死海南，难道不被牛党提及？第四，李德裕在去世前两三个月已经"资储荡尽，家事一空，百口嗷然，往往绝食，块独穷悴，终日告饥，惟恨垂没之年，须作馁而之鬼"。"十月末，伏枕七旬，药物尽裹，又无医人。"说明他最后的时光是在病床上度过的，怎么可能"公怅然如失，返步心痛，是夜卒"呢？因此，这也完全是对李德裕无中生有的丑化和抹黑。

在一些正史之中，也有贬李（德裕）褒牛（僧孺）的现象，如司马光《资治通鉴》等。原因是司马光为宋代保守派的代表，他反对王安石改革。王安石属李德裕式的改革人物，司马光既然与王安石的改革格格不入，对李德裕自然不会有什么好感，因此，在《资治通鉴》里，司马光对李德裕的评价倾向于贬抑。

但无论怎样，都抹杀不了李德裕在历史上的闪光之处。面对江河日下、危机四伏、摇摇欲坠的唐朝，李德裕受命于危难之际，两度出任宰相，以过人的勇气与智谋，施展文韬武略，征讨藩镇叛乱，抑制宦官专权，平定外族入侵，巩固边防军政，清退多余官吏，禁除佛教扩张，移风易俗，教化民风，力倡节俭，兴利除弊，与民休息。他清廉正直，光明磊落，一生为国为民，表现出一代卓越政治家、军事家的杰出才干与风范，赢得了后人的高度赞誉。

与李德裕同期的晚唐大诗人李商隐在为《会昌一品集》作序时，称赞李德裕为"成万古之良相，为一代之高士"。

《新唐书》称李德裕："德裕性孤峭，明辩有风采，善为文章。虽至大位，犹不去书。其谋议援古为质，衮衮可喜。常以经纶天下自为，武宗知而能任之，言从计行，是时王室几中兴。"

《旧唐书》对李德裕评价更高："观其禁掖弥纶，岩廊启奏，料敌制胜，襟灵独断，如由基命中，罔有虚发，实奇才也。语文章，则严、马扶轮；论政事，则萧、曹避席。""公之智决，利若青萍。破虏诛叛，摧枯建瓴。功成北阙，骨葬南滇。呜呼烟阁，谁上丹青？"

宋代孙光宪这样评价李德裕："愚曾览太尉《三朝献替录》，真可谓英才，竟罹朋党，亦独秀之所致也。"认为李德裕遭朋党之害，是因为他才智过于出众所致。

北宋范仲淹对李德裕作了充分肯定："李遇唐武宗，独立不惧，经制四方，有相之功，虽奸党营陷，而义不朽矣。"

宋代孙甫也给予李德裕很高的评价："德裕所与者多才德之人，几于不党。但刚强之性好胜，所怨者不忘，所与者必进，以此不免朋党之累。李德裕自穆宗至文宗朝，历内外职任，奏议忠直，政绩彰显，遂当辅相之任。然为邪佞所排，不克就功业。及相唐武宗，英主始尽其才。李德裕以杰才为唐武宗经纶夷夏，屡成大功。振举法令，致朝廷之治。诚贤相矣！"

北宋著名政治家、文学家欧阳修对李德裕也赞誉有加："赞皇文辞甚可爱也。其所及祸，或责其不能自免，然古今聪明贤智之士不能免者多矣，岂独斯人也欤！"

唐宋八大家之一的苏辙这样评价李德裕："唐自宪宗以来，士大夫党附牛、李，好恶不本于义，而从人以喜愠，虽一时公卿将相，未有杰然自立者也。牛党出于僧孺，李党出于德裕，二人虽党人之首，然其实则当世之伟人也。盖僧孺以德量高，而德裕以才气胜。德与才不同，虽古人鲜能兼之者，使二人各任其所长，而不为党，则唐末之贤相也。"

宋代史学家范祖禹称赞李德裕："自唐失之河朔，或讨伐之，或姑息之，不闻有文告之命，戒勒之辞也。是也兵加而不服，恩厚而愈骄。李德裕以一相而制御三镇，如运之掌，使唐武宗享国长久，天下岂有不平者乎。裴度之相宪宗，李德裕之相唐武宗，皆有功烈，为唐贤相，大中以后无能继之者。"

宋代叶梦得评价李德裕："李德裕是唐中世第一等人物，其才远过裴晋公，错综万务，应变开阖，可与姚崇并立，而不至为崇之权谲任数。唐人房乔、裴度优于德量，宋璟、张九龄优于气节，魏郑公、陆贽优于学术，姚崇、李德裕优于材能，姚崇蔽于权数，德裕溺于爱憎，则所胜者为之累也。"他说李德裕是唐中世第一等人物，才干远超当时的名相裴度，可以同盛唐时期造就"开元盛世"的一代名相姚崇相提并论；并称如果李德裕生逢唐玄宗开元年间，那么造就"开元盛世"的名相就是李德裕了。

宋代学者胡寅寥寥数语，评价非常中肯："唐武宗用李德裕为相，唐室几于中兴。"

南宋著名文学家洪迈也高度赞扬李德裕："若唐宰相三百余人，自房、杜、姚、宋之外，如魏徵、王珪、褚遂良、狄仁杰、魏元忠、韩休、张九龄、杨绾、崔佑甫、陆贽、杜黄裳、裴垍、李绛、李藩、裴度、崔群、韦处厚、李德裕、郑畋，皆为一时名宰，考其行事，非汉诸人可比也。李德裕功烈光明，佐唐武宗中兴，威名独重。"

南宋著名将领李纲："朝廷之尊卑，系于宰相之贤否。唐至文宗，可谓衰弱，武宗得一李德裕而威令遂振。德裕初相，上言：'宰相非其人，当亟废罢；至天下之政，不可不归中书。'武宗听之，故能削平僭伪，号为中兴。我朝自崇、观以来，政出多门，阉官、恩幸、女宠，皆得以干预朝政。所谓宰相者，保身固宠，不敢为言，以至法度废弛，驯致靖康之祸。原陛下察德裕之言而法武宗之任，监崇、观之失以刷靖康之耻。"

宋朝著名的理学家、思想家、哲学家、教育家、诗人朱熹曾说："德裕所言虽以利害言，然意却全在为国；僧孺所言虽义，然意却全济其己私。且德裕既受其降矣，虽义有未安，也须别做置处。乃缚送悉怛谋，使之恣其杀戮，果何为也！"

金代著名学者赵秉文这样评价李德裕："肃代有一颜真卿而不能用，德朝有一陆贽而不能用，宣朝有一李德裕而不能用，自是以还，唐衰矣。"

宋元之际史学家胡三省认为："牛僧孺患失之心重，李德裕进取之心锐，所谓楚则失矣，齐亦未为得也。"

明代文学家许浩这样写道："然（藩镇）亦乘人君之暗懦、宰相之凡庸耳，有君如宪宗武宗，相如裴度李德裕，则剪薙而芟刈之不遗余力矣。后之人君览此，其亦拔祸本，揽权纲，任贤辅，惜名器，庶不成此厉阶也。呜呼！万世之炯鉴哉！"

明代文学家、史学家王世贞对李德裕不乏溢美之词："余尝怪唐中兴以后，称贤相者独举裴晋公，不及李文饶，以为不可解。后得文饶《一品集》读之，无论其文辞剀凿瑰丽而已，即揣摩悬断，曲中利害，虽晁陆不及也。文饶佐唐武宗，通颃戛斯，破回鹘，平太原，定泽潞，若振枯千里之外，披胆待烛，百万之众，俯首而听，一言之指麾，国势威，主威震，既不啻屣裴公而上之。"称赞李德裕运筹帷幄之中，决胜千里之外，统领下的百万大军，俯首听命，号令整齐，军威震慑敌国，其才能远在同时代的名相裴度之上。

明代的张燧这样赞誉李德裕："唐至文宗之朝，可谓衰弱矣。唐武宗既立，得一李德裕相之，而威令遂振。德裕初为相，即上言曰：'宰相非其人，当亟废罢。至天下之政，则不可不归中书。'唐武宗听之，号令纪纲，咸自己出，故能削平僭伪，号为中兴。"

思想家、哲学家王夫之这样评价李德裕："德裕之相也，首请政事皆出中书，仇士良挟定策之功，而不能不引身谢病以去。唐自肃宗以来，内竖之不得专政者，仅见于会昌。德裕之翼赞密勿、曲施衔勒者，不为无力。唐之相臣能大有为者，狄仁杰而外，德裕而已。唐武宗不夭，德裕不窜，唐其可以复兴乎！"

清代著名学者、诗人王士禛高度赞扬李德裕："唐牛、李之党，赞皇君子，功业烂然，与裴晋公相颉颃，唐武宗之治几复开元、元和之盛，其党又皆君子也。李卫公一代伟人，功业与裴晋公伯仲。其《会昌一品制集》，骈偶之中，雄奇骏伟，与陆宣公上下。别集《忆平泉》五言诸诗，较白乐天、刘梦得不啻过之。"

大致意思,李德裕当政的唐武宗会昌时期,几乎可以同唐代历史上所称许的"开元盛世"和"元和中兴"相提并论。

清代李岳瑞在一篇文章里这样评价李德裕:"於乎!宰相之所系,顾不重哉!吾于汉晋之间,得一人焉,曰诸葛忠武;于有唐中叶,得一人焉,曰李卫公。"

近代梁启超将他与管仲、商鞅、诸葛亮、王安石、张居正并列,称为我国古代六大政治家之一。

现代著名学者郭沫若也认为李德裕是一位文学大家,可以同"唐宋八大家"之一的韩愈相提并论。他在《李德裕在海南岛上》一文中写道:"《李文饶文集》后序的作者,把李德裕和韩愈并举,看来是有见地的,政治家李德裕,同时也是一位文学家。"

当代学者王大可等人编写的《影响中国历史进程的人物》,其中有篇赞李德裕的文章《抑制权宦富商的晚唐大政治家李德裕》,推许他为影响中国历史进程的一代杰出人物。

学者程千懿认为:"李卫公德裕生逢衰世,身负雄才,气度宏阔,志向高远。虽为褊狭党人所阻,仕途多舛,然刚正不阿、不党不伐,所到之处,政绩卓著。年逾半百,终遇雄主,得居宰辅之位,锐意变革旧制,一振晚唐颓风。恰逢国家多事,为公以身犯难,扫回鹘,平泽潞,变科举,正相权,裁冗滥,抑奸邪,收招提,弱宦官。恩威所至,强藩束手。四海欣然,以为唐室中兴可期。唐之相臣能大有作为者,狄仁杰而外,德裕而已。惜乎昭肃享国不久,以大有为之年弃天下。卫公功高盖世,为宣帝所忌,为宦竖所衔,为朋党所排,花甲之年远谪海岛,抑郁而终,死不得所。海内贤君,嗟叹不已;八百寒士,同声一哭。卫公殁后,唐室江河日下,复兴无望。不多时,奸雄并起,国祚以终。晚唐萎靡,有一李德裕而不能久用、不使善终,宜乎其败矣!后世惑于小人传言,于李卫公多有贬抑。司马温公睿智多才,然囿于偏见,以一时之好恶臧否千秋,亦谬矣!师长尝言,我辈读史者当常怀理解之同情。故有此叹!"

上述评价虽然也有人指出李德裕的"溺于爱憎""刚强之性好胜""德量不高"等不足之处,但瑕不掩瑜,这些不足丝毫没有影响他的历史地位,他的政治魅力在历史的天空中留下了无比耀眼的光芒,令人景仰。

假如武宗不死,假如宣宗不弃……

可惜历史不能假设。

李德裕的人生结局,成为千古之憾,令人扼腕长叹!

李德裕大事记

公元 787 年（唐德宗贞元三年），李德裕诞生，出生于祖父两代为官的官宦世家。

公元 804 年，李绅、元稹宿靖安里，稹作《莺莺传》，李绅作《莺莺歌》。

公元 805 年八月，李吉甫由饶州刺史入为考功郎中，知制诰。十二月，为中书舍人。本年李绅、元稹游长安。元稹任校书郎。

公元 806 年，李吉甫为中书舍人。李德裕（20 岁）随父返京，不愿应科举考试，未入仕。李绅、元稹、庚敬休同游。皇甫湜、韦处厚、李绅进士及第，及第后，李绅归江南。元稹、白居易、韦处厚、沈传师登制举（才识兼茂明体科）。元稹授左拾遗，九月出河南尉（因屡次言事得罪贵要，任上闻母卒，丁忧）。

公元 807 年，李吉甫正月拜相。李锜反叛，李绅不从，被打入大牢。

公元 808 年，元和三年制科考试。九月，李吉甫出镇淮南。

公元 809 年，李德裕随父在淮南与王起交游。李绅为校书郎（韦夏卿推荐）；元稹除监察御史（裴垍提拔）。稹三月任剑南东川御史。到东川治所梓州弹劾严砺，韦从去世。

公元 810 年，李吉甫在淮南。李绅为校书郎。元稹监察御史分务东台。

公元 811 年，李吉甫再次拜相。元稹未满一年，弹奏数十事；三月元稹回长安，敷水驿与仇士良等争房，贬江陵府士曹参军。白居易，李绛、崔群谏无果。

公元 812 年，李吉甫力救杨归厚。

公元 813 年，李德裕入仕校书郎（27 岁），与王起唱和。不久即辞，出任幕府职。

公元 814 年十月，李吉甫卒。李绅为国子助教。

公元 815 年，李德裕守制，元稹任通州司马。

公元 816 年，李德裕守制。

公元 817 年，李德裕为河东节度使张弘靖掌书记。

公元 818 年，李德裕为河东节度使张弘靖掌书记。李绅在国子监任助教。本年李石、柳仲郢登进士。

公元 819 年，李德裕入朝，为监察御史。李绅从崔从之辟为节度判官，五月李绅拜右拾遗。李让夷登进士第。李夷简罢相（李夷简任御史中丞时，救元稹）。

公元 820 年正月，李德裕、庾敬休同召为翰林学士。二月，加屯田员外郎。

公元 821 年，李德裕上书，驸马不得至要官私第。三月，任考功郎中、知制诰、翰林学士。李德裕与李绅、元稹同为翰林"三俊"。长庆元年科考案。

公元 822 年二月，李德裕任中书舍人、御史中丞。李绅也被任命为中书舍人。九月，李德裕任润州刺史、浙西观察使。李绅接李德裕御史中丞。李德裕纳姜徐氏。本年白敏中、周墀中进士，礼部侍郎王起知贡举。

公元 823 年，李德裕在润州破迷信、禁厚葬。李绅与韩愈台参事件。李绅改户部侍郎。杜元颖罢知政事，剑南西川节度使（同为翰林，可能与李德裕等有关）。李绅得罪李虞。

公元 824 年，穆宗卒，敬宗立。李德裕任润州刺史、浙西观察使，上书戒奢。二月，李绅以先朝储立之事遭贬端州司马（广东高要）。韦处厚上疏救李绅。十二月，韩愈卒。

公元 825 年，李德裕任润州刺史、浙西观察使，上《丹衣》；在洛阳伊川建山庄；润州建甘露寺，断寺僧讼狱事。九月，昭义节度使刘悟卒，其子从谏谋袭其位。李逢吉受其赂，与宦官王守澄勾结，竟允其请。五月李绅为江州长史，高要有八贤词，李绅居其中。

公元 826 年，敬宗信神仙，迎润州人周元息入宫，李德裕上疏言妄诞。亳州言出圣水，李德裕言妄诞。十二月，敬宗被害。韦处厚拜相。

公元 827 年，段文昌在李德裕幕府。李逢吉党遭贬。韦处厚卒。崔铉登进士科。九月，李绅由江州长史改滁州刺史。本年杜牧登进士科，郑亚等直言极谏科。

公元 828 年，李德裕加银青光禄大夫。

公元 829 年，李德裕下令禁桑门皈佛以眩人者；八月，由浙西观察使入为户部侍郎。九月，李宗闵为相，出李德裕为义成节度使；滑州"物力殚竭"。十一月，妾徐氏卒。

公元830年，牛僧孺入相，排挤李德裕等。李德裕由义成节度使为川西节度使。李德修改任湖州刺史。二月，李绅由滁州刺史转寿州刺史，乡人恋之，李绅有诗记之（乡里儿，莫悲咤）。

公元831年，李德裕川西节度使政绩。薛元赏支持李德裕维州措施，未见采纳。李德裕作《黄冶赋》反炼丹。李德修由湖州刺史改楚州。幽州乱，牛僧孺姑息。宋申锡案。元稹去世于武昌军节度使任。

公元832年，李德裕在蜀之治绩；著《西南备边录》。十二月，牛僧孺罢相，李德裕入为兵部尚书。牛李党分据要职，杨公汉任史馆修撰。李绅在寿州虎不为暴，12月罢寿州刺史。

公元833年二月，李德裕拜相，出李宗闵党于外、张仲方由左散骑常侍改为太子宾客，分司东都。启用李回等人、李不党、改进士科。李绅任太子宾客，分司东都；七月李绅任浙东观察使。过扬州牛僧孺宴，有诗；经苏州与刘禹锡会。

公元834年，李德裕请罢进士名单宰相先阅；与郑注、李训斗争；十月，罢相；复为浙西观察使。李绅在浙东任观察使。本年浙东丰产，浙西歉收，绅运五万斛米济浙西。王播陷之。

公元835年，王播、李汉等诬李德裕"阴结漳王"，路随解救。李德裕被改为太子宾客分司，再贬为袁州刺史。甘露之变。薛元赏为京兆尹。七月，李绅为太子宾客，分司东都。

公元836年，李德裕识卢肇，改滁州刺史，十一月任浙西观察使。四月李绅由分司改河南尹。六月李绅任汴州刺史，宣武军节度使。李绅在河南，恶少望风遁去。

公元837年，李德裕由浙西观察使改淮南节度使。李绅在汴宋，大蝗，独不入汴宋。

公元838年正月，杨嗣复、李珏拜相。李石为中人所恶，罢相。杨嗣复、李珏欲援李宗闵。李商隐娶王氏。李绅宣武军节度使。

公元839年，郑覃、陈夷行被罢相，杨嗣复、李珏专政，朋党又起；李绅加检校吏部尚书。

公元840年，文宗卒，武宗即位；八月，诛刘弘逸、薛季棱，杨、李罢相；七月，李德裕入朝，九月为相；李德裕上书为政之要。九月李绅代李德裕为淮南节度使。

公元841年，李德裕救杨嗣复、李珏；九月，幽州军乱，李德裕方略；李绅出为淮南节度使。

公元842年，李德裕进司空位，以张仲武为卢龙节度使。二月，李绅拜相，判度支。李德裕对回鹘策。仇士良恶李德裕，向武宗进谗。八月，公卿讨论回鹘事，李德裕驳牛僧；对中人态度。

公元843年，李德裕撰讨回鹘文，建议不限进士人数，令僧尼还俗。四月李德裕上表求退。武宗讨伐刘稹。六月，李德裕加司徒。李绅为门下侍郎。十月李绅、郑亚重修宪宗实录。吏部尚书王起知贡举。

公元844年，四月，王起任相。八月，刘稹兵败被杀。诛杀郭谊。十月，奏牛李党人勾结刘稹。闰七月，李绅足疾辞相，出为淮南节度使。

公元845年，二、三月，李德裕荐柳仲郢为京兆尹，柳为牛党，九月，奏请置备边库。吴湘案。

公元846年，三月，武宗卒，宣宗继位；李德裕罢相；七月，李绅卒。

公元847年，反会昌政；十二月，贬潮州司马；王起卒。

公元848年，白敏中重审吴湘案，李德裕再贬崖州司户。

公元849年，李德裕到达崖州。

公元850年元月，李德裕卒于崖州。